창업과 경영

Startup & management

제2판

창업과 경영

Startup & management

배성권 성현무 이규희 한나영 공저

미래 사회의 성장 동력으로서 새로운 기술과 아이템에 의해 경쟁력을 갖추고 도전하는 젊은 창업가들의 비전과 꿈이 우리사회를 바꾸고 성장시키는데 가장 중요한 힘이라 여겨집니다.

hm 현문사

제2판 머리말

우리 사회가 고도화됨에 따라 새로운 성장 동력에 대한 필요성이 끊임없이 요구되고 있는 실정입니다. 미래 사회의 성장 동력으로서 새로운 기술과 아이템에 의해 경쟁력을 갖추고 도전하는 젊은 창업가들의 비전과 꿈이 우리 사회를 바꾸고 성장시키는 데 가장 중요한 힘이라 여겨집니다. 그러나, 창업을 통해 청년들이 자신의 목표를 이루는 것은 쉽지 않은 형편입니다. 기존 기업과 경쟁을 해야 하는 부분도 있고, 청년 창업가 스스로가 충분한 노하우와 기술을 보유하고 있지 않은 경우도 많으며, 무엇보다 창업을 통해 이루어야 하는 본질적인 목적을 충분히 일상 가운데 실천해 내기 쉽지 않기 때문입니다. 청년 창업가가 그들의 꿈을 이루기 위해서는 기업경영과 운영에 적절한 노하우와 지식을 갖추는 것이 선결되어야 하는 문제라 할 수 있습니다.

청년 대학생에게 있어서 기업가정신과 창업정신에 대한 필요성을 함께 나누고, 기업경영에 있어서 중요한 사안들을 다룸으로써, 결코 쉽지 않는 창업을 조금이라도 돕고자 하는 작은 소망으로 이 책을 준비하게 되었습니다.

이 책은 크게 두 가지 부분으로 나누어 첫 번째 부분은 창업을 중심으로 하는 기본적 개념과 실제 적용 방안들을 제시하였고, 두 번째 부분은 경영과 관련된 개별 경영 분야를 중심으로 기업 운영에 도움이 될 수 있는 사항을 정리하여 제시하였습니다.

구체적으로 첫 번째 부분은 1장에서 5장까지의 내용으로 창업과 관련된 주요사안들을 정리하였습니다. 1장에서는 창업의 개념과 내용을 전반적으로 이해할 수 있도록 돕고, 2장에서는 경영환경과 창업가 정신을 제시하여 창업가에게 필요한 가치를 제공하고자 하였습니다. 3장에서는 창업 아이템의 중요성과 구득 방법에 대해 학습하도록 구성하였고, 4장에서는 창업 사업계획서를 작성하고 구체화하는 방안을 이해할 수 있도록 내용을 정리하였습니다. 그리고 5장에서는 창업가들이 어려워하는 주요사안 중 하나인 창업을 위한 상권 분석에 대해 이해할 수 있도록 최대한 배려하였습니다.

두 번째 부분은 경영 각 분야를 중심으로 기업운영에 필요한 주요사안들을 정리하여 제시하였는데, 인사관리, 조직관리, 마케팅관리, 회계 및 조세관리, 재무관리, 경영전략 관리 등의 경영 각 분야의 내용을 정리하여 청년 창업가들이 실제 기업을 운영하는 데 있어서 필요한 기본적인 지식을 제공하고 이를 통해 보다 기업운영을 용이하게 할 수 있도록 돕는 데 초점을 맞추었습니다.

이 책을 출간하는 데 많은 도움을 주신 분들게 이 자리를 빌려 감사의 마음을 전해 드립니다. 먼저 이 책을 기술하는 데 참고가 된 국내외 교재의 저자분들에게 감사의 마음을 전합니다. 무엇보다 이 책을 출간하는 데 배려해 주신 현문사 유해영 회장님과 임직원 여러분께 감사의 마음을 전합니다. 아울러 여전히 부족하지만, 이 책을 마무리할 수 있도록 인도해 주신 하나님의 선한 인도하심에 대해 감사드립니다.

2025년 8월

저자 일동

차 례

CHAPTER 01 창업의 이해 / 1

제1절 창업의 정의와 중요성 ········ 2

1. 창업의 정의 / 2
2. 창업의 중요성 / 2

제2절 창업의 과정 ········ 4

1. 창업의 3요소 / 4
2. 창업 의사결정 과정 / 6

제3절 창업의 유형 ········ 8

1. 업종에 따른 분류 / 8
2. 독립 창업과 프랜차이즈 가맹 창업 / 8
3. 개인중심 창업과 팀중심 창업 / 9
4. 무점포 창업과 점포중심형 창업 / 9
5. 동기 및 배경에 따른 창업 / 10

CHAPTER 02 기업가 정신 / 13

제1절 기업의 경영환경 ········ 15

1. 경영환경의 정의 / 15

제2절 경영환경변화와 전망 ········ 18

1. 기업환경변화 / 18

2. 환경 변화에 대한 대응 / 19
3. 기업 경쟁력에 대한 평가 및 미래방향 / 20

제3절 창업가정신 ······························ 23
1. 창업가의 개념 / 23
2. 창업가의 창업추진역량 / 23

제4절 기업가정신 ······························ 25
1. 기업가정신의 중요성 / 25
2. 기업가정신의 구성 요소 / 26

CHAPTER 03 창업과정과 아이템 선정 / 29

제1절 창업과정 ······························ 30
1. 사업 아이디어 포착 / 30
2. 사업기회의 평가 / 31
3. 사업계획서 작성 / 31
4. 사업자원의 확보 / 32
5. 입지선정 / 33
6. 사업실행 / 34

제2절 창업아이템 ······························ 35
1. 창업아이템 선정의 중요성 / 35
2. 창업아이템 선정 방법 / 36

CHAPTER 04 사업타당성 분석과 사업계획서 / 43

제1절 사업타당성 분석 ······························ 45
1. 사업타당성 분석의 의의 / 45

2. 사업타당성 분석의 필요성 / 45
3. 사업타당성 분석방법 / 46
4. 사업타당성 분석절차 / 46
5. 사업타당성 평가요소 / 46

제2절 사업계획서 작성 ······························ 49
1. 사업계획서의 개념 / 50
2. 사업계획서의 필요성 / 50
3. 사업계획서 주요 포인트 7가지 / 51
4. 사업계획서 작성원칙 / 53
5. 사업계획서 구성 / 54
6. 사업계획서 형식 / 57

CHAPTER 05 상권분석과 입지선정 / 59

제1절 상권분석 ······························ 61
1. 상권의 개념 / 61
2. 상권의 설정 / 61
3. 상권의 분류 / 62

제2절 입지선정 ······························ 65
1. 입지분석 / 67
2. 입지선택의 전제조건 / 68
3. 입지 선정의 원칙 / 69
4. 입지분석 절차 / 71
5. 좋은 입지와 나쁜 입지 / 73
6. 조심해야 할 점포 유형 6가지 / 75

CHAPTER 06 인적자원관리 / 77

제1절 창업과 인적자원관리 ······ 79
1. 인적자원관리의 중요성 및 목표 / 79
2. 인적자원관리의 환경 / 81

제2절 인적자원관리활동의 핵심내용 ······ 88
1. 확보관리 / 88
2. 유지관리 / 88
3. 개발관리 / 89
4. 평가관리 / 90
5. 보상관리 / 93

제3절 새로운 인적자원관리의 시대 ······ 94
1. 가치지향 인적자원관리 / 94
2. 참여형 인적자원관리 / 95

CHAPTER 07 조직관리 / 97

제1절 창업과 조직설계의 원칙 ······ 99
1. 조직과 조직화 / 99
2. 조직설계의 기본변수 / 102

제2절 조직구조의 유형 ······ 103
1. 기능조직 / 103
2. 사업부제조직 / 104
3. 매트릭스조직 / 105
4. 팀조직 / 106
5. 비공식조직 / 108

제3절 조직구조의 최근경향 ······························109
1. 네트워크 조직 / 109
2. 하이브리드 조직 / 110
3. 프로세스 조직 / 111

CHAPTER 08 마케팅 관리 / 113

제1절 마케팅의 개념 ······························114
1. 마케팅의 정의와 개념 / 114
2. 마케팅의 기본 요소 / 114
3. 마케팅 개념의 발전단계 / 116

제2절 마케팅 관리체계 ······························118
1. 기업전략과 사명 수립 / 118
2. 마케팅 전략 수립 / 119
3. STP 전략 수립 / 120
4. 마케팅믹스: Product, Price, Place, Promotion / 121

CHAPTER 09 회계와 조세 / 129

제1절 회계의 개념 ······························131
1. 회계의 정의 / 131
2. 회계의 기능 / 132
3. 회계의 정보이용자 / 133
4. 회계의 분류 / 134

제2절 주요 재무제표 ······························135
1. 재무상태표 / 136
2. 손익계산서 / 139

3. 기타 재무제표 / 140

제3절 조세 ·· 143
1. 조세의 개념 / 143
2. 간이과세와 소득세 / 145

CHAPTER 10 재무관리 / 147

제1절 재무관리의 개념 ·· 149
1. 재무관리의 정의 / 149
2. 재무관리의 기능 / 149
3. 재무관리의 목표 / 149
4. 재무관리의 환경 / 150

제2절 자본조달 ·· 151
1. 기업의 자본조달 원천 / 151
2. 금융시장과 자본시장의 구분 / 153

제3절 손익분기점 분석 ·· 155
1. 손익분기점분석의 정의 / 155
2. 손익분기점의 결정요인 / 156
3. 손익분기점분석의 계산 / 159
4. 손익분기점분석의 활용분야 / 160

CHAPTER 11 전략경영 / 161

제1절 전략경영의 이해 ·· 163
1. 전략경영의 정의 / 163
2. 전략경영의 목적 / 163

3. 전략경영의 특성 / 163
4. 전략경영의 과정 / 164

제2절 전략경영의 주요 내용 ···165
1. 기업의 사명과 목적 / 165

제3절 기업환경분석 ···167
1. 외부환경분석 / 167
2. 내부환경분석 / 170
3. SWOT 분석 / 172

제4절 사업전략 수립 ···175
1. 사업전략 대안의 수립 / 175
2. 기업수준의 전략 / 175
3. 사업부 수준의 전략 / 177

부 록 창업유망팀 300 참가팀 사업계획서 / 183

찾아보기 / 195

CHAPTER 01

창업의 이해

학습목표:

1. 창업의 정의와 중요성을 이해할 수 있다.
2. 창업 요소와 의사결정 과정을 설명할 수 있다.
3. 창업의 유형을 설명할 수 있다.

들어가면서:

과거의 청년은 안정된 직장을 갖는 것이 삶의 목표였으며 정년이 보장되어 있는 공무원 또는 공기업에 들어가는 것이 성공의 척도로 여겨졌다. 하지만 AI의 확산과 글로벌 경제의 급변 속에 하나의 직업만으로 평생을 살아가기가 점점 더 어려워지면서 창업에 대한 청년의 관심이 증가하고 있다. 청년들에게 창업은 돈을 버는 것 이상의 의미를 가진다. 개인적 측면에서는 자신의 미래를 설계하고 다양한 역량을 개발할 기회를 가지며, 사회 혁신을 주도하는 이점을 가질 수 있다. 실패 가능성도 있지만 그 실패의 경험도 인생의 큰 자산이 될 수 있다. 경제적·사회적 측면에서는 청년 창업이 타인을 고용함으로써 일자리를 창출하며 젊은 세대의 새로운 기술과 트렌드에 창의적인 아이디어를 시도함으로써 산업 혁신을 촉진시킬 수 있다.
스티브잡스의 명언 '당신의 시간은 제한되어 있다. 다른 사람의 인생을 사느라 시간을 낭비하지 마라.'와 린 스타트업(Lean Startup) 개념을 제시한 에릭 리스의 '창업은 불확실성을 줄이는 반복 실험의 연속이며, 실패를 통해 배우는 시스템'은 청년들에게 창업을 도전하게 하는 격려의 불씨가 될 수 있다.

제1절 창업의 정의와 중요성

1. 창업의 정의

창업(創業)은 새로운 가치를 창출하기 위해 지금까지 존재하지 않던 사업조직을 설립하고, 제품 또는 서비스를 생산·판매하기 위한 일련의 과정을 의미한다. 단순히 법인을 세우는 행위가 아니라, 사회적·경제적으로 영향을 미치는 생명체와 같은 기업을 탄생시키는 행위로 볼 수 있다.

2025년 현재, 창업은 디지털 기술·지식 기반 산업에서 특히 활발하게 이루어지고 있으며, 플랫폼 기반 창업, 1인 창업, 메타버스·AI 융합 창업 등이 새로운 흐름으로 자리잡고 있다.

또한, 국내 「중소기업창업지원법」에서는 일정한 경우를 창업으로 보지 않는다고 명시하고 있다. 이는 정부의 창업지원 제도(자금, 세제, 인력 지원 등)의 남용을 방지하고, 제도의 본래 목적에 부합하는 창업자에게 공정하고 효과적으로 지원을 제공하기 위함이다.

구체적으로는 다음과 같은 경우들이 창업으로 인정되지 않는다.

첫째, 기존의 사업체를 인수하여 동일한 업종을 계속 운영하는 경우로, 이는 포괄적 승계에 해당되며, 실질적으로 새로운 창업활동으로 보기 어렵다.

둘째, 개인기업이 법인기업으로 전환하는 경우처럼, 기업 형태만을 변경하고 기존 사업의 본질적인 내용에는 변화가 없는 경우이다.

셋째, 기존 사업을 폐업한 후 동일하거나 유사한 지역에서 동일 업종을 다시 시작하는 경우도 창업으로 간주되지 않는다. 이는 단순한 재개업에 해당하며, 창업에 내포된 새로운 시도와는 구분된다.

다만, 기존 사업과는 다른 업종을 추가하여 새롭게 사업을 운영하고, 이 추가 업종의 매출 비중이 전체의 50% 이상을 차지하게 되는 경우에는 예외적으로 창업으로 인정된다. 이는 사업의 실질적인 내용이 달라졌다고 판단되는 경우로, 창업에 해당하는 것으로 간주된다.

2. 창업의 중요성

창업은 단순한 경제활동의 출발점을 넘어, 개인의 자아실현과 사회·국가 경제의 동력을 동시에 창출하는 핵심적 행위이다. 개인의 관점에서는 직업적 성취와 생계 유지, 자아실현을 위한 기회를 제공하며, 국가적 관점에서는 고용 창출, 산업 다양성 확대, 기술혁신의 촉진, 그리고 글로벌 경쟁력 강화 등 다양한 효과를 유발한다. 이러한 창업의 다면적 가치는 다음과 같은 측면에서 설명될 수 있다.

1) 부의 창출(Creation of Wealth)

창업은 자본과 노동, 기술 등 생산요소를 효율적으로 결합함으로써 새로운 부가가치를 창출하는 과정이다. 이는 단순히 창업자 개인의 경제적 성취에 그치지 않고, 고용과 세수 확대, 소비 진작 등을 통해 사회 전체의 부의 총량을 증가시킨다. 특히 스타트업과 벤처기업은 혁신 기반의 고성장 잠재력을 내포하고 있어, 단기간에 큰 경제적 효과를 발휘할 수 있다(Mason & Brown, 2014).

2) 일자리 창출(Job Creation)

고용 창출은 창업의 가장 두드러진 사회경제적 효과 중 하나이다. 특히 중소기업과 스타트업은 신규 고용 창출의 주요 원천으로 작용하며, 이는 실업 문제 해소와 노동시장 유연성 확대에 기여한다. OECD(2023) 보고서에 따르면, 창업 초기 기업의 5년 생존율이 높을수록 국가 전체의 고용 안정성도 증가하는 경향이 있으며, 창업은 구조적 실업의 완화에도 긍정적인 영향을 미친다.

3) 자원의 효율적 활용

창업은 비활성 자산(토지, 기술, 아이디어, 인력 등)을 시장 가치로 전환시키는 주요 수단이다. 이는 단순히 천연자원을 활용하는 것 이상의 의미를 가지며, 무형자산의 시장화를 가능하게 한다. 특히 디지털 전환 시대에는 지식 · 데이터 기반 자원의 활용이 중요한 경쟁우위의 요인이 된다(Teece, 2018).

4) 삶의 공간 창출

현대의 직업은 단순한 생계 유지의 수단을 넘어, 개인의 자아정체성과 사회적 역할을 구성하는 기반이 된다. 창업은 창업자와 구성원 모두에게 자율적이고 창의적인 노동환경을 제공함으로써, 삶의 질을 높이는 동시에 일–삶 균형(work-life balance)을 실현할 수 있는 기회를 제공한다. 이는 특히 MZ세대 창업자들에게 중요한 동기로 작용한다.

5) 국제수지 및 국가경쟁력에 대한 기여

수출형 창업(특히 ICT, 바이오, 콘텐츠 산업)은 외화 획득과 무역수지 개선에 기여함으로써 국가의 경제주권을 강화시킨다. 우리나라와 같이 대외의존도가 높은 경제 구조에서는 창업을 통한 수출 다변화 및 기술 독립이 매우 중요한 전략적 가치로 작용한다. K-콘텐츠, K-뷰티, 디지털헬스케어 등은 이러한 성공 사례로 주목된다.

6) 기술혁신과 과학기술 발전

창업은 기술 혁신의 주된 촉매제로 작용한다. 특히 기술기반 창업(Tech-based Entrepreneurship)은 신제품 · 신서비스 개발 과정에서 R&D 활동을 활발하게 유도하며, 기존 산업의 구조 전환을 촉진하는 파괴적 혁신(disruptive innovation)을 발생시킨다(Schumpeter, 1934). 이는 기술 확산의 선순환 구조를 형성하여 국가 전체의 과학기술 경쟁력을 향상시키는 데 기여한다.

7) 환경에 대한 영향(Environmental Impact)

창업 활동은 에너지 소비와 자원 활용, 폐기물 배출 등을 통해 환경에 직 · 간접적인 영향을 미친다. 그러나 최근에는 ESG(Environmental, Social, Governance)를 고려한 친환경 창업과 지속가능경영이 중요한 창업 트렌드로 부상하고 있으며, 이는 환경적 피해를 최소화하고 사회적 책임을 다하는 기업 생태계 조성에 긍정적인 영향을 미친다. 그린 스타트업, 순환경제 기반 기업이 대표적이다.

제2절 창업의 과정

1. 창업의 3요소

창업은 다양한 요소들이 복합적으로 작용하여 이루어지는 과정이다. 이 중에서도 가장 핵심적인 세 가지 요소는 창업자, 창업 아이디어, 그리고 창업 자본으로 구분된다. 이 세 요소는 상호 의존적 관계를 가지며, 하나라도 결핍될 경우 성공적인 창업의 가능성은 급격히 낮아진다(Shane & Venkataraman, 2000).

1) 창업자

창업자(entrepreneur)는 창업의 기획, 실행, 성장 전 과정을 이끌어가는 중심적 인물로서, 창업 시스템의 설계자이자 운영자다. 그는 단순히 아이디어를 제시하는 역할에 그치지 않고, 사업기회를 발견하고 이를 구체적인 실행 계획으로 전환하며, 복잡한 자원을 유기적으로 결합하여 조직을 구축해야 한다. 우수한 창업자는 다음과 같은 핵심 역량을 보

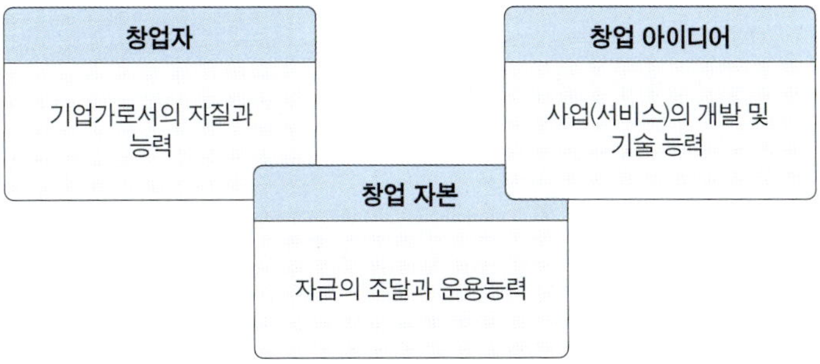

그림 1-1 창업의 3대 주요 요소

유해야 한다.

- 창의적 문제해결 능력
- 시장 및 트렌드에 대한 통찰력
- 사업타당성 분석 능력
- 리더십과 실천력
- 위기 대응 및 지속가능성에 대한 책임감

특히 창업자는 다양한 유형의 자원(유형자산, 무형자산, 인적 네트워크 등)을 통합하여 가치 창출의 구조를 만들어야 하며, 창업 기업을 지속적으로 성장시키는 리더십을 발휘해야 한다. 따라서 창업자의 철학, 신념, 세계관은 단순한 경영능력을 넘어 창업 기업의 정체성과 방향성에 중대한 영향을 미친다.

창업자의 윤리의식과 책임감은 지속가능한 기업경영의 중요한 기반이며, 신앙적 가치 또는 공동선(common good)을 추구하는 자세는 장기적 경쟁우위로 이어질 수 있다.

2) 창업 아이디어

창업 아이디어(business idea)는 창업자가 무엇을 가지고 시장에 진입할 것인가를 결정하는 근본적인 출발점이다. 이는 곧 사업의 정체성, 방향성, 존재 목적을 규정짓는 요소로, 성공적인 창업의 성패를 좌우하는 결정적 변수이다. 창업 아이디어는 단순히 상품이나 서비스의 종류만을 뜻하는 것이 아니라, 고객에게 어떤 가치를 어떻게 전달할 것인가에 대한 전략적 구조를 포함한다. 2025년 기준에서는 단순한 제품 중심의 아이디어보다는, 다음과 같은 기준이 강조되고 있다.

- 문제 해결 기반의 아이디어(problem-based idea)
- 지속가능성(sustainability) 및 ESG 요소 내재화

- 사회적 가치 창출(social value)이 가능한 구조
- 디지털 기술 기반(AI, 데이터, 플랫폼 등)의 융합

또한, 훌륭한 창업 아이디어는 반드시 적절한 비즈니스 모델(Business Model) 과 연결되어야 시장에서 실질적인 수익을 창출할 수 있다. 단순한 발상만으로는 생존이 어렵고, 고객의 반응을 예측하고 지속적인 거래를 유도할 수 있는 구조적 설계가 함께 따라야 한다(Teece, 2010).

3) 창업 자본

창업 자본(capital)은 창업 아이디어를 실현 가능하게 만드는 물적 · 금융적 자원을 말한다. 자본은 제품이나 서비스를 개발하고 공급하기 위한 설비, 인프라, 인력, 기술, 정보 등을 포함하며, 특히 2020년대 이후에는 금융 자본뿐 아니라 지식 자본, 네트워크 자본, 데이터 자산까지 포괄적으로 이해되고 있다. 창업 자본의 주요 조달 경로는 다음과 같다.

- 창업자의 개인 자산
- 공동 창업자 또는 가족 자본
- 정부지원금, 보조금, 정책금융
- 엔젤투자자 및 벤처캐피탈
- 크라우드 펀딩, 디지털 토큰 기반 자산 등

초기 자본의 확보는 단순히 재무적인 준비에 국한되지 않으며, 창업자의 사회적 신뢰와 인적 네트워크도 중요한 무형 자본으로 기능한다.

2. 창업 의사결정 과정

대부분의 개인들은 자신의 창의적 아이디어를 실제 사업으로 구체화하는 과정에서 막연함과 불확실성에 직면한다. 그럼에도 불구하고 수많은 예비 창업자들은 다양한 동기와 상황 속에서 기업가적 결단을 내리고, 이를 실행에 옮기며 매년 전 세계적으로 수백만 개의 신규 기업이 설립되고 있다(Global Entrepreneurship Monitor, 2024).

창업이라는 과정은 단순히 새로운 기업을 만들어내는 행위가 아니라, 개인의 삶의 방식, 경험, 사회적 배경, 자원 조건 등이 복합적으로 반영된 일련의 의사결정 흐름이다. 이 흐름은 일반적으로 4단계로 구분된다(최종열 · 정해주, 2016).

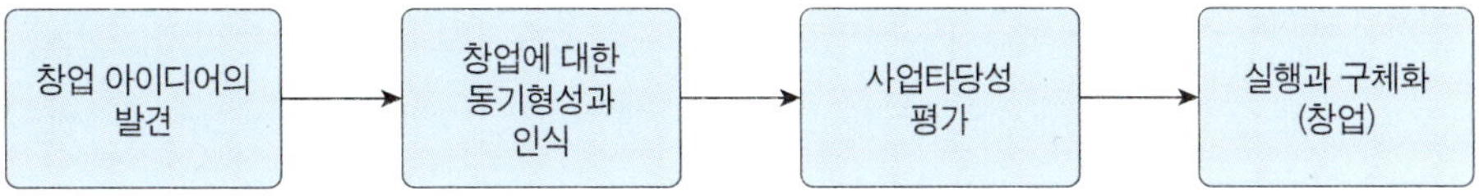

그림 1-2 창업 의사결정 과정

1) 창업 의사결정의 4단계

(1) 1단계: 창업 아이디어의 발견

창업의 출발점은 현재 또는 과거의 생활 속에서 불편함이나 문제점을 인식하고, 그것을 해결하고자 하는 욕구로부터 비롯된다. 이는 창업 아이디어가 단순한 발상이 아닌, 실생활 기반의 필요(need)를 해결하기 위한 문제 해결 중심(problem-solving-oriented) 사고에서 출발함을 의미한다. 특히, 고객의 미충족 욕구나 비효율적 시스템에 대한 민감한 관찰력이 중요하게 작용한다.

(2) 2단계: 창업에 대한 동기 형성과 인식

아이디어가 발견되었다고 하여 곧바로 창업으로 이어지는 것은 아니다. 해당 아이디어가 창업자로 하여금 '해볼 만하다'는 심리적 매력도(perceived desirability)와 실현 가능성(perceived feasibility)을 갖도록 인식되어야 한다. 이 과정에서 개인의 성장배경, 사회문화적 기대, 주변의 지지 체계 등이 중요한 영향을 미친다(Krueger, 2000).

(3) 3단계: 실행 가능성 평가(사업 타당성 분석)

이 단계에서는 아이디어를 구체적인 사업으로 실현할 수 있는지를 다각도로 검토한다. 자금조달 가능성, 관련 법규 및 정책지원, 인적 네트워크 확보, 시장의 크기 및 진입장벽 등의 요소들이 평가된다. 이를 통해 사업화 가능성(commercial feasibility)이 판단되며, 이 과정에서 전문적인 사업타당성 분석(feasibility study)이 이루어진다.

(4) 4단계: 실행 및 구체화

마지막 단계는 구체적인 실행이다. 이 단계에서는 사업계획서의 작성과 함께 실제 창업을 위한 준비(법인 설립, 조직 구성, 초기 마케팅 등)가 이루어진다. 이때 창업자는 자신의 전략을 실행 가능한 계획으로 구조화하고, 계획된 자원을 효과적으로 동원하여 사업을 개시하게 된다. 리스크 관리 체계의 설계도 이 시기에 병행되어야 한다.

이러한 창업 의사결정 과정은 고정된 순서로만 진행되지는 않는다. 창업자는 시장 변화, 경쟁환경, 자원 조건 등에 따라 유연하게 단계를 오가기도 하며, 반복적 피드백을 통해 아이디어를 수정·보완하기도 한다. 특히 최근에는 린 스타트업(lean startup) 방식처럼, 실행과 피드백을 반복하는 실험 기반 창업 접근법이 주목받고 있다(Ries, 2011).

제3절 창업의 유형

창업은 목적, 업종, 경영 형태, 자본 구조, 동기 및 배경에 따라 다양한 방식으로 분류될 수 있다. 다음은 창업 유형에 대한 대표적인 분류 방식으로, 현재의 창업 환경과 산업 특성을 반영하여 구체적으로 설명한다.

1. 업종에 따른 분류

산업분류체계(한국표준산업분류 등)에 따르면 창업은 일반적으로 제조업, 서비스업, 유통업으로 구분된다.

제조업 창업은 원자재 또는 반제품을 가공하여 새로운 물리적 제품을 생산하는 사업 형태로, 전통 제조산업부터 스마트팩토리 기반의 하이테크 제조 스타트업까지 다양한 스펙트럼을 포함한다.

서비스업 창업은 무형의 가치를 제공하는 창업으로, 정보통신, 교육, 헬스케어, 관광, 컨설팅, 플랫폼 서비스 등 매우 광범위한 분야를 포함한다. 서비스는 제공 후 재생산이 어렵다는 비가역적 특성을 가지며, 후기산업사회로 갈수록 창업 비중이 지속적으로 증가하고 있다.

유통업 창업은 제품의 생산자가 아닌, 이를 중간 유통 또는 최종 소비자에게 연결하는 사업을 의미하며, 도·소매점, 온라인 스토어, 라이브커머스 등의 형태로 발전하고 있다.

최근에는 이러한 업종의 경계를 넘어선 융복합 창업(예: 스마트팜, 메디테크, AI 물류 등)도 증가하고 있으며, 창업자의 업종 선택은 기술 트렌드와 고객 경험 중심의 사고를 반영해야 한다.

2. 독립 창업과 프랜차이즈 가맹 창업

창업 형태는 사업 운영의 자율성과 제약의 정도에 따라 독립 창업과 프랜차이즈 가맹 창업으로 나뉜다.

프랜차이즈 가맹 창업은 프랜차이즈 본사(franchiser)의 브랜드, 상품, 경영 노하우를 일정 조건 하에 제공받고 운영하는 형태로, 진입 장벽이 낮고 사업 안정성이 비교적 높다는 장점이 있다. 그러나 영업 자유도와 수익 구조에서 제한을 받으며, 본사의 표준화된 운영 매뉴얼을 따라야 하는 제약이 있다.

독립 창업은 창업자가 독자적으로 상호, 상품, 운영 방식을 결정하는 방식으로, 높은 자율성과 창의성을 기반으로 하나, 브랜드 인지도 확보와 초기 자원 부족으로 인한 리스크는 크다.

최근에는 프랜차이즈와 독립 창업의 장점을 절충한 '브랜드 창업 지원형' 독립점포도 등장하고 있다.

3. 개인중심 창업과 팀중심 창업

창업을 주도하는 주체의 구성에 따라 개인중심 창업(solo entrepreneurship)과 팀중심 창업(startup team entrepreneurship)으로 구분된다.

개인중심 창업은 의사결정 속도가 빠르고 권한 · 책임의 구조가 명확하다는 장점이 있으나, 자본과 기술력, 경영역량 등에서 한계가 있다.

팀중심 창업은 다양한 전문성이 융합되어 전략적 사고와 역량이 높아질 수 있으며, 스타트업 생태계에서는 팀 기반 창업이 더 선호되는 추세이다. 반면, 공동의사결정 과정에서 갈등 조율과 책임 분배의 문제가 발생할 수 있다.

성공적인 팀 창업은 창업 구성원 간 신뢰 기반 협력, 역할 분담의 명확성, 비전의 공유가 핵심 요소이다.

4. 무점포 창업과 점포중심형 창업

자원의 공간적 특성에 따라 무점포 창업(Non-store Business)과 점포 기반 창업(Store-based Business)으로 구분할 수 있다.

무점포 창업은 물리적 공간 없이 온라인 플랫폼, SNS, 모바일 앱 등을 통해 제품과 서비스를 제공하는 방식으로, 초기 투자 비용이 낮고 시장 접근성이 높은 장점이 있다. 대표적으로 온라인 쇼핑몰, 1인 콘텐츠 크리에이터, 배달전문 음식점, 재택형 AI 서비스 제공업 등이 포함된다.

점포 기반 창업은 고정된 영업장을 기반으로 오프라인 중심의 고객 접점을 형성하는 방식이다. 신뢰성, 브랜드 체험 제공 등의 강점이 있으나 고정비 부담과 입지 경쟁이 수반된다.

2025년 현재, 온 · 오프라인을 융합한 O2O(Online to Offline) 기반 창업모델이 유망한 트렌드로 주목받고 있다.

5. 동기 및 배경에 따른 창업

창업의 내적 동기와 개인의 배경에 따라 창업은 다음 표와 같은 유형으로 분류될 수 있다(박건실, 2014). 크게 두 가지로 생활보장형 창업(생계형 창업)과 사업개발형 창업(기회형 창업)을 들 수 있다.

생활보장형 창업은 실직, 은퇴, 불안정한 고용 등의 현실적 이유로 창업을 선택하는 유형으로, 자본과 준비 수준이 낮고, 실패 위험이 비교적 높다.

사업개발형 창업(기회형 창업)은 독창적 아이디어, 기술력, 직업 경험, 창업에 대한 사명감 등을 바탕으로 자발적으로 시작하는 창업. 준비도와 의지가 높아 비교적 성공 가능성이 크다.

표 1-1 동기 및 배경에 따른 창업

구분	유형	내용
동기 중심 창업	생계형	가족의 생계 유지, 노후 대비, 고용불안 등의 이유로 시작하는 필수적 창업
	부업형	주직 외 수입 확대 또는 자산 형성을 목적으로 시작하는 파트타임 창업 (예: 스마트스토어, 쿠팡 파트너스)
	탈출형	구조조정, 조기 퇴직, 미취업 등 기존 노동시장 탈락 이후의 대안적 창업
	기회형	상속 자산, 유휴 부동산, 공실 매장 등 외부의 기회 요인을 활용한 창업
	동업형	지인 또는 가족, 교회 · 지역 커뮤니티의 권유 · 제안에 의해 함께 시작한 창업
	전환형	기존 사업 부진, 업종 포화 등의 이유로 새로운 업종 또는 사업모델로 전환하는 창업
배경 중심 창업	아이디어형	혁신적 아이디어 또는 사회적 문제 해결을 바탕으로 한 창업 (예: 환경 문제, 교육 격차 해소 등)
	기술형	AI, IoT, 바이오, SaaS 등 특정 전문기술을 기반으로 한 창업
	경력형	과거 직무 경험, 업계 경력, 전문자격 등을 활용하여 창업 (예: 퇴직 후 컨설팅업, 병원 행정 전문가 창업)
	취미형	개인의 취미, SNS 콘텐츠, 1인 브랜드 등을 비즈니스로 전환한 창업 (예: 크리에이터, 홈베이킹 등)
	가치지향형	신앙, 윤리, 사회적 책임, 공공성 등을 기반으로 사회적 기업 또는 선교적 기업(Missional Business)을 추구하는 창업

[출처] 박한수(2016). 창업과 경영의 이해 내용에서 재편집함. 도서출판 청람. p. 9.

이 외에도 취미형 창업, 전환형 창업, 사회적 가치 중심 창업 등 창업 동기를 중심으로 다양한 형태가 존재한다. 특히 2020년대 이후에는 개인의 의미 추구, 사회공헌, 신앙적 사명을 바탕으로 하는 가치지향형 창업도 점차 증가하고 있다.

참 | 고 | 문 | 헌

박건실(2014). 사례와 실무 중심의 경영의 이해와 창업. 한올.

전타식(2018). 창업경영 BASIC. 북넷.

최종열, 정해주(2016). 벤처창업과 기업가정신. 탑북스.

통계청(n.d.). 한국표준산업분류(KSIC).

Global Entrepreneurship Monitor. (2024). Global report. https://www.gemconsortium.org

Krueger, N. (2000). The cognitive infrastructure of opportunity emergence. Entrepreneurship Theory and Practice, 24(3), 5–23.

Mason, C., & Brown, R. (2014). Entrepreneurial ecosystems and growth-oriented entrepreneurship. OECD Publishing.

OECD. (2023). Entrepreneurship at a glance 2023. https://www.oecd.org/industry/entrepreneurship-at-a-glance.htm

OECD. (2023). Entrepreneurship indicators. https://www.oecd.org/industry/entrepreneurship-indicators.htm

Ries, E. (2011). The lean startup: How today's entrepreneurs use continuous innovation to create radically successful businesses. Crown Publishing.

Schumpeter, J. A. (1934). The theory of economic development. Harvard University Press.

Shane, S., & Venkataraman, S. (2000). The promise of entrepreneurship as a field of research. Academy of Management Review, 25(1), 217–226.

Teece, D. J. (2010). Business models, business strategy and innovation. Long Range Planning, 43(2–3), 172–194.

Teece, D. J. (2018). Business models and dynamic capabilities. Long Range Planning, 51(1), 40–49.

CHAPTER 02

기업가 정신

학습목표:

1. 기업의 경영환경을 설명할 수 있다.
2. 경영환경변화를 전망할 수 있다.
3. 창업가 정신을 설명할 수 있다.
4. 기업가 정신의 구성요소를 설명할 수 있다.

들어가면서:

고용 불안정, 디지털 전환, 인구 구조 변화 등으로 대표되는 격변의 시대 속에서, 창업과 기업가정신은 다시금 경제의 핵심 동력으로 주목받고 있다. 특히 빠르게 변화하는 경영환경을 읽고 이에 선제적으로 대응할 수 있는 창의적 사고와 도전정신은 지속 가능한 미래를 여는 중요한 열쇠로 부각된다.

전문가들은 '이제 기업가정신은 단지 기업 설립자의 전유물이 아니라, 모든 경제 주체가 갖춰야 할 생존 능력'이라고 입을 모은다. 실제로 글로벌 기술기업들의 사례를 보면, 기존 질서를 재정의하고 문제를 해결하려는 '혁신지향적 창업가 정신(entrepreneurial mindset)'이 성공의 공통 분모로 작용하고 있음을 확인할 수 있다.

국내에서도 변화의 흐름은 뚜렷하다. 중소벤처기업부가 발표한 자료에 따르면, 2024년 창업기업 수는 전년 대비 4.2% 증가한 143만 개를 기록했으며, 특히 정보통신기술(ICT), 바이오헬스, 친환경 에너지 분야에서 높은 성장세를 보였다. 이는 산업 구조가 제조업 중심에서 지식 기반 창조경제로 급속히 재편되고 있음을 보여준다.

이러한 경향은 경영환경의 구조적 변화를 반영한다. 디지털 기술의 발전은 기존 산업의 경계를 허물고 있으며, 인공지능(AI), 사물인터넷(IoT), ESG(환경 · 사회 · 지배

(계속)

구조) 경영 등은 창업 아이템의 다양성과 시장 접근 방식에 새로운 기준을 제시하고 있다. 과거에는 경험과 자본이 창업의 핵심 요소였다면, 이제는 데이터 분석 능력, 문제 해결력, 사회적 감수성이 더욱 중요하게 평가받는다.

이와 같은 흐름 속에서 기업가정신 교육의 중요성도 재조명되고 있다. 고등교육기관과 지자체, 민간 기업들은 청년들에게 창업 경험과 실전 지식을 제공하는 다양한 프로그램을 운영하고 있으며, 창업 생태계 전반에 멘토링, 액셀러레이팅, AI 기반 상권 분석 도구 등의 기술 기반 인프라가 확대되고 있다.

성균관대학교 경영학부 이지훈 교수는 '앞으로의 창업가는 기술과 시장의 흐름을 통찰할 수 있는 사고 능력, 사회적 책임감을 가진 리더십, 그리고 끊임없는 학습 역량을 겸비해야 한다'며, '정책 역시 규제 완화와 실패 친화적 문화 조성, 창업 후 성장까지를 아우르는 지속가능한 지원체계로 나아가야 한다'라고 강조했다.

또한 최근 창업 관련 학술 연구들은 기업가정신을 단순한 행동양식이 아닌, 복잡한 사회 · 문화 · 경제적 맥락 안에서 형성되는 역동적인 개념으로 해석하고 있다. 특히 Shane & Venkataraman(2000)은 기업가정신을 '기회의 인지와 탐색, 자원의 조합, 가치 창출을 위한 실행'이라는 세 가지 구성요소로 정리하며, '기회 중심적 시각(opportunity-based view)'을 강조했다. 이러한 학술적 틀은 기술 변화와 사회적 요구가 복합적으로 작용하는 현대 창업 환경에 깊은 통찰을 제공한다.

결국 창업은 단순한 생계 수단이 아닌, 사회 변화를 이끄는 전략적 선택지로 자리 잡고 있다. 기업가정신은 오늘을 사는 청년에게 '위기의 시대를 돌파할 수 있는 해답'이자, 공동체 전체가 함께 나눌 수 있는 '미래 설계의 언어'로서 더욱 중요한 의미를 지니게 될 것이다.

제1절 기업의 경영환경

1. 경영환경의 정의

경영환경(business environment)이란 조직의 생존과 성장을 둘러싼 외부적 · 내부적 조건과 제약, 그리고 기회 요인을 총칭하는 개념으로, 기업의 의사결정 및 경영활동에 직 · 간접적으로 영향을 미치는 모든 요소를 포함한다(Pearce & Robinson, 2013). 기업의 경영활동은 기업이 속한 사회의 가치관과 생활양식 등 다양한 환경요인 속에 이뤄진다.

경영환경에 영향을 주는 유형은 내부환경과 외부환경으로 분류할 수 있다. 내부환경은 조직이 갖고 있는 고유한 조직문화 또는 분위기를 의미한다. 내부환경은 조직구성원이 조직의 성격, 가치, 특성 등을 공유하는 지각의 정도에 따라 달라질 수 있다. 외부환경은 조직의 외부에 존재하면서 조직의 의사결정이나 전반적인 조직 활동에 영향을 미치는 환경을 의미한다. 외부환경은 일반환경과 과업환경으로 다시 분류된다.

1) 일반환경

기업경영의 일반환경은 사회의 모든 조직에 영향을 미치는 포괄적 환경을 의미한다. 경제적 환경, 사회 · 문화적 환경, 기술적 환경, 정치 · 법률적 환경, 윤리적 환경으로 분류할 수 있다.

(1) 경제적 환경

경제적 환경은 조직이 속한 국가의 경제구조 및 정책 전반을 포함하는 것으로, 기업의 경영활동에 가장 직접적인 영향을 미치는 외부요인 중 하나이다. 주요 요소에는 인구 규모와 구조, 천연자원의 확보 여부, 국민소득 수준과 분배, 시장의 경쟁 형태, 물가 및 가격 동향, 경기변동 사이클 등이 있다.

특히 시장 구조는 완전경쟁, 과점, 독점 등으로 나뉘며, 기업의 진입장벽 수준, 경쟁강도, 가격 전략을 결정짓는 핵심 요인이다. 완전경쟁시장은 동질적 상품과 자유로운 시장 진입이 특징이며, 반대로 독점이나 과점 시장은 자원의 집중과 기업 지배력 강화로 이어진다. 경기변동은 기업의 수요 예측, 생산 계획, 투자 시점에 중대한 영향을 미친다.

(2) 사회 · 문화적 환경

사회 · 문화적 환경은 해당 사회의 가치관, 신념, 규범, 생활양식, 그리고 인구통계학적 특성(예: 연령, 성별, 소득 수준, 교육 수준 등)을 포함한다. 이 환경은 소비자의 행동 패턴, 브랜드 인식, 제품 수용성 등에 영향을 미치며, 기업의 마케팅 전략, 조직 문화, 인적 자원 관리 등에 밀접하게 작용한다.

예컨대, 윤리 소비, 젠더 감수성, 다문화 수용성, 세대 간 가치 차이 등은 제품 기획 및 기업 커뮤니케이션 방식에 직접적인 변화를 요구한다.

(3) 기술적 환경

기술 환경은 기업이 경쟁에서 우위를 확보하고, 운영 효율성을 극대화하기 위해 반드시 고려해야 할 전략적 환경 요소이다. 정보기술(IT), 인공지능(AI), 사물인터넷(IoT), 빅데이터, 클라우드, 블록체인 등의 등장과 확산은 산업구조의 재편, 소비자 경험의 변화, 새로운 비즈니스 모델의 탄생을 유발하고 있다. 기술 수준은 제품의 품질과 생산 효율, 서비스 속도, 고객 맞춤화 등에 직결되며, 기술혁신에 대한 민감도와 수용력은 기업의 생존 가능성을 좌우하는 핵심 요인이다.

(4) 정치 · 법률적 환경

정치 · 법률적 환경은 정부의 정책 방향, 정치적 안정성, 입법 제도, 산업 규제, 소비자 보호 및 노동법 등으로 구성되며, 이는 기업의 제도적 안정성과 전략의 합법성 확보에 영향을 미친다.

예를 들어, 공정거래법, 소비자보호법, 노동관계법, 조세법, 환경규제 등은 기업 활동에 법적 기준을 제공하며, 위반 시 벌금, 명예 실추, 사업 정지 등의 리스크를 초래할 수 있다. 정치 불안정은 투자심리 위축, 수출입 차질 등으로 이어질 수 있어 특히 다국적 기업에 민감한 요소다.

(5) 윤리적 환경

윤리 환경은 과거에는 기업의 자율적 선택 요소였으나, 오늘날에는 필수적인 경영 원칙으로 간주된다. 기업은 사회에서 통용되는 윤리적 기준을 내재화하고, 공정성과 투명성을 기반으로 경영 활동을 수행해야 한다.

가격 담합, 입찰 비리, 회계 조작, 부당 내부거래, 불법 정치자금 제공 등 비윤리적 행위는 기업의 사회적 평판, 주가, 지속가능성, 이해관계자 신뢰에 중대한 부정적 영향을 미친다. ESG(환경 · 사회 · 지배구조) 경영은 이제 기업 가치 평가의 표준 지표로 자리잡았다.

2) 과업환경

과업환경은 일반환경에 비해 좁은 범위의 외부환경으로, 특정 조직의 일상적인 경영 활동과 전략 실행에 직·간접적으로 영향을 미치는 이해관계자들로 구성된다. 이들은 기업의 생존, 경쟁력 확보, 고객 유지에 실질적인 영향을 미치므로, 기업은 과업환경을 정밀하게 분석하고 적극적으로 대응해야 한다.

(1) 경쟁자 환경

경쟁자 환경은 동일한 고객군과 시장 자원을 두고 경쟁하는 기업들로 구성된다. 시장 내 경쟁 강도는 기업의 가격 전략, 브랜드 포지셔닝, 마케팅 자원 배분에 영향을 미치며, 경쟁자의 규모, 전략, 기술력, 유통망 확보 정도는 시장 점유율 확대 가능성에 결정적이다. 기업은 경쟁 분석, 벤치마킹, 차별화 전략, 원가우위 전략 등을 통해 경쟁 우위를 확보하고 유지해야 한다.

(2) 고객 환경

고객은 조직이 제공하는 제품 및 서비스를 구매하는 실질적 수요자이며, 기업의 수익과 생존에 핵심적 역할을 한다. 고객 환경은 단순한 거래 차원을 넘어서, 경험 중심의 가치 전달, 고객 생애 가치(LTV), 충성도 관리, 후기·리뷰 기반 커뮤니케이션까지 포함한다. 디지털 시대에는 고객의 니즈와 피드백이 실시간으로 반영되며, 고객 중심 경영(customer-centric management)은 모든 부서의 전략 기반이 된다.

(3) 공급자 환경

공급자는 기업 운영에 필요한 자원(원재료, 부품, 기술, 인력, 자본)을 제공하는 주체이며, 공급자의 안정성과 협상력은 기업의 생산 효율성과 품질 유지에 영향을 미친다. 공급자 환경은 SCM(Supply Chain Management) 전략의 핵심이며, 공급망 위기 시 기업 전체가 리스크에 노출될 수 있다.

현대 경영에서는 공급자를 단순 거래 관계가 아닌 공동 혁신 파트너로 보고 협력체계를 강화하고 있다.

(4) 규제기관

규제기관은 기업의 활동을 감시하거나 통제하는 공공기관, 시민단체, 산업별 감독기구 등을 포함한다. 이들은 기업의 법적·윤리적 준수 여부를 평가하고, 사회적 책임 이행 여부를 기반으로 기업의 사회적 수용성을 결정짓는다.

적극적인 대관활동(public affairs), 준법경영 체계 구축, 정책 모니터링은 기업의 지속 가능 경영을 위한 필수 조건이다.

제2절 경영환경변화와 전망

1. 기업환경변화

현대의 경영환경은 기술혁신, 디지털 전환, ESG 강화, 글로벌 지정학적 불확실성 등 복합적인 요인들로 인해 급격히 변화하고 있다. 이러한 환경 변화는 기업에게 새로운 성장 기회(opportunity)를 제공하기도 하지만, 동시에 전략적 위협(threat)으로 작용할 가능성도 존재한다(Pearce & Robinson, 2013). 따라서 기업은 환경 변화에 능동적으로 대응할 수 있도록 기회 요인을 극대화하고 위협 요인을 최소화하는 전략적 유연성(strategic agility)을 확보해야 하며, 이를 위해 경영환경의 특성에 대한 정확한 이해가 필요하다. 경영환경의 주요 속성은 다음과 같이 네 가지로 구분된다(Daft, 2021).

(1) 동태성

동태성(dynamism)은 환경이 시간의 흐름에 따라 변화하는 빈도와 속도를 의미한다. 변화가 빠르고 예측이 어려울수록 동태성이 높은 환경으로 간주된다. 예를 들어, 패션산업의 유행 변화, AI 기술 진화, 정책 변화 주기 등은 기업에게 지속적인 모니터링과 민첩한 대응 역량을 요구한다.

(2) 복잡성

복잡성(complexity)은 기업이 직면한 환경 내의 요인들이 얼마나 다양하고 이질적인가를 의미한다. 즉, 경영활동에서 고려해야 하는 외부 변수(시장, 기술, 법규, 사회문화 등)의 수와 다양성, 상호의존성이 높을수록 복잡성은 증가한다. 복잡한 환경에서는 체계적 분석과 통합적 사고, 다양한 이해관계자 조정능력이 필수적이다.

(3) 풍부성

풍부성(richness)은 기업이 활용 가능한 자원(자금, 인력, 기술, 정보 등)의 가용성 정도를 나타낸다. 자원이 풍부한 환경에서는 전략적 선택의 폭이 넓고 기회비용이 낮지만,

자원이 희소하거나 경쟁이 과도한 경우 기업은 보다 보수적이고 방어적인 전략을 취하게 된다.

(4) 집중성

집중성(concentration)은 환경 내 여러 요인 중 특정 요인이 기업에 미치는 영향력이 과도하게 집중되어 있는 정도를 의미한다. 예컨대, 특정 공급업체, 특정 규제기관, 특정 시장에 대한 과도한 의존은 높은 집중성을 야기하며, 이는 환경변화 시 시스템 리스크(systemic risk)를 증가시킨다.

2. 환경 변화에 대한 대응

기업은 환경 변화에 대응하기 위해 환경적응(adaptation)과 환경통제(control)라는 두 가지 전략적 접근을 사용할 수 있다(Pfeffer & Salancik, 1978). 환경적응은 외부 환경을 그대로 수용하고, 조직 내부를 이에 맞춰 유연하게 조정하는 전략이다.

반면 환경통제는 조직이 외부 환경에 영향을 미쳐 환경 자체를 유리한 방향으로 변화시키려는 전략이다.

1) 환경적응

환경적응 전략은 조직이 환경 변화에 수동적 또는 유연하게 대응하여 내부 프로세스나 자원 구조를 조정하는 방식이다. 이는 환경을 통제할 수 없거나, 통제 비용이 과도한 경우 유효한 접근이다.

(1) 완충활동

환경 변화에 대비하여 재무, 인력, 물적 자원을 사전에 비축함으로써 외부 충격을 최소화하려는 전략이다. 예시로 안전재고 확보, 다수 자금 출처 확보 등을 들 수 있다.

(2) 경계활동

외부 환경과 조직 간 경계에 위치한 종업원(영업, 고객응대 등)을 활용하여 환경 정보를 수집하고 미래 변화를 예측하는 기능을 강화한다. 관련 인력에 대한 교육훈련 및 환경 감지 역량 제고가 중요하다.

(3) 전문팀 구성

기업 내 혹은 외부 협력 기관을 통해 환경 변화 분석 및 전략 시사점 도출을 담당하는 전문조직을 구성한다.

2) 환경통제

환경통제 전략은 기업이 환경 그 자체를 의도적으로 변화시키려는 능동적 대응 전략이다. 이는 자원이 풍부하거나, 산업 내 영향력이 큰 조직에서 효과적으로 구현될 수 있다.

(1) 공동운영방식

자원 공급자나 판매채널과의 합병, 지분 참여, 인사 교류 등을 통해 외부 위협 요인을 내부로 흡수하거나 협력적 관계로 전환하는 전략이다.

(2) 광고

조직의 가치, 사회적 책임, ESG 성과 등을 광고와 PR을 통해 적극적으로 홍보하여 소비자, 정부, 시민사회 등 외부 이해관계자에 긍정적 인식을 유도한다.

(3) 사업변경

환경 변화에 따라 비효율적인 사업을 철수하거나 업종을 전환하는 전략이다. 예: 오프라인 리테일 철수 후 온라인 플랫폼 중심 전환한다.

(4) 로비활동

법적으로 허용된 범위 내에서 정책 입안자나 정부기관에 정보 제공, 의견 제출, 간담회 개최 등을 통해 자사의 입장을 반영한 법률이나 제도 제·개정에 영향을 미치는 전략이다.

3. 기업 경쟁력에 대한 평가 및 미래방향

21세기 들어 글로벌 경영 환경은 기술 변화의 가속화, 디지털 전환, 소비자 가치의 다변화, 지정학적 불확실성 등으로 인해 그 복잡성과 불확실성이 극대화되고 있다. 이러한 변화는 기업에게 새로운 기회를 제공하기도 하지만, 동시에 기존의 경쟁 우위를 유지하던 글로벌 기업들에게 치명적인 위협으로 작용하고 있다. 과거 세계 최고 수준의 기술력과 시장 지배력을 자랑하던 기업들—Nokia, Sony, GM, Kodak, Sears, DEC, Motorola, Panasonic, Philips, AIG 등—은 외부 환경의 급변에 효과적으로 대처하지 못하고 쇠퇴하거나 시장에서 완전히 사라졌다. 이들 기업의 몰락은 내부 혁신역량만으로는 외부 변화에 능동적으로 대응하기 어렵다는 사실을 보여준다. 즉, 조직 내부의 기술이나 자원만으로 환경을 통제하려는 경직된 접근은 결과적으로 시장에서의 생존 가능성을 낮추게 된다.

반면, 변화하는 환경 속에서도 지속적으로 경쟁우위를 확보하며 성장을 이룬 기업들은 일정한 공통점을 보인다. Google, Nespresso, Kakao, Naver, Facebook 등은 분명한 비전과 정체성을 바탕으로 반복적인 실행을 통해 기회를 창출하고, 이를 기반으로 환경을 능동적으로 변화시키는 데 성공한 사례이다. 이들 기업은 외부 혁신역량을 적극적으로 활용하며 유연한 조직 구조를 구축하였고, 개방형 혁신(open innovation)과 사용자 중심의 플랫폼 전략을 통해 새로운 시장을 형성하거나 규칙 자체를 재정의하였다. 이러한 접근은 전통적 경영 전략의 한계를 넘어서는 새로운 방향을 제시하며, 현대 기업이 지향해야 할 미래 경영의 주요 패러다임으로 부상하고 있다.

한국 기업 역시 이러한 세계적 흐름에 발맞추어 경영 패러다임의 전환이 요구된다. 과거의 1세대 경영이 생존 중심의 추진력 기반이었다면, 2세대 경영은 정보화와 효율성 중심의 전략 대응에 초점을 두었다. 그러나 지금은 창의성과 정체성 기반의 3세대 경영으로의 이행이 절실하다. 3세대 경영 패러다임은 변화와 불확실성 속에서도 기업의 존재 이유와 핵심 가치를 중심으로 전략을 설계하고, 창조력을 핵심 역량으로 삼아 환경과의 동적 상호작용을 통해 기회를 포착하는 것을 중시한다. 여기서 핵심이 되는 개념이 바로 '창발경영(emergent management)'이다.

창발경영이란 명확한 뜻과 비전을 설정하고, 이를 바탕으로 반복적인 실천을 통해 불확실한 환경 속에서 우연처럼 나타나는 기회의 창을 감지하고 대응하는 과정을 의미한다. 이는 전통적인 계획 중심 전략(planned strategy)과 달리, 전략이 고정된 계획이 아니라 실천을 통해 점진적으로 형성되는 유기적 구조라는 점에서 의의가 있다. 창발경영의 실행은 네 가지 단계를 통해 이루어진다. 첫째, 조직의 방향성과 존재 이유를 명확히 규정하는 '뜻과 비전의 정립' 단계이며, 둘째, 주어진 환경에서 핵심 활동을 지속하며 기회를 모색하는 '생존과 반복' 단계가 뒤따른다. 셋째는 환경의 변화 징후를 감지하고 이를 기회로 해석하는 '절실함과 기회 인지'의 단계이며, 마지막으로는 이를 실행으로 전환하고 새로운 가치를 창출하는 '기회의 창 진입과 가치 창출' 단계이다.

결국, 창발경영은 환경 적응과 환경 형성이라는 이중적 전략 역량을 동시에 요구하는 경영 방식이며, 조직 내부의 철학적 기반 위에서 전략이 유기적으로 형성된다는 점에서 지속가능 경영(sustainable management)의 핵심 모델로 평가된다. 한국 기업이 글로벌 무대에서 경쟁력을 확보하고 장기적으로 생존하기 위해서는 이와 같은 창발적 전략 접근이 필요하며, 단기성과에 치우치지 않고 미래 지향적 가치를 중심으로 한 경영 설계가 병행되어야 할 것이다.

표 2-1 우리나라 기업경영의 패러다임

구분	경영방식	핵심가치	핵심역량	성장 패러다임
1세대 패러다임	개인경영	공동체주의	추진력	산업화(70,80년대)
2세대 패러다임	융합경영	변화대응	정보력	정보화(90,2000년대)
3세대 패러다임	창조경영	생존과 정체성 유지	창조력	창조화(2010년 이후)

[기업가정신의 사례] 유니클로 창업자 야나이 다다시의 경영철학[1]

'기회를 포착하고, 실패를 빠르게 수용하며, 혁신적 사고와 행동으로 시장의 가치를 창출한다.' 이는 성공한 창업가들에게서 반복적으로 관찰되는 핵심 기업가정신이다. 야나이 다다시(Yanai Tadashi, Fast Retailing 회장 겸 CEO)는 이러한 철학을 구현한 대표적 인물이다.

1980년대 이후, 의류 산업은 봉제업 쇠퇴와 글로벌 패션 유통 기업의 급부상 속에서 구조적 위기에 직면해 있었다. 이때 야나이는 유니클로라는 브랜드를 통해 '옷을 바꾸고, 상식을 바꾸고, 세상을 바꾼다(LifeWear Philosophy)'는 비전을 제시하며, '저렴하면서도 고품질'을 실현하는 비즈니스 모델을 구축했다.

그가 강조하는 핵심 원칙은 다음과 같다.

- 기회 포착과 도전: 야나이는 2000년대 초 영국, 미국 등 해외 진출 초기 실패를 겪었지만, 이를 단기 좌절로 보지 않고 '실패는 곧 학습의 기회'라고 재해석했다. '실패 경험이 우리에게 놀라운 동력을 불어넣었다. 실패는 도전의 씨앗이다.'
- 빠른 실패와 학습(Fail Fast): 그는 '이론대로나 계획대로 비즈니스가 흘러가지는 않는다'며, 빠르게 실패하고 빠르게 교정하는 전략을 강조했다. '실패하더라도 회사가 망하지 않는다면 괜찮다. 빨리 실패하고, 빨리 깨닫고, 빨리 수습하라.'
- 디지털 전환을 통한 환경 주도: 최근 Fast Retailing은 단순 제조·유통을 넘어 '디지털 소비자 리테일러'로 전환하여, 고객 행동 데이터를 기반으로 상품 기획과 재고 운영을 최적화하고 있다.
- 지속가능성 중심의 조직 가치: 유니클로는 '저렴한'을 넘어 '합리적인 가격의 고품질 의류'를 지향하며, ESG 경영의 일환으로 리사이클링, 장애인 고용, 난민 지원 등 사회공헌 활동도 적극 전개하고 있다.

1) 유성은(2015). 스토리 창업과 경영사례. 피앤씨미디어. p. 243~246.

제3절 창업가정신

1. 창업가의 개념

창업가(entrepreneur) 또는 기업가란, 자본을 출자하고 직접 기업을 경영하는 사람으로 정의된다. 이들은 단순한 경영관리자가 아니라, 새로운 시장을 창출하고 위험을 감수하며 자원을 효율적으로 조합해 가치를 창출하는 주체이다.

기업가라는 용어는 18세기 프랑스의 경세학자이자 은행가였던 리처드 칸티용(Richard Cantillon)이 처음 사용한 개념으로, 그는 기업가를 '확실한 가격에 상품을 구매하고 불확실한 가격에 판매하여, 이윤 또는 손실을 감수하는 자'로 정의하였다. 이는 곧 '위험 감수적 경제행위자(risk-bearing activity)'로서의 기업가 개념을 정립한 것으로, 오늘날 창업학과 기업가정신의 근간이 되는 사고방식이다. 이러한 정의는 단순히 경영기술을 습득한 관리자와는 달리, 불확실성 속에서 전략적 결단과 혁신을 실현하는 주체로서의 창업가의 역할을 부각시킨다.

2. 창업가의 창업추진역량

1) 창업가 개인 특성

성공적인 창업은 우연이나 아이디어 하나로 이루어지는 것이 아니다. 창업가는 시장을 읽는 눈과 실행력, 리스크에 대한 수용 태도, 그리고 자원 확보 능력을 갖춘 종합적 존재이다. 창업가의 개인 특성은 창업 동기, 성장 환경, 직무 경험, 역량 수준 등을 포괄하며, 이는 창업의 시기와 방식, 지속 가능성에 직접적 영향을 미친다.

(1) 연령

창업의 적정 연령은 명확히 정해져 있지 않지만, 마이크로소프트의 빌 게이츠, 애플의 스티브 잡스, 페이스북의 마크 저커버그처럼 젊은 나이에 창업에 성공한 사례도 있는 반면, 맥도날드를 창업한 레이 크록처럼 중장년기에 도전하여 성공한 사례도 존재한다. 이는 연령보다 시장 감각과 실행력, 지속의지가 중요함을 시사한다.

(2) 가족환경

창업가의 성장 배경은 창업 여부에 중요한 영향을 미친다. 특히, 가업을 계승하거나 가족 중 창업 경험자가 있는 경우, 창업에 대한 인식이 긍정적이며 조기 진입 가능성도 높아진다. 일본의 전통 외식업 '노포(老鋪)' 사례처럼, 2~3대에 걸쳐 지속되는 창업문화는 경영 안정성과 시장 신뢰성을 동시에 형성할 수 있다.

(3) 창업가 작업환경

기존 직무에서의 불만족, 조직의 관료성, 자기 효능감 저하 등은 창업을 유발하는 촉매제가 될 수 있다. 특히 보상체계, 상사와의 갈등, 도전욕구 불충족 등은 창업이라는 자기실현 경로로의 이동을 촉진한다.

(4) 창업가 능력

창업가는 단지 아이디어만 보유한 자가 아니라, 전략적 사고, 재무적 식견, 리더십, 고객 이해 능력 등 복합적 경영역량을 갖춘 자로 정의된다. 교육수준과 직무 경험이 풍부할수록 성공 가능성은 높아지며, 학문적 훈련과 실무 능력 간의 균형이 중요하다.

2) 사업기회의 포착과 위험감수

성공적인 창업가는 단순히 환경 변화에 반응하는 것이 아니라, 그 속에서 잠재된 기회를 선별하고 실현 가능한 아이디어로 구체화할 수 있는 능력을 갖추어야 한다. 이를 위해서는 다음 세 가지 활동이 핵심적이다.

(1) 일반환경의 변화관찰을 통해 틈새시장 발견

정책 변화, 기술 혁신, 소비 트렌드 전환 등 거시 환경의 변화를 감지하고, 기존 시장이 포착하지 못한 소규모 틈새시장(niche market) 을 찾아내는 능력이 요구된다. 환경이 불완전하거나 불균형할수록 새로운 기회는 더 많이 발생한다.

(2) 관련 사업 영역의 직 · 간접 경험

창업가는 전혀 새로운 분야보다, 본인이 경험했거나 지식이 풍부한 분야에서 창업할 때 리스크를 줄이고 경쟁우위를 갖출 수 있다. 슘페터(J. Schumpeter)가 제시한 창조적 파괴(creative destruction) 개념처럼, 기존 자원의 새로운 결합을 통해 혁신을 창출하는 접근이 중요하다.

(3) 사업위험 감수

창업은 항상 재무적 손실, 시장 실패, 평판 리스크 등의 위험을 수반한다. 창업가는 이러한 불확실성을 감내하고, 체계적인 기회 분석과 타당성 검토를 기반으로 실행할 수 있어야 한다. 이 과정에서 지나치게 낙관적인 사업계획은 오히려 실패 가능성을 높일 수 있으며, 실천적 신념과 현실 인식의 균형이 필요하다.

3) 인적 네트워크

최근 창업연구는 개인 특성이나 아이디어보다도 창업자가 보유한 네트워크 자본(social capital) 이 성패를 좌우하는 핵심 요소로 부각되고 있다. 인적 네트워크는 창업 초기의 자금 조달, 투자자 유치, 기술 파트너 확보, 사업설비 마련 등 물적 자원 확보에 직접적인 영향을 미치며, 공식적(기관, 정부지원) 및 비공식적(지인, 동문, 업계 지인) 경로를 통해 자원을 조달하는 경우가 많다. 창업자는 네트워크 구성과 유지, 협상력, 신뢰 기반의 관계 형성 등과 같은 사회적 역량을 적극적으로 활용하여 사업 초기의 불확실성과 자원 제약을 극복할 수 있어야 한다.

제4절 기업가정신

1. 기업가정신의 중요성

오늘날 전 세계는 저성장, 고용 불안, 기술 격차, 기후위기 등 다양한 사회·경제적 도전에 직면하고 있다. 이러한 위기 상황 속에서 기업가정신(entrepreneurship)은 새로운 일자리를 창출하고 지속가능한 경제 성장을 견인하는 핵심 동력으로 부상하고 있다.

2016년 9월 중국 항저우에서 개최된 G20 정상회의에서는 기업가정신이 청년 고용 확대와 글로벌 경제 회복을 위한 전략적 도구로 강조되었으며, 참가국들은 기업가정신 교육, 창업지원 서비스, 정책 금융 강화 등을 포함한 'G20 기업가정신 행동계획'을 채택하였다.

이러한 흐름은 개별 국가의 교육 및 정책 환경에도 반영되고 있다.

미국의 경우, 전체 50개 주 중 40개 주 이상에서 기업가정신을 정규 교육과정으로 채택하였고, 유럽에서는 초·중·고등학교 수준에서 창의적 문제해결과 혁신사고 중심의 기업가정신 교육이 확산되고 있다. 한국 또한 2018년부터 중·고등학교에 기업가정신 교육을 도입했으며, 2020년부터는 초·중·고 정규 교과과정에 포함시키는 정책을 추진하였다.

이처럼 세계 각국이 기업가정신에 주목하는 이유는, 그것이 단순한 창업 기술이나 수익 창출 수단을 넘어 경제의 역동성을 회복시키고, 사회적 혁신을 유도하는 전방위적 성장 인프라로 기능하기 때문이다.

2. 기업가정신의 구성 요소

기업가정신은 단일한 능력이나 성향이 아니라, 복합적인 태도, 사고방식, 행동 양식이 유기적으로 통합된 구조이다. 이 가운데 핵심 요소로는 다음 다섯 가지가 주로 논의된다.

1) 모험심

기업가는 불확실한 환경에서도 과감한 실행과 도전을 감수할 수 있는 태도를 가져야 한다. 이는 단순한 용기만이 아니라, 리스크 분석에 근거한 실행력, 그리고 실패 이후 빠르게 복구하고 학습하는 회복탄력성(resilience)을 포함한다. 모험심은 외재적 보상보다는 내재적 성취동기에 의해 유지되며, 자기 효능감(self-efficacy)과 밀접한 관계를 가진다.

2) 혁신 및 창의성

급변하는 사회와 기술 환경 속에서 기업가는 문제를 기존의 방식으로만 해결할 수 없다. 새로운 시각으로 문제를 재정의하고, 비관습적인 방식으로 해결책을 제시하는 창의성은 기업가의 필수 자질이다. 혁신은 완전히 새로운 것을 발명하는 '창조적 발명(invention)'일 수도 있고, 기존 기술이나 서비스에 보다 유용한 가치를 덧붙이는 '창의적 개선(creative recombination)'일 수도 있다. 슘페터(J. Schumpeter)의 '창조적 파괴(creative destruction)' 이론 역시 이와 같은 능동적 혁신의 필요성을 강조한다.

3) 신용

기업의 장기적인 성장과 존속은 이해관계자들의 신뢰 형성에 기반한다. 기업가는 고객, 투자자, 직원, 정부 등과의 관계에서 약속 이행, 정직성, 투명성을 유지하며, '신용'이라는 비계량적 자산을 구축해야 한다.

정주영 현대그룹 창업자는 '쓰러지더라도 신용은 지켜라'라는 말로, 기업가의 윤리성과 책임감이 기업의 흥망성쇠를 결정짓는 기준임을 강조한 바 있다. 신용은 단기 성과를 넘어서는 기업가정신의 윤리적 기반이라 할 수 있다.

4) 사회적 가치창출

현대 기업은 단지 재무적 이익을 창출하는 조직을 넘어, 사회적 책임(social responsibility)을 실현하는 주체로 인식되고 있다. 따라서 기업가는 사업을 통해 사회 구성원의 삶의 질을 향상시키고, 지속가능한 발전을 견인할 수 있는 방향으로 기업 활동을 설계해야 한다.

이는 단순한 기부나 봉사활동을 넘어, 취약계층 고용 확대, 윤리적 소비 촉진, 저개발 시장 진출, 환경친화적 제품 개발 등과 같이 사업의 본질적 구조 안에서 실현되어야 한다. 이러한 맥락에서 기업가정신은 CSR이나 ESG 경영의 근본적 출발점이라 할 수 있다.

5) 전략적 사고

현대 기업가는 다양한 이해관계자, 복잡한 경쟁환경, 불완전한 정보 속에서 합리적이고 체계적인 의사결정을 수행할 수 있는 전략적 사고 능력을 갖추어야 한다. 이는 직관에 의존한 판단이 아니라, 다양한 정보와 데이터를 바탕으로 한 과학적·분석적 접근을 말한다.

기업가는 결정 하나에도 경쟁자, 고객, 규제기관, 지역사회, 투자자 등 다수의 이해관계자를 고려해야 하며, 이들을 통합적으로 이해하고 조정하는 '복합적 의사결정자'로서 사고할 수 있어야 한다. 특히 ESG, AI, 데이터 윤리 등 새로운 이슈들이 등장하면서, 전략적 사고는 윤리적 고려와 사회적 감수성까지 포함하는 확장된 개념으로 발전하고 있다.

참 | 고 | 문 | 헌

김상헌, 박재민, 이장우(2022). 『전략경영론』. 서울: 박영사.

전타식(2018). 『창업경영 BASIC』. 서울: 북넷.

최종열, 정해주(2016). 『벤처창업과 기업가정신』. 서울: 탑북스.

이윤준 외(2012). 『경영학개론』. 서울: 법문사.

이진규, 김종진, 최종인(2012). 『경영학개론』. 서울: 한국방송통신대학교출판부.

유성은(2015). 『스토리 창업과 경영사례』. 서울: 피앤씨미디어.

최현주(2016.11.22.). "기업가정신 왜 중요한가요." 중앙일보.

Ansoff, H. I. (1987). Corporate strategy. New York, NY: McGraw-Hill.

Cantillon, R. (1755). Essai sur la nature du commerce en général.

Daft, R. L. (2021). Organization theory and design (13th ed.). Boston, MA: Cengage Learning.

G20 Leaders' Communiqué. (2016). Hangzhou Summit: G20 Entrepreneurship Action Plan.

Hofstede, G. (2010). Cultures and organizations: Software of the mind (3rd ed.). New York, NY: McGraw-Hill.

Mintzberg, H. (1994). The rise and fall of strategic planning. New York, NY: Free Press.

Pearce, J. A., & Robinson, R. B. (2013). Strategic management: Planning for domestic & global competition (13th ed.). New York, NY: McGraw-Hill.

Pfeffer, J., & Salancik, G. R. (1978). The external control of organizations: A resource dependence perspective. New York, NY: Harper & Row.

Porter, M. E. (1985). Competitive advantage: Creating and sustaining superior performance. New York, NY: Free Press.

Schumpeter, J. A. (1942). Capitalism, socialism and democracy. New York, NY: Harper & Brothers.

Teece, D. J. (2018). Business models and dynamic capabilities. Long Range Planning, 51(1), 40-49. https://doi.org/10.1016/j.lrp.2017.06.007

CHAPTER 03

창업과정과 아이템 선정

학습목표:

1. 창업 과정을 단계별로 설명할 수 있다.
2. 창업아이템의 선정절차 과정을 이해할 수 있다.

들어가면서:

청년 창업에 성공한 아이템의 공통점들은 자신의 경험에서 출발했거나 청년이 공감하는 문제를 해결하거나, 적합한 플랫폼과 정책 활용 등이 있다. 금융앱인 Toss(토스)는 대한민국 대표 핀테크 서비스로 사용자의 편의성을 극대화하여 젊은 층의 인기를 얻고 있다. 2013년 어느 스타트업이 '송금'이라는 좁고 단일화 된 서비스 시장에 진입하였다. 은행 계좌이체를 위해 공인인증서와 보안카드 등의 복잡한 절차가 필요했던 시절에 전화번호로 송금하면 편리하겠다는 니즈가 토스의 시작이었다. 처음에는 은행과 금융권의 규제에 막혀 서비스 출시가 어려웠으나 포기하지 않고 지속적으로 서비스 개발에 힘을 쏟았다. 2015년 간편송금 서비스가 시작된 이후 금융 플랫폼으로 확장했고 최근 2,000만 명 이상이 사용하는 한국의 대표 핀테크 기업으로 성장하였다. 특히 청소년 전용 금융상품인 'Neon Green Card' 등 MZ세대의 기호에 맞춘 서비스를 기획 및 추진하며 꾸준히 10대 사용자를 위한 서비스를 개발하고 있다. 세대 특성을 반영한 서비스 기획이 얼마나 큰 반응을 얻을 수 있는지 보여주는 대표적 사례가 되고 있다.

제1절 창업과정[1]

일반적으로 창업과정을 제시해 보면 6가지 과정으로 구분할 수 있다. 이러한 과정을 다음과 같이 구체적으로 제시해 볼 수 있다(그림 3-1).

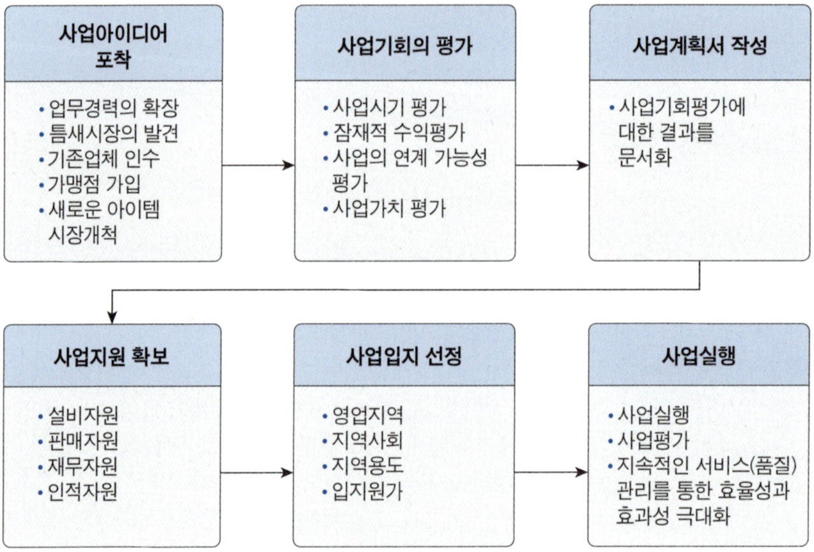

그림 3-1 창업의 3대 주요요소

1. 사업 아이디어 포착

창업의 시작점은 '무엇을 할 것인가'에 대한 구체적인 발상, 즉 사업 아이디어의 포착이다. 이 단계는 단순한 창의적 발상이 아니라, 시장에서 실현 가능한 형태로 이어질 수 있는 사업기회의 초기 탐색과 감지 과정이다. 사업 아이디어는 다음과 같은 다양한 경로를 통해 발견된다.

1) 업무경력의 확장

기존 직장 또는 사업 운영 중 발견한 고객 불만, 비효율, 미해결 문제 등에서 출발하는 아이디어는 실현 가능성과 시장 적합성이 높은 편이다. 실제로 많은 창업자들은 자신이 경험한 현장에서 문제를 개선하는 형태로 창업에 도전한다.

1) 이진규, 김종진, 최종인(2012). 경영학개론. 한국방송통신대학교 출판부. p. 356~363.

2) 틈새시장의 발견

기존 시장의 공급자들이 놓치고 있던 세부 수요나, 새로운 라이프스타일 · 소비행태에 주목함으로써 소규모지만 강력한 시장 기회를 확보할 수 있다.

3) 기존업체의 인수

직접 창업보다는 시장성과 조직 기반이 갖춰진 회사를 인수하여 구조를 재정비하는 전략적 진입 방식이다.

4) 가맹점 가입

기존브랜드와 시스템이 검증된 비즈니스 모델을 도입하여 안정성을 확보하는 형태이며, 창업자의 경험이 부족한 경우 선호된다.

5) 새로운 아이템 시장개척

기술 혁신, 환경 변화, 인구 구조 변화 등으로 인해 발생하는 '백지 영역'을 탐색하고 이를 창의적으로 사업화한다.

2. 사업기회의 평가

아이디어를 포착한 후에는, 그것이 실제 사업으로서 타당한지를 검토하는 사업기회 평가 단계로 이어진다. 이 과정에서는 시장 규모, 소비자 수요, 경쟁 강도, 기술 구현 가능성, 투자 대비 수익률(ROI) 등 정량적 · 정성적 분석을 병행하여 구체적 타당성을 검토한다. 이때, 다음과 같은 질문을 통해 사업의 타당성을 확인할 수 있다.

- 아이템은 지금 시작하기에 적절한가? (시장 진입 시기)
- 단기적으로 수익을 낼 수 있는가? 장기적으로 지속가능한가? (수익성 · 지속성)
- 사업 확장과 다각화가 가능한가? (스케일업 가능성)

이 단계에서 철저한 분석과 시뮬레이션을 거치지 않으면, 실행 이후 조기 실패로 이어질 수 있으므로, 사업위험도(risk)에 대한 예비 검토 및 전략적 대응 시나리오 수립이 병행되어야 한다.

3. 사업계획서 작성

타당성이 검토되었다면, 이를 바탕으로 사업계획서(business plan)를 작성한다. 사업계획서는 단순히 아이디어를 정리한 문서가 아니라, 전략적 실행 로드맵이자, 투자유치 및 협력의 공식 수단이다. 계획서에는 다음이 포함되어야 한다.

- 창업자의 배경 및 경영철학
- 시장분석 및 경쟁 환경 진단
- 제품 · 서비스의 특성 및 가치 제안
- 마케팅 전략과 실행 계획
- 재무계획(자금 조달 방식, 수익 구조, 손익분기점 등)
- 리스크 분석 및 대처 방안

특히 이 문서는 외부 투자자, 금융기관, 지원기관과의 커뮤니케이션 도구이므로 논리성과 실행가능성을 갖추어야 한다.

4. 사업자원의 확보

계획한 사업을 실행하기 위해서는 인적 · 물적 · 재무적 자원의 확보가 필수적이다. 이 단계는 창업자가 실제로 '준비된 경영자'인지 판가름하는 중요한 시점이다.

1) 설비자원의 확보

창업을 위한 설비자원은 기본적으로 갖추어야 하는 성공요건이다. 창업 종목에 따라 적절한 시설과 장비를 갖추어야 한다. 시설, 장비, 공간 등은 사업 분야별 법적 · 제도적 요건을 충족시켜야 하며, 사전 인허가 여부도 확인되어야 한다.

2) 판매자원의 확보

판매를 중심으로 하는 창업인 경우에는 무엇보다 경쟁력 있는 판매자원을 확보하는 것이 중요하다. 소비자의 욕구를 만족시킬 수 있는 제품과 유통채널의 확보, 경쟁 우위의 포인트(POD, Point of Differentiation)가 확보되어야 한다.

3) 인적자원의 확보

함께 일할 수 있는 인적자원을 확보하는 것은 창업 성공의 주요한 요소이다. 많은 창업회사들이 능력있는 사람을 확보하는 데 어려움을 겪고 있다. 유능한 인재를 확보하기 위해서는 높은 임금과 복지와 같은 사항이 중요하지만 회사가 가지고 있는 장래성과 비전도 중요한 선택 사항이 될 수 있다. 구체성과 발전적 비전이 제시되어 있는 사업계획과 회사의 비전을 분명하게 제시할 수 있다면 도전정신과 창의성을 가진 유능한 인재를 창업멤버로서 영입할 수 있는 가능성은 높을 것이다.

또한, 창업자의 비전을 함께 할 수 있는 핵심 인재의 유치는 단순한 급여 수준이 아니라 조직의 철학과 가능성 공유를 통해 가능하다. 또한, 초기 투자자, 멘토, 정책 지원 관계자 등도 넓은 의미의 인적자원으로 간주된다.

4) 재무자원의 확보

재무자원에는 창업가가 가지고 있는 자본과 투자자나 금융기관 등으로부터 차입한 부채가 있을 수 있다. 소규모 사업을 추진하는 경우에는 가능한 사업초기에 자기자본으로 사업을 운영하는 것이 바람직하다. 자기자본, 외부 투자, 금융기관 대출, 정책자금, 크라우드펀딩 등 다양한 조달 채널을 통합적으로 고려해야 한다. 자금의 규모뿐 아니라, 시기와 구조(차입 *vs* 투자)의 전략적 조합이 중요하다.

5. 입지선정

창업의 성패를 결정짓는 중요한 요인 중 하나는 바로 사업의 입지 선정이다. 입지는 소비자 접근성, 운영 효율성, 비용 구조, 상권과의 시너지 등을 결정짓는 물리적 기반이며, 특히 오프라인 중심의 창업에서는 사업의 지속성과 수익성에 직결된다. 입지 선정 시 고려해야 할 주요 요소는 다음과 같다.

1) 영업지원

입지 주변에 형성된 상권의 규모와 활성화 수준은 사업의 초기 유입 고객 확보에 결정적인 영향을 미친다. 예를 들어 음식점, 패션매장, 생활용품 판매점 등이 밀집된 지역은 자연스럽게 유동 인구가 많고 상호 보완적 소비행태가 나타나기 때문에 입지 경쟁력이 높아진다. 창업자는 주변 상권의 특성과 업종 간 상생 가능성 등을 종합적으로 검토해야 한다.

2) 지역사회

사회적 여건 역시 중요한 기준이다. 학교, 공공기관, 문화시설, 레저시설, 주거지 등 지역 인프라의 구성은 소비자의 생활 동선에 영향을 주며, 이는 곧 점포 방문 가능성과 연결된다. 아울러 해당 지역의 인구 구조(연령대, 성별 비율), 소득 수준, 소비 패턴 등도 창업 아이템과의 적합성을 판단하는 데 중요한 기준이 된다.

3) 지역용도

도시계획에 따라 설정된 용도지구를 정확하게 알고 있어야 한다. 예를 들어, 상업지역, 주거지역, 공업지역, 준공업지역 등 사업입지가 지역용도에 적정하여야 사업이 가능하다. 창업 업종의 허용 여부 및 규제 여부를 결정짓는 요소이므로 창업 전에 해당 부지의 용도 지정을 명확히 확인하고, 필요한 인·허가 사항을 점검해야 한다.

4) 입지원가

입지 비용은 창업 초기의 고정비용 상당 부분을 차지하며, 이는 수익구조에 직접적인 영향을 미친다. 일반적으로 유동인구가 많고 지리적 접근성이 우수한 위치일수록 임대료가 높아지는 경향이 있으나, 단순히 비용 기준만으로 입지를 평가하기보다 '고비용 대비 고효율' 관점에서 접근할 필요가 있다. 창업자는 입지의 물리적 특성과 업종의 성격을 함께 고려하여 효율성과 경제성 간 균형이 맞는 장소를 확보하는 것이 중요하다.

6. 사업실행

입지를 선정하고 사업계획이 완료되면, 실제로 사업을 운영하는 단계인 사업실행 단계로 진입한다. 이 단계는 창업자의 전략과 계획이 시장에서 현실화되는 구체적 행동의 단계이며, 조직화·운영·판매 등 다양한 활동이 실제로 작동하기 시작하는 구간이다.

1) 사업실행

목표로 설정한 창업아이템을 시장에 상업적으로 출시하고, 사전에 준비한 인력과 자산, 설비를 기반으로 실제 운영을 개시한다. 이때 마케팅 믹스(제품, 가격, 유통, 촉진)를 실행하고, 고객 응대 체계를 마련하며, 초기 운영상 문제점에 대해 실시간으로 대응하는 민첩성이 요구된다. 실행 초기에는 수요 예측 오류, 자재 공급 불안정, 인력 문제 등이 발생할 수 있으므로, 이를 보완하기 위한 운영 매뉴얼 및 사전 시나리오 기반 준비가 필요하다.

2) 사업평가

사업 개시 후 일정 기간이 지난 시점에서 전반적인 운영성과를 점검한다. 이 과정에서는 수익률, 고객 반응, 생산성과 효율성, 조직 내부 관리 상태 등 다양한 요소를 분석하며, 계획 대비 실적의 차이를 진단하고 향후 개선 방향을 설정한다. 평가 결과를 기반으로, 제품 라인 조정, 마케팅 방식 개선, 조직 재구조화, 또는 사업 아이템의 변경까지도 고려될 수 있다.

결과적으로, 사업 실행은 창업의 끝이 아니라 새로운 경영의 시작이며, 그 성공 여부는 현장 실행력과 피드백 기반의 지속적 개선 노력에 달려 있다. 따라서 창업자는 실행 이후에도 끊임없는 학습과 조정을 통해 사업의 완성도를 높여가야 하며, 이는 궁극적으로 기업의 경쟁력을 구축하는 기반이 된다.

제2절 창업아이템

1. 창업아이템 선정의 중요성

1) 창업아이템의 개념

창업은 창업자 개인의 역량과 자본력, 그리고 사업 아이디어라는 세 가지 핵심 요소를 중심으로 이루어진다. 이 중 창업아이템은 창업자의 비전과 전략이 구체적으로 실현되는 사업의 출발점이자, 창업 전체의 방향성과 구조를 형성하는 핵심 축이라 할 수 있다.

창업아이템은 단순히 판매할 물건이나 서비스 그 자체를 의미하지 않는다. 그것은 시장에서 어떤 가치를 제공할 것인가, 어떤 고객의 문제를 해결할 것인가에 대한 비즈니스 솔루션의 응집된 형태이다. 다시 말해 창업아이템은 창업자가 설정한 비즈니스 모델의 본질이며, 제품 또는 서비스, 타깃 시장, 유통 채널, 수익 구조 등 사업 전반의 구성요소가 응축되어 표현된 핵심 개념이다.

창업자에게 필요한 첫 번째 요건은 기업가 정신(entrepreneurial mindset)과 함께 시대의 흐름을 읽는 전략적 감각, 실천적 리더십, 판단력이다. 두 번째 요소인 자본(capital)은 사업을 현실화하는 데 필요한 자원을 조달하고 운용할 수 있는 능력을 의미한다. 그

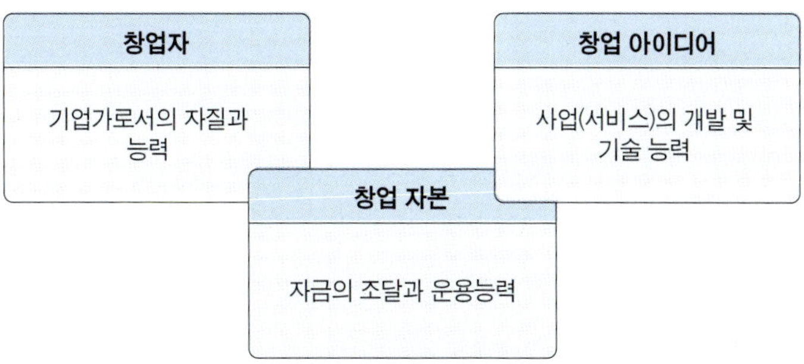

그림 3-2 창업의 3대 주요 요소

러나 이 두 요소가 아무리 우수하더라도, 창업아이템이 시장성과 실현 가능성을 갖추지 못했다면, 그 사업은 시작되기조차 어렵거나 빠르게 실패에 직면하게 될 것이다.

따라서 창업아이템은 '무엇을 할 것인가'라는 질문에 대한 답이며, 이는 곧 '누구를 위한 것인가', '왜 필요한가', '어떻게 지속가능한가'에 대한 전략적 사고의 실천 지점이기도 하다. 아이템 선정은 단순한 직관이나 열정만으로 결정해서는 안 되며, 시장 분석, 경쟁 분석, 기술 동향, 고객 수요, 자원 구조 등 다양한 요소에 기반한 종합적인 의사결정이 요구된다.

실제로 창업희망자를 대상으로 한 다수의 조사 결과에 따르면, 창업 과정에서 가장 큰 어려움은 자금 확보나 조직 구성보다도 '성공 가능성이 높은 사업아이디어를 찾는 것'으로 나타났다. 이는 아이템 선정이 단순한 창의적 발상이 아니라, 논리적이고 체계적인 기획과정을 통해 도출되어야 함을 의미한다.

창업아이템이 적절하지 않으면 아무리 자본과 인력이 충분해도 성과를 기대하기 어렵고, 반대로 훌륭한 창업아이템은 제한된 자원 조건에서도 빠른 성장의 발판이 될 수 있다. 결국 창업아이템의 선정은 창업자의 능력과 철학, 시장 환경, 자원 구조 간의 전략적 정합성(strategic fit)을 확보하는 과정이라 할 수 있다.

이러한 이유로, 창업아이템은 창업을 시작하는 '이유'이자 '방향'이며, 나아가 창업 이후의 모든 의사결정(예: 입지 선정, 마케팅 전략, 유통 경로, 수익 모델, 조직 구조의 기준)점으로 작용하게 된다. 따라서 창업자는 자신의 적성과 경험, 자본 여건, 시장 수요, 기술 변화 등을 종합적으로 고려하여 실행 가능하고 지속 가능한 창업아이템을 전략적으로 선택해야 하며, 이는 창업 성공의 첫 관문이라 할 수 있다.

2. 창업아이템 선정 방법

창업아이템의 선정은 단순히 '무엇을 할 것인가'를 결정하는 단계를 넘어, 창업자의 역량과 시장 기회를 가장 적절하게 결합하는 전략적 선택이다. 과거에는 창업이 비교적 단순한 유통 환경 속에서 진행되어, 개인의 경험이나 직관에 따라 가게를 열고 수익을 창출할 수 있는 구조가 가능했으나, 오늘날의 창업 환경은 그때와 근본적으로 다르다. 백화점, 대형마트, 온라인 쇼핑몰, 모바일 플랫폼, 라이브커머스 등 유통 채널이 다변화되고, 소비자의 욕구가 고도화됨에 따라, 경쟁력 있는 창업아이템을 발굴하고 구체화하는 일은 그 자체로 하나의 경영전략 과정이 되었다.

창업자는 자신에게 맞는 아이템을 단순히 '흥미'가 아닌, 시장성과 실행 가능성, 자원 확보력, 법적 정합성 등 다각적인 기준에 따라 신중하게 선정해야 한다. 이 과정은 탐색

이전의 '준비'와 탐색 이후의 '절차화'로 구분하여 접근할 필요가 있다.

1) 창업아이템의 탐색 준비

창업아이템 선정은 창업자의 철학과 자원, 시장 구조, 고객 수요, 법적 여건 등 다양한 요소가 복합적으로 작용하는 결정이기 때문에, 선정에 앞서 자신의 상황을 점검하는 사전 준비 과정이 선행되어야 한다. 일반적으로 다음과 같은 네 가지 영역에서 고려가 필요하다.

첫째, 시대적 흐름과 시장 트렌드의 적합성 여부이다. 선택한 창업아이템이 단기적 유행에 불과한 것인지, 중·장기적으로도 지속 가능한 성장 가능성과 시장성, 소비자 니즈에 부합하는지를 객관적인 자료와 분석을 통해 검토해야 한다. 사회적·기술적·인구학적 변화와 정책 환경의 흐름 등을 폭넓게 반영하는 것이 필요하다.

둘째, 창업자의 적성과 관심 분야와의 일치 여부이다. 일반적으로 창업자는 자신이 잘 알고, 흥미를 느끼는 분야에서 더 높은 몰입도와 실행력을 발휘하게 된다. 이전의 직무 경험, 관련 자격이나 지식, 혹은 네트워크의 존재 여부도 고려 대상이 된다.

셋째, 아이템의 법적 기준이 적절한지를 점검하여야 한다. 아무리 시장성이 좋은 아이템이라 해도, 관련 법령이나 지역 제한 등으로 인해 현실적으로 사업화가 불가능할 수 있다. 따라서 사업 수행에 필요한 인허가 조건, 신고 절차, 규제 사항 등을 사전에 면밀히 검토해야 한다.

넷째, 사업자금은 충분한지를 점검하는 것도 필요하다. 창업아이템 자체가 아무리 유망하더라도, 이를 구현하기 위한 자금이나 인력, 기술이 준비되지 않으면 실행으로 이어지기 어렵다. 따라서 창업 초기 자금의 조달 가능성과 실제 자원 동원 능력에 대한 점검

시대의 흐름에 맞는지	창업자의 적성에 맞는지
선택한 창업아이템이 향후 어떠한 전망을 가지고 있는지, 충분한 성장성을 가지고 있는지, 소비자들의 욕구와 필요에 부응하는지	자신의 적성과 관심에 맞는지, 자신의 경험이나 지식을 적절하게 이용할 수 있는지
아이템의 법적 기준이 적절한지	**사업 자금은 충분한지**
현재 다양한 법적 기준에 저촉되지는 않는지, 인·허가 및 신고 등의 사항에 적절한 기준을 충족하는지	아이템을 구현하는 데 충분한 자금이 있는지, 사업 시작 후 충분한 운영자금 능력이 있는지

그림 3-3 창업아이템 선정시 주요 고려사항

도 함께 이뤄져야 한다.

이 외에도 창업아이템을 준비하는 과정에서 본인의 환경 및 사업환경 분석을 분석하고, 사업환경의 위험도와 비전을 검토하는 등 가능한 다양한 광범위하게 자신과 창업아이템과의 성공가능성을 타진하며 미래전망을 검토하는 과정을 거치는 것은 성공창업을 위한 기본적이고 필수적인 활동이라 할 수 있다.

이러한 항목들은 일반적으로 '7가지 창업아이템 적합성 검토 기준'으로 요약되며, 창업자 스스로의 자기진단 도구로 활용될 수 있다.

[사업아이템] 탐색준비의 7가지 포인트(적합성 검토)

- 체력: 창업자가 감당할 수 있는 신체적 · 정신적 활동 수준인지
- 경험: 관련 업종에 대한 직 · 간접적 경험이 있는지
- 전문성: 일에 흥미를 느낄 수 있는지, 경쟁하였을 때 우위를 점유할 수 있는지
- 환경: 법적, 제도적, 사회문화적 환경에 적합한지
- 능력: 창업자가 직접 사업을 주도할 수 있는 역량이 있는지
- 자금규모: 사업 규모에 비해 창업자가 보유한 자본력이 충분한지
- 성격: 리더십, 위기 대응력, 커뮤니케이션 능력 등 사업에 적합한 성향을 가지고 있는지

2) 창업아이템의 탐색

창업아이템을 선정하는 데 사용하는 일반적인 방법을 이해하고 적용해 보는 것은 예비 창업자에게 좋은 경험이 될 수 있을 것이다. 대표적인 탐색 방법은 다음과 같다.

① 인터넷 검색

창업 포털, 산업별 트렌드 보고서, 시장 분석 사이트 등을 통해 다양한 아이템을 비교 · 분석할 수 있다. 특히 해외 사례나 성공 창업자들의 스토리도 아이디어 발굴에 도움이 된다.

② 창업 박람회

국내외 박람회에 참가하면 실질적인 제품, 서비스, 창업 지원 제도를 직접 확인할 수 있으며, 다양한 산업군의 트렌드를 동시에 경험할 수 있다.

③ 창업 컨설턴트, 경험자의 자문

창업컨설턴트, 창업 선배, 투자자 등 실무 경험이 풍부한 전문가들과의 면담은 단기간

내 창업의 현실과 위험 요소를 파악하는 데 큰 도움이 된다.

이 외에도 신문 · 잡지 · 창업서적 탐독, 재래시장 · 현장 방문, 해외 연수나 여행, 지인을 통한 아이디어 공유, 창업보육기관 탐방 등 다양한 경로를 통한 간접 학습과 체험은 창업아이템 선정의 질을 높여준다.

3) 창업아이템의 선정절차

창업아이템을 구체적으로 선정하는 절차는 다음과 같은 그림으로 요약해 볼 수 있다.

창업아이템 선정은 탐색 후 결정하는 선형적인 구조가 아니라, 단계별로 정보를 정제하고 평가하며 최적 대안을 도출하는 점진적 프로세스로 진행되어야 한다. 일반적으로 다음과 같은 절차로 구성된다.

(1) 창업정보 수집

창업아이템 선정의 출발점은 다양한 정보를 수집하고 분석하는 탐색적 조사 활동이다. 신문, 전문지, 정부 간행물, 산업 리포트, 창업 서적, 온라인 플랫폼 등은 창업 아이디어를 얻을 수 있는 주요 채널로, 이를 통해 시장 동향, 소비자 니즈, 기술 발전, 사회적 트렌드 등과 관련된 초기 정보를 확보할 수 있다. 이 과정은 단순한 아이디어 수집을 넘어서, 창업자가 스스로 어떤 분야에서 경쟁력을 발휘할 수 있을지 방향성을 설정하는 데 중요한 기초 자료가 된다.

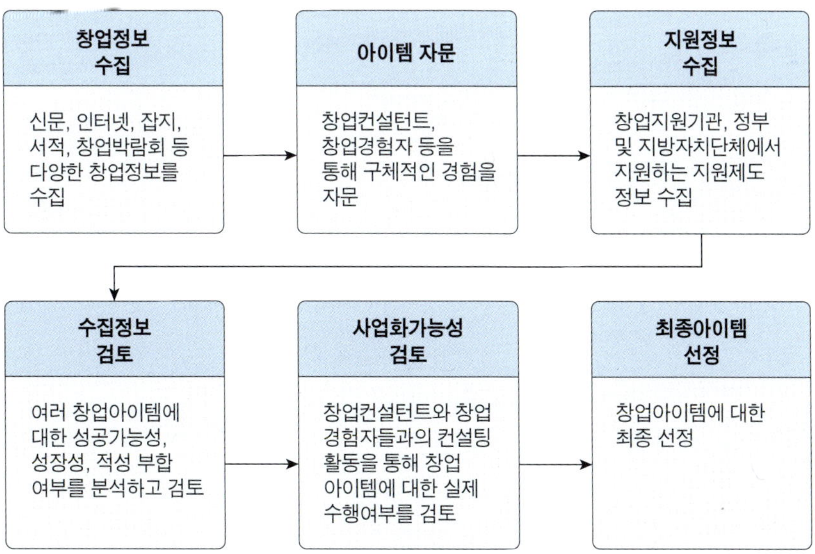

그림 3-4 창업아이템 선정절차

(2) 아이템 자문

정보 수집 이후에는 경험 기반의 전문가 의견을 통해 수집된 아이템의 실행 가능성과 잠재적 위험 요인을 점검하는 단계가 필요하다. 창업 컨설턴트, 창업지원기관 전문가, 산업 실무자, 선행 창업자 등은 시장 환경에 대한 실질적인 통찰을 제공하며, 아이템이 지닌 장점뿐만 아니라 창업자가 인지하지 못한 한계와 리스크를 사전에 파악하도록 도와준다. 특히, 사업의 적절성, 수익성, 진입 장벽 등의 요소는 서류나 이론 분석보다 현장 경험 기반 자문이 더 정확한 판단을 이끌어내는 경우가 많다.

(3) 지원정보 수집

다양한 정부 및 지자체, 공공기관, 민간 단체들은 재정, 공간, 기술, 네트워크, 멘토링 등 다양한 창업지원 프로그램을 제공하고 있다. 이러한 지원 제도는 창업자의 자원 한계를 보완하고, 사업 아이템의 실행 가능성을 높이는 데 있어 매우 중요한 외부 자원이다.

예를 들어, 기술창업자의 경우 기술보증기금의 기술평가 및 융자, 중소벤처기업부의 창업도약패키지, 창조경제혁신센터의 보육 및 멘토링 지원 등을 활용할 수 있으며, 이를 통해 자금 확보, 시제품 제작, 마케팅 확대, 시장 테스트 등 다양한 목적을 실현할 수 있다. 따라서 창업자는 창업 초기 단계부터 창업지원 생태계와 적극적으로 교류하며 아이템 실현 기반을 제도적으로 확보해야 한다.

(4) 수집정보 검토

정보 수집과 자문, 정책 정보 탐색이 완료되면, 이를 종합적으로 검토하여 각 아이템의 타당성과 적합성을 판단하는 분석 단계에 진입한다. 이때 고려되어야 할 주요 항목은 다음과 같다.

- 시장 성장 가능성
- 해당 분야의 산업 규모 및 추세
- 창업자의 적성 및 경험과의 일치 여부
- 기술적 · 법적 실현 가능성
- 진입장벽 및 경쟁자 구조
- 소비자 수요의 안정성과 지속성

이 단계는 창업자의 주관적인 선호가 아니라, 객관적 정보와 전문가 견해를 통합한 분석에 기반해야 하며, 필요시 SWOT 분석, 경쟁사 비교표 등을 활용하여 시각적으로 구조화하는 것이 효과적이다.

(5) 사업화 가능성 검토

후보 아이템 중 일부는 아이디어로는 우수하지만, 실행 단계에서 예상보다 높은 장벽이나 자원 부족으로 인해 사업화가 어려울 수 있다. 따라서 이 단계에서는 사업화 가능성, 즉 '지금, 이 조건에서, 이 사람이 실행할 수 있는가'라는 관점에서 최종 전환 타당성을 검토해야 한다.

제품 생산의 구체성, 유통 경로의 존재 여부, 소비자 접점 설계, 시범 운영 가능성, 자금 확보 계획 등을 포괄적으로 고려하며, 파일럿 테스트 또는 소규모 MVP(최소기능제품) 실행 전략을 수립하는 것도 권장된다.

(6) 최종아이템 선정

마지막 단계에서는 앞선 정보 수집과 분석, 전문가 자문, 정책 활용, 사업성 평가의 결과를 바탕으로 가장 실행 가능성이 높고 지속 성장 가능한 아이템을 최종적으로 결정한다. 이때 선택된 아이템은 이후 사업계획서의 중심이 되며, 마케팅 전략, 조직 구성, 자금 유치 계획 등의 수립에도 핵심 기준으로 작용한다.

또한, 최종 아이템 선정 이후에도 시장 테스트 및 유연한 피벗(pivot) 전략을 염두에 두는 것이 바람직하다. 초기의 확정이 불변의 진리가 아님을 인식하고, 시장 반응을 통해 점진적으로 조정해 나가는 것이 창업 성공률을 높이는 현명한 접근이라 할 수 있다.

참 | 고 | 문 | 헌

김상헌, 박재민, 이장우(2022). 『전략경영론』. 서울: 박영사.

유성은(2015). 『스토리 창업과 경영사례』. 서울: 피앤씨미디어.

이진규, 김종진, 최종인(2012). 『경영학개론』. 서울: 한국방송통신대학교출판부.

전타식(2018). 『창업경영 BASIC』. 서울: 북넷.

중소벤처기업부(2023). 『2023 창업지원사업 통합공고 안내서』. 정부간행물등록번호 11-1132000-000101-10.

창업진흥원(2022). 『창업기업 실태조사 보고서』. 대전: 창업진흥원

최종열, 정해주(2016). 『벤처창업과 기업가정신』. 서울: 탑북스.

Byers, T. H., Dorf, R. C., & Nelson, A. J. (2019). Technology ventures: From idea to enterprise (5th ed.). New York, NY: McGraw-Hill Education.

Daft, R. L. (2021). Organization theory and design (13th ed.). Boston, MA: Cengage Learning.

Osterwalder, A., & Pigneur, Y. (2010). Business model generation. Hoboken, NJ: John Wiley & Sons.

Pearce, J. A., & Robinson, R. B. (2013). Strategic management: Planning for domestic & global competition (13th ed.). New York, NY: McGraw-Hill.

Porter, M. E. (1985). Competitive advantage: Creating and sustaining superior performance. New York, NY: Free Press.

Shane, S. (2003). A general theory of entrepreneurship: The individual-opportunity nexus. Cheltenham: Edward Elgar Publishing.

Teece, D. J. (2018). Business models and dynamic capabilities. Long Range Planning, 51(1), 40-49. https://doi.org/10.1016/j.lrp.2017.06.007

Timmons, J. A., & Spinelli, S. (2015). New venture creation: Entrepreneurship for the 21st century (10th ed.). New York, NY: McGraw-Hill Education.

CHAPTER 04

사업타당성 분석과 사업계획서

학습목표:

1. 사업타당성을 평가요소 및 절차에 따라 분석할 수 있다.
2. 사업계획서 형식에 따라 기획할 수 있다.

들어가면서:

최근 창업에 대한 관심은 어느 때보다 뜨겁다. 특히 20~40대 청년층을 중심으로 '내 일은 내가 만든다'는 움직임이 확산되고 있다. 그러나 창업의 문을 여는 것이 곧 성공으로 이어지지는 않는다. 사업을 시작하는 것보다 더 중요한 것은, 창업 전에 사업이 정말 가능한지, 수익성이 있는지, 위험 요소는 없는지를 꼼꼼히 따지는 '사업 타당성 분석'이다.

중소벤처기업부와 창업진흥원이 발표한 2022년 창업기업 실태조사에 따르면, 국내 창업기업 수는 약 482만 9,000개에 달한다. 매년 수십만 개의 새로운 기업이 생겨나고 있는 것이다. 하지만 눈여겨볼 점은 창업기업 10곳 중 6곳은 3년 안에 폐업한다는 점이다. 이처럼 짧은 생존 기간은 창업이 얼마나 어려운 과정인지를 잘 보여준다.

그렇다면, 창업 실패의 주요 원인은 무엇일까? 관련 통계와 연구들은 공통적으로 '사전 준비 부족'을 꼽는다. 특히 시장 조사, 고객 분석, 경쟁사 비교, 수익 구조 설계, 자금 운용 계획 등을 제대로 하지 않은 채 창업에 뛰어드는 경우가 많다는 것이다. 중소벤처기업부 보고서에 따르면, 실패한 창업자 중 다수는 '초기 사업모델을 충분히 검토하지 않았다'고 답했다.

(계속)

실제로 KISTI(한국과학기술정보연구원)의 보고서에서는 '죽음의 계곡(Valley of Death)'이라는 개념을 통해 창업 기업들이 아이디어는 있지만, 시장성과 자금이 결합되지 못해 실패하는 과정을 설명하고 있다. 즉, 좋은 아이디어만으로는 성공할 수 없으며, 현실적인 사업 타당성이 반드시 뒷받침되어야 한다는 것이다.

이러한 실패 요인들은 대부분 창업 이전에 충분히 예측하고 준비할 수 있는 요소들이라는 점에서, 사전 타당성 분석의 중요성은 더욱 강조된다. 사업 타당성 분석이란, 간단히 말해 '내가 하려는 사업이 정말 성공 가능성이 있는지'를 종합적으로 검토하는 과정이다.

현재 정부도 이러한 인식 하에 창업자들을 위한 다양한 지원책을 마련하고 있다. 예를 들어, 창업진흥원의 '예비창업패키지'는 사업계획 수립, 시장 검증, 전문가 멘토링, 초기 자금 지원 등을 제공하여 타당성 검토부터 실전 운영까지를 연결해주는 대표 프로그램이다.

또한, AI 기반 상권 분석 도구, 창업 전용 엑셀러레이터, 창업선도대학 등을 통해 기술적·지식적 기반에서 창업을 체계적으로 준비할 수 있는 길도 점점 넓어지고 있다.

그러나 여전히 많은 예비 창업자들이 '직감'이나 '경험'에만 의존하는 것이 현실이다. 하지만 시장은 냉정하다. 고객이 외면하고, 비용이 통제되지 않으며, 제품이 계획대로 나오지 않으면 기업은 쉽게 무너진다. 사업 타당성 분석은 이러한 시행착오를 줄이고, 창업자의 시간과 자원을 아끼는 가장 실용적인 수단이다.

결국 창업의 성패는 '아이디어의 좋고 나쁨'이 아니라, 그 아이디어를 얼마나 객관적이고 현실적으로 분석하고 실행할 수 있느냐에 달려 있다. 시작 전에 충분히 준비하고, 위험을 미리 예측하고 대응 전략을 세울 수 있다면, 창업은 분명 더 많은 가능성을 품은 도전이 될 수 있다.

제1절 사업타당성 분석

1. 사업타당성 분석의 의의

사업타당성 분석이란 예비 창업자가 특정 사업 아이템을 선정하고 본격적으로 실행에 옮기기 이전에, 해당 사업이 시장에서 실현 가능한지에 대한 전반적인 타당성과 성공 가능성을 체계적으로 검토·분석하는 과정을 의미한다. 창업자의 적성 적합성, 시장성, 기술성, 자금조달 능력, 수익성, 그리고 개인적 경영역량 등을 다각도로 진단함으로써 실패 확률을 줄이고 실행 가능성이 높은 사업 아이템을 최종적으로 선정할 수 있도록 한다.

우리나라 창업 생태계는 제도적 진입장벽이 낮고 다양한 창업지원 프로그램이 존재함에도 불구하고, 창업 1~3년 이내에 폐업하는 비율이 여전히 높은 현실을 고려할 때, 그 원인은 사업 초기 단계에서의 준비 부족, 특히 사업타당성 분석의 부재에 기인하는 경우가 많다. 따라서 사업의 규모, 업종, 형태와 무관하게 모든 창업자는 사전에 사업타당성 분석을 필수적으로 수행해야 하며, 이는 단순한 선택이 아닌 필연적 과정으로 인식되어야 한다.

2. 사업타당성 분석의 필요성

창업 과정에서 나타날 수 있는 문제점과 위험요소를 사전에 점검하여 창업추진 여부를 확인하는 과정이다.

1) 실패와 시행착오 예방

해당 타당성 분석은 창업자의 직관이나 열정만으로는 미처 인식하지 못한 시장 환경, 경쟁 구조, 기술 장벽, 재무적 한계 등의 위험요소를 사전에 발견하고 대응 전략을 수립할 수 있도록 한다. 이를 통해 예상치 못한 시행착오와 자원 낭비를 최소화할 수 있으며, 창업자의 의사결정을 보다 과학적이고 합리적인 방향으로 이끌 수 있다.

2) 성공가능성 확대

사업아이템의 강점, 약점, 위협 요인, 기회 요인을 분석함으로써 전략적 대응력을 확보할 수 있다. 창업자는 자신의 주관적 판단을 검증하고, 시장과 자원, 제도적 환경에 대한 객관적인 시각을 형성함으로써 보다 현실적인 창업 전략을 수립할 수 있게 된다.

3. 사업타당성 분석방법

1) 창업 인터뷰

해당 업계 선배 창업자, 금융기관 관계자, 잠재 고객, 협력사 등 다양한 이해관계자들과의 심층 인터뷰를 통해 현실적인 인사이트와 조언을 확보한다. 단순히 긍정적 반응에 만족하기보다는, 부정적 피드백과 문제 제기를 겸허하게 수용하고, 창업자가 이를 어떻게 극복하고 대응할 것인지에 대한 전략적 논리를 형성하는 것이 핵심이다.

2) 리서치

창업관련 각종 간행물, 경제일간지, 전문잡지 등의 해당사업 관련 기사와 컬럼은 기본으로 인터넷의 다양한 자료를 수집하고 분석해야 한다. 이 과정에서 일종의 흐름을 읽을 수 있게 되는데 이 흐름이 바로 고객욕구의 반영인 것이다.

3) 현장경험

창업자가 직접 해당사업의 현장에서 일정 기간 경험을 쌓는 것만큼 좋은 타당성 분석은 없다. 인터뷰와 리서치를 통해 축적한 지식과 정보를 현장 체험을 통해 확인하고 본인의 창업과정에 적용할 수 있다.

4. 사업타당성 분석절차

해당사업의 성공가능성을 합리적으로 분석하고 평가하는 과정으로, 우선 해당사업의 후보아이템들 충분히 찾아내고 탐색하여 우선순위 아이템을 선별하는 작업을 한다.

이 과정을 통해 각 아이템을 비교 평가하여 성공가능성이 낮은 것들부터 차례로 폐기하고 가장 우수한 아이템을 선정하여 그 선정된 아이템을 대상으로 창업자의 역량, 아이템의 시장성과 경쟁력, 수익성과 성장성을 분석한다.[1)]

5. 사업타당성 평가요소

1) 시장성

시장성 분석은 사업을 본격적으로 시작하기 전 해당사업에서 준비하고 있는 제품의 시장규모와 구조 및 특성, 유통경로의 특이점, 경쟁사의 강점과 약점, 가격동향, 판매전략, 수출가능성 등을 종합적으로 분석하는 것이다. 무엇보다 소비자욕구의 변화와 경쟁제품

1) 김재명(2003). 『경영학원론』. 박영사.

과의 차별화 요소를 분석해야 한다. 흔히 기발한 제품을 개발하고서도 소비자들로부터 외면 받는 경우가 종종 있기 때문이다. 시장성 분석의 최종 목표는 결국, 해당사업에서 생산하고자 하는 제품이 얼마나 시장에서 팔릴 수 있는가를 사전에 파악해 보는 것이다.

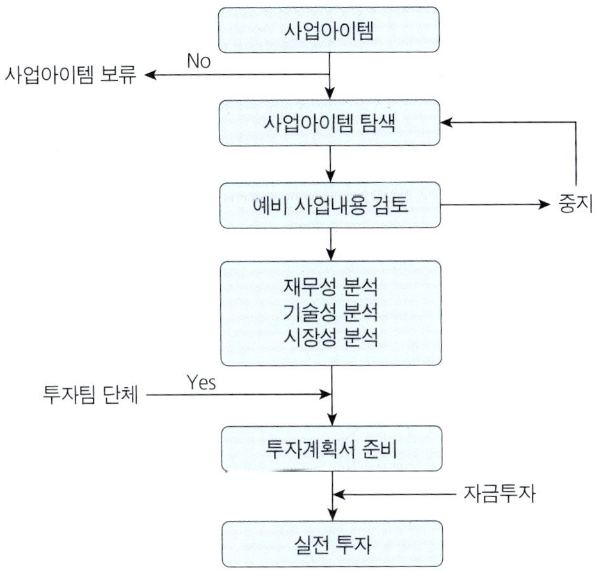

그림 4-1 사업타당성 분석 절차

표 4-1 시장성 분석 항목

구분	분석요소
전반적 시장성 분석	시장의 규모 분석
	시장의 특성과 구조
	소비자에 대한 분석, 잠재고객 발굴
제품성 분석	제품의 강, 약점 분석
	제품의 생명주기 및 보급률 분석
경쟁성 지위분석	재무상태 비교
	생산능력 및 실적 비교
	주요적인 경쟁요소 비교
제품의 채산성 분석	제품원가 및 마케팅 비용 분석
	이윤율에 대한 분석
	제품가격에 대한 분석

구분	분석요소
수요에 대한 예측	예상시장 점유율 분석, 중요 수요처
	판매량 증감요인의 분석
	판매에 대한 전망
	불황 적응도 및 계절성에 대한 분석
시장 및 제품의 환경 분석	자원 환경 요인, 유통경로, 판매조직
	기술적인 환경요인
	마케팅적인 환경요인, 영업형태와 방식
판매관련전략	판촉 및 광고전략, 광고형태와 방식
	영업전략, 고객특성

2) 기술성

기술성 분석은 사업타당성 분석에서 가장 전문성이 요구되는 어려운 분야이다. 해당 사업의 특성에 따른 객관적인 평가지표를 확보하기 어렵고 제조업과 서비스업 등 사업 분야에 따른 그 기준은 매우 다양하기 때문이다. 하지만 성공적인 창업을 위해서는 기술성에 대한 분석을 최대한 구체적이고 현실적으로 진행해야 한다.

기술성 분석은 한마디로 해당사업의 제품이 얼마나 원만하게 지속적으로 생산될 수 있는가에 대한 분석이다. 제품의 특성, 생산 공정의 적합성, 입지조건, 시설규모, 원재료의 수급, 생산능력의 안정적 확보 등을 파악해야 한다.

3) 재무력

재무력이란 자금수급 및 조달능력을 말하고 재무력의 분석은 사업타당성 분석의 마지막 단계이자 첫 단계라고 할 수 있다. 아무리 좋은 사업아이템이 있다 하더라도 이를 사업적으로 뒷받침해 줄 재무력이 없다면 그 사업아이템은 현실화 될 수 없는 것이다. 해당 사업에 필요한 적합한 자금은 어느 정도 규모이며, 그 자금을 필요한 시기에 문제없이 조달할 수 있는지 그리고 조달된 자금을 상환조건과 기간에 따라 원만하게 상환할 수 있는지 여부를 검토하는 것이다. 재무력 분석을 위해서는 현재 확보된 자금과 창업 후 확보 가능한 자금, 이후 예상되는 자금부족분 등에 다각적인 검토가 전제되어야 한다. 창업을 전제로 실질적인 경영전략 수립의 첫 출발이 재무력 분석이라 할 수 있다. 자금조달 계획은 창업자 자신의 신용도와 담보력, 해당사업에 대한 정책자금 등을 검토해야 하며 차입금으로 자금을 조달할 경우 상환계획을 최대한 구체화해야 한다.

표 4-2 기술성 분석 항목

평가요소	분석항목
기술성의 능력	• 기술인력의 개발실적 • 개발기술에 대한 보유내용
R&D 투자	• R&D 투자에 대한 비율 • 총인원 대비 기술인력 비율
대표자 기술 숙련도	• 대표자의 기술숙련도 • 핵심 기술인력 이탈가능성 여부 • 신규인력 확충노력
기술에 대한 특징	• 기술상의 특별성 • 경쟁사와의 기술력, 전문성 차이 • 타 연구기관의 자문 및 멘토링

4) 수익성

수익성 분석은 해당사업을 통해 올릴 수 있는 모든 수익과 비용을 계산하고 분석하는 것이다. 수익성 분석에는 손익분기점 분석, 수익전망, 소요자본의 추정, 자금조달계획, 외부자금 상환조건 및 상환능력 등을 분석이 포함된다. 여기서 중요한 요소는 손익분기점이다. 손익분기점이란 영업활동으로 발생하는 수익과 비용이 일치하는 지점을 말하고 이 손익분기점에 도달하기 위한 매출액과 그 매출액 달성의 시점을 면밀히 검토해야 한다. 모든 기업은 이 손익분기점을 넘겼을 때 비로소 정상궤도에 진입한 것이다. 창업 후 이 손익분기점까지 어떻게 사업을 유지시켜 낼 것인가에 대한 수익성의 분석이 그래서 중요하다.

5) 창업자

모든 사업은 사람이 하는 것이다. 창업자 자신을 스스로 평가하고 점검하는 것은 물론, 주변의 평가와 평판 등에 대해서도 객관적으로 분석하여 사업타당성 분석에 반영해야 한다. 창업자의 성격과 자질, 특성과 능력, 창업에 대한 의지와 함께 자금조달능력도 함께 다루어야 하고 의사소통 능력과 위험관리 능력 등도 검토해야 한다. 창업자 평가는 스스로에 대한 평가이므로 객관적이고 신중한 접근이 필요하다. 창업자의 인적네트워크, 추진력, 창의력, 분석력, 조직력, 기획력, 자금력 등이 검토 대상이다.

제2절 사업계획서 작성

도시와 농촌의 경계가 허물어지고, 지역 활성화가 중요한 과제로 떠오른 가운데, '폐교 활용'을 통한 사회적 재생이 의미 있는 결과를 만들어내고 있다.

대표적인 사례 중 하나는 부산 서면의 폐교를 리모델링한 '놀이마루'다. 2016년 개관한 이곳은 학교를 문화예술교육공간으로 탈바꿈시킨 청소년 대상 공공 플랫폼으로, 다양한 창작·교육 프로그램을 통해 지역 청소년의 예술 접근성과 표현 기회를 확대해왔다.

해외에서도 유사한 사례가 있다. 일본 도쿄 지요다구에서는 폐교된 중학교를 리모델링한 '3331 Arts Chiyoda'가 지역 예술인, 디자이너, 문화단체들이 함께 사용하는 복합문화 공간으로 운영되고 있다.

이곳은 전시, 워크숍, 마을 축제 등 지역 커뮤니티 중심의 프로그램을 지속적으로 열며, 지역민과 예술인이 자발적으로 협력하는 모델로 높은 평가를 받고 있다.

이들 사례의 공통점은 단순한 공간 재활용이 아니라, 명확한 사업계획과 지역 요구에 대한 분석, 지속

(계속)

가능한 운영구조의 설계가 뒷받침되었다는 점이다. 특히 초기 단계에서 제안된 사업계획서는 공간의 성격을 정의하고, 지역과 연결되는 방식을 구체화함으로써 공공지원 유치에도 핵심 역할을 했다.

문화체육관광부와 교육부는 최근 폐교를 활용한 지역 창작 공간 조성을 장려하고 있으며, 지역 공모사업에서도 사회적 가치와 실행 가능성을 갖춘 사업계획서의 중요성이 계속 강조되고 있다.

결국 한 장의 잘 구성된 사업계획서가 지역사회를 살리고, 공동체의 방향을 다시 설계하는 데 중요한 출발점이 되고 있음을 이러한 실제 사례들이 잘 보여주고 있다.

[출처] 부산시 놀이마루: 부산문화재단 문화정보자료집, 일본 3331 아츠 치요다: 문화체육관광부 지역문화진흥원 정책자료

1. 사업계획서의 개념

사업계획서는 예비창업자가 특정 사업아이템을 선정한 이후, 본격적인 창업 실행에 앞서 그 사업의 목표, 추진 방향, 운영 전략, 자금 조달 방안, 인력 및 조직구성, 마케팅 전략, 재무 계획 등을 체계적이고 논리적으로 정리한 종합 설계 문서다(박종민 · 이창수, 2003). 사업계획서는 다음과 같은 특성을 갖는다.

- 구체적 실행계획을 담은 실천 전략
- 투자자 및 이해관계자를 위한 설명 자료
- 인허가 및 정책자금 신청 시 활용 가능한 공식 문서
- 창업자의 전략 검토 및 자기점검 도구

2. 사업계획서의 필요성

창업자가 창업 아이템을 선정하고 사업을 시작하기 전까지 해당 사업의 성공가능성을 객관적으로 파악할 수 있도록 돕는 가장 중요한 요소가 사업계획서이다. 사업계획서는 다음의 중요한 기능을 한다고 할 수 있다.

1) 나침반

창업 초기에는 여러 업무와 변수가 복합적으로 작용하면서 창업자가 본래 설정한 사업의 비전과 목표를 잊거나 흔들릴 수 있다. 이때 사업계획서는 기업 경영의 방향성을 유지시키는 기준점이 되며, 창업자가 전략적 의사결정을 내리는 데 있어 나침반 역할을 수행한다.

2) 설득

사업계획서는 자금 조달, 파트너 유치, 정부지원사업 참여, 투자자 설득 등 외부 이해관계자에게 사업의 타당성과 성장 가능성을 설명하기 위한 핵심 문서이다. 단순한 말이 아닌, 수치와 논리에 근거한 사업계획서는 상대방에게 신뢰를 줄 수 있으며, 금융기관 대출이나 투자 유치의 필수 요소로 활용된다.

3) 시행착오

사업계획서 작성 과정은 창업자가 사전에 시장환경, 재무구조, 마케팅 전략, 리스크 요소 등을 시뮬레이션 하는 창업 전 훈련 과정으로 작용한다. 이를 통해 창업자는 실행 전 단계에서 발생할 수 있는 다양한 문제를 예측하고 수정할 수 있으며, 시행착오를 줄이고 실패 확률을 낮출 수 있다.

4) 인·허가

해당 사업계획서는 관공서 및 유관기관으로부터 사업허가, 인 · 허가, 등록, 인증 등 행정절차를 수행할 때 필수적으로 제출되는 실무 문서로 활용된다. 특히 제조업, 보건업, 교육업, 일부 IT서비스업 등은 법령상 인허가요건 충족 여부를 문서화해야 하므로, 계획서의 완성도는 행정 승인에도 직접 영향을 미친다.

5) 홍보

본격적인 창업 이전 단계에서, 투자자, 후원자, 예비사원, 파트너, 잠재고객을 대상으로 사업의 비전과 가치를 전달하는 효과적인 커뮤니케이션 도구로 사업계획서가 활용된다. 특히 1인 창업자나 스타트업은 초기 자원을 확보하기 위한 프레젠테이션이나 피칭 상황에서 사업계획서를 핵심 자료로 사용하게 된다.

3. 사업계획서 주요 포인트 7가지

① 해당사업의 제품(서비스)은 무엇인가?
② 해당사업의 고객은 누구인가?
③ 해당사업의 유통채널은 어떠한가?
④ 해당사업의 제품이 실제로 얼마나 팔릴 것인가?
⑤ 해당사업의 제품의 가격은 어떻게 책정할 것인가?
⑥ 해당사업의 제품을 생산하는 데 얼마의 자본이 필요하며, 어떻게 확보할 것인가?
⑦ 해당사업의 손익분기점은 언제쯤일까?

1) 해당사업의 제품(서비스)은 무엇인가?

사업계획서의 출발점은 '무엇을 제공할 것인가?'에 대한 명확한 정의이다. 이는 단순한 상품 소개가 아니라, 해당 제품이 소비자의 어떤 문제를 해결하는지, 경쟁제품과는 어떻게 차별화되는지, 어떤 고객가치를 제공하는지를 설명해야 한다. 즉, 제품이나 서비스에 대한 정의는 비즈니스 모델의 중심축이며, 시장 내에서의 존재 이유를 서술하는 것이어야 한다.

2) 해당사업의 고객은 누구인가?

'누가 우리의 고객인가?'는 사업의 수익성과 지속 가능성을 결정짓는 핵심 질문이다. 목표 고객군은 연령, 성별, 소득 수준, 소비패턴, 구매행동 등의 세분화 기준(segmentation)을 기반으로 설정되어야 하며, 이를 통해 고객의 니즈(needs)를 정의할 수 있어야 한다. 고객이 명확하지 않다면 마케팅 전략 수립과 수요 예측 모두 불가능하다.

3) 해당사업의 유통채널은 어떠한가?

제품 또는 서비스가 고객에게 전달되는 방식, 즉 유통채널(distribution channel)에 대한 전략은 사업계획서에서 반드시 명확하게 기술되어야 한다. 온라인 · 오프라인, 직영 · 가맹, 도소매, 플랫폼 기반 등의 다양한 채널 유형 중 어떤 방식을 선택했는지와 그 이유, 운영 효율성, 비용 구조 등을 설명해야 한다. 유통채널은 가격정책, 브랜딩 전략과 밀접하게 연계된다.

4) 해당사업의 제품이 실제로 얼마나 팔릴 것인가?

예상 판매량(forecasted sales)은 사업의 수익성과 생존 가능성을 가늠하는 핵심 지표다. 이는 직관이 아닌 시장조사, 경쟁분석, 소비자 수요 조사 등의 정량적 근거를 기반으로 설정되어야 한다. 또한 제품별, 시기별, 유통경로별 판매량 예측이 가능하다면 더욱 신뢰도 높은 계획으로 평가받을 수 있다.

5) 해당사업의 제품의 가격은 어떻게 책정할 것인가?

가격은 비즈니스 모델의 수익 메커니즘을 결정짓는 요소이며, 단순히 생산원가에 이윤을 더하는 방식이 아니라 시장 경쟁 구조, 고객의 지불의사, 유통채널, 마케팅 전략과 연계하여 책정되어야 한다. 또한 고가 전략 *vs* 저가 전략, 프리미엄 가격정책 *vs* 침투가격 전략 등 구체적 가격 포지셔닝이 필요하다.

6) 해당사업의 제품을 생산하는 데 얼마의 자본이 필요하며, 어떻게 확보할 것인가?

재무계획의 핵심은 초기투자비용, 운영비용, 소요자금의 총 규모와 조달 전략이다. 자금을 어디서 확보하며 운영자금을 마련할 것인가는 사업계획에 있어서 매우 중요한 부분이다. 일반적으로 자금은 자기자본, 정부지원자금, 엔젤투자, 벤처캐피털, 크라우드펀딩, 금융권 대출 등 다양한 채널에서 조달될 수 있으며, 자금조달의 타이밍, 구조(차입 vs 투자), 상환 가능성 등을 함께 고려하여 구체적으로 제시해야 한다.

7) 해당사업의 손익분기점은 언제쯤일까?

손익분기점 분석(BEP analysis)은 사업의 경제적 타당성을 보여주는 주요 지표이다. 일정 수준의 판매가 이루어졌을 때 고정비와 변동비를 포함한 모든 비용을 상쇄할 수 있는 매출액과 시점을 명확히 도출해야 한다. 이 분석은 투자자 또는 금융기관이 사업의 안전성과 수익성을 평가할 때 가장 중요하게 보는 항목 중 하나이다.

4. 사업계획서 작성원칙

1) 객관적 근거

모든 주장은 정량적 데이터와 신뢰할 수 있는 출처에 기반해야 한다. 예를들어 공공기관에서 조사한 자료인 중소기업청, 통계청, 산업연구원, 한국무역협회, 글로벌 시장조사기관(Statista, McKinsey 등)의 보고서나, 국내 주요 관련 연구 기관에서 제시하는 업계 동향 등을 면밀하게 조사 분석 제시하여 한다.

2) 명료한 기술

복잡하고 장황한 표현은 피하고, 제3자(투자자, 평가자 등)가 읽고 쉽게 이해할 수 있도록 구성한다. 특히 핵심 메시지를 한눈에 파악할 수 있도록 시각화 자료(표, 도식 등)를 활용하는 것이 효과적이다.

3) 역량과 잠재력 부각

계획서 곳곳에 창업자의 역량(기술력, 경영 경험, 네트워크, 전문 자격 등)과 지속적인 성장 가능성(확장 전략, ESG 기반 사업모델 등)을 드러내는 것이 중요하다. 이는 투자자의 신뢰를 유도하는 핵심 근거가 된다.

4) 자금조달 방법

소요자금의 규모, 조달원별 조달 비율, 상환 조건, 향후 투자 유치 계획 등을 구체적으로 명시한다. 특히 정부지원금이나 대출에 의존하는 구조일 경우, 자격 요건과 수혜 가능성에 대한 근거도 함께 제시해야 한다.

5) 문제점과 대처방안

사업계획서에는 반드시 리스크 요소(예: 원자재 수급 불안, 시장 진입 장벽, 법적 규제, 기술 노후화 등)와 이에 대한 대응방안(위기관리 전략, 공급선 다변화, 보험, 기술업데이트 계획 등)이 포함되어야 한다. 이는 창업자의 경영 리더십과 계획 수립 능력을 평가하는 주요 척도가 된다.

5. 사업계획서 구성

1) 사업개요(요약문)

사업개요는 전체 사업계획서의 핵심을 요약하여 간결하게 서술한 부분으로, 투자자 및 심사자에게 첫인상을 제공하는 관문이다. 사업 아이템의 탄생 배경, 시장 기회, 핵심 전략, 창업자의 역량, 사업의 사회적 가치 및 차별성 등을 명료하고 설득력 있게 정리해야 한다.

Tip: 전체 계획서를 완성한 후 마지막에 작성하며, 1~2페이지 이내의 간결한 요약이 이상적이다.

2) 제품 및 서비스

해당사업의 아이템의 기본개념을 기술하고 앞으로 무슨 사업을 하려하고 어떤 제품과 서비스를 제공할 것인지에 대해 기술한다. 더불어 제품과 서비스의 특성에 대해 설명하되 경쟁제품과의 차별성을 부각 시키는 것은 물론 본 제품이 우리 사회에 미치는 긍정적인 영향 과 사회적 가치를 잘 기술해야 한다. 향후 개발계획과 시장 상황과 향후 전망을 언급하며 최소 3년 동안의 사업목표와 전략을 제시할 수 있으면 좋다.

3) 시장조사 및 분석

시장분석은 사업계획서의 기초이자 설득의 핵심이다. 단순 수치 나열이 아니라 시장 구조와 트렌드, 소비자 행태, 경쟁 구도, 진입장벽, 향후 시장 성장 가능성에 대한 분석이 포함되어야 한다. 다음의 내용들이 포함되어 있으면 더욱 바람직하다.

- 핵심 타깃 시장 정의 및 세분화
- 시장규모, 성장률, 수요 예측
- 경쟁사 분석(SWOT 등)
- 시장 진입 전략 및 점유율 목표 제시

4) 마케팅

마케팅 계획은 크게 가격전략, 판매전략, 광고전략 등 세 가지로 구분할 수 있다. 가격전략은 해당사업의 제품과 서비스의 가격을 결정하는 것이다. 당연히 경쟁제품과의 가격을 비교해야 하고 고객 입장에서 가치와 편익에 대해서 꼼꼼히 따져 보아야 한다. 또한 개발과 설비, 유통과 판매, 향후 서비스 지속 등 모든 분야의 비용을 고려하되 현재 시점의 시장상황을 현실적으로 고려하여 가격을 책정해야 한다. 한번 책정된 가격은 쉽게 바꿀 수 없기 때문에 신중한 결정이 요구된다. 판매전략의 경우 자체 판매와 유통채널 판매로 나눌 수 있다. 창업자가 직접 점포를 개설하거나 기존의 다양한 유통채널을 이용하여 할 수도 있는데, 해당사업의 업종과 제품의 특성에 따라 판단해야 한다. 정답은 없으며 창업자가 처한 조건과 상황에 따라 최선의 선택을 할 수밖에 없다. 직접 점포를 개설할 경우 점포의 규모와 입지 등 많은 변수가 존재하고 대형매장 등 유통채널 입점의 경우 각 채널의 조건을 꼼꼼히 따져보아야 한다. 최근은 소점포에 Shop in Shop 형태로 오픈하여 일정 기간 수련의 과정을 거치는 경우도 많이 있다. 광고전략의 경우 기존 매체광고는 비용이 높기 때문에 대부분의 창업자들에게는 해당사항이 없고 다수의 창업자들이 인쇄판촉물을 기본으로 저비용의 온라인 광고전략을 수립하는 것이 일반적이다.

5) 입지 및 생산계획

해당사업의 특성에 따라 입지 및 생산계획은 매우 다양한 형태로 나타난다. 판매전략에서 직접판매로서 개별점포를 오픈할 때를 가정한다면 고객과 공급자의 접근은 물론, 직원 채용의 용이성도 살펴봐야 하고 교통편의성과 안전과 보안에 대한 부분, 해당지역의 세금과 법규 등도 고려해서 계획서에 반영해야 한다. 생산계획은 제품의 직접생산과 설비투자로 나누어지는데, 작은 커피숍을 오픈하더라도 설비가 상당부분 투입되므로 면밀한 검토와 계획이 필요하다. 생산계획은 생산비용과 능력은 물론, 자금조달, 원자재, 부품, 생산의 제경비 등이 세세히 기록되어야 하는데 이 부분은 해당사업의 규모가 크든 작은 중요한 부분이다.

6) 인력 및 조직

해당사업의 핵심 창업인력의 구성부터 창업 이후 조직구성까지 고려해야 한다. 창업멤버가 소수인원이라 하더라도 각 인물별 업무 분장이 구체적(중복되더라도)이어야 하고 멤버의 이력과 직무능력, 과거 실적, 네트워크 등을 구체적으로 기술하면 사업계획서의 신뢰도가 높아진다.

7) 재무계획

창업자들이 가장 어려워하는 부분이다. 일단 모든 것은 계획이고 추정임을 전제로 해당사업의 향후 전개를 재무상태와 경영성과로 예측해 보는 것이다. 재무계획의 목적은 해당사업의 가능성을 보여주고 세부적으로 소요되는 자금의 규모와 타당성을 설계해 보는 것이다. 추정 손익계산서, 추정 대차대조표, 추정 현금흐름표, 손익분기점 분석 등이 있다.

8) 투자조건

사업은 창업자 본인의 자본을 기본으로 하지만, 일정 규모 이상일 경우 투자 및 지원을 받고자 사업계획서를 작성할 수 있다. 외부 투자나 지원을 받는 경우, 자금의 사용 계획과 수익분배 구조를 명확하게 제시해야 한다.

① 총 필요 자금 규모

② 창업자 자기자본 비율

③ 외부 투자유치 금액, 조건 및 지분

④ 자금 활용 목적(시설 투자, 인건비, 마케팅 등)

⑤ 기대 수익률, IRR 등 투자자 회수 계획

6. 사업계획서 형식

1) 사업계획서 형식

1. 일반현황
   가. 창업자현황
   나. 회사 일반현황
2. 계획사업의 개요
   가. 개발 동기
   나. 사업내용
   다. 생산제품의 특성
   라. 기대효과
3. 시장현황
   가. 동종업계 현황
   나. 시장의 규모와 전망
   다. 시장점유율과 경쟁 관계
   라. 계획제품의 침투 가능성
4. 판매계획
   가. 판매전략 및 판매형태
   나. 가격정책
   다. A/S계획
   라. 국내 판매계획
   마. 수출계획
5. 생산계획
   가. 제조공정도
   나. 자체 생산계획
   다. 외주 생산계획
6. 설비투자계획
   가. 적정규모의 제조설비 및 명세서
   나. 구매처, 수량, 가격
7. 인원 및 조직계획
   가. 업무흐름별 조직체계도
   나. 직무별 · 직위별 소요인원
8. 원 · 부자재 조달계획
   가. 국내 조달계획
   나. 수입 자재 조달계획
9. 재무계획
   가. 추정손익계산서
   나. 추정재무상태표
   다. 추정현금흐름표
   라. 손익분기점 분석
10. 자금계획서
   가. 총 필요자금 명세서
   나. 조달계획 또는 차입계획
   다. 차입금상환계획
11. 사업추진 일정계획
12. 부속자료
   가. 인건비 명세서
   나. 감가상각비 명세서
   다. 제조원가 명세서
   라. 경영진 이력서
   마. 제품설명서
   바. 특허권 사본
   사. 제공 가능 담보물 내용
   아. 설비구매 견적서

참 | 고 | 문 | 헌

김상헌, 박재민, 이장우(2022). 『전략경영론』. 서울: 박영사.

김재명(2003). 『경영학원론』. 서울: 박영사.

김진수, 이창영(2014). 『기업가정신과 창업론』. 서울: 도서출판 문화사.

박종민, 이창수(2003). 『경영학 원론』. 서울: 대경.

부산시 놀이마루: 부산문화재단 문화정보자료집, 일본 3331 아츠 치요다: 문화체육관광부 지역문화진흥원 정책자료.

전타식(2018). 『창업경영 BASIC』. 서울: 북넷.

창업진흥원(2023). 『창업지원사업 운영지침』. 대전: 창업진흥원.

중소벤처기업부(2023). 『창업기업 지원사업 통합자료집』. 서울: 중기부.

최종열, 정해주(2016). 『벤처창업과 기업가정신』. 서울: 탑북스.

황태일(2017.12.07.). "창업의 성공과 실패는 사업계획서에 달려 있다." NewsMaker. http://www.newsmaker.or.kr/news/articleView.html?idxno=53186

Byers, T. H., Dorf, R. C., & Nelson, A. J. (2019). Technology Ventures: From Idea to Enterprise (5th ed.). New York, NY: McGraw-Hill Education.

Daft, R. L. (2021). Organization Theory and Design (13th ed.). Boston, MA: Cengage Learning.

Osterwalder, A., & Pigneur, Y. (2010). Business Model Generation: A Handbook for Visionaries, Game Changers, and Challengers. Hoboken, NJ: John Wiley & Sons.

Shane, S. (2003). A General Theory of Entrepreneurship: The Individual–Opportunity Nexus. Cheltenham, UK: Edward Elgar Publishing.

CHAPTER 05

상권분석과 입지선정

학습목표:

1. 상권분석의 개념을 이해할 수 있다.
2. 입지선정의 원칙을 이해하고 분석할 수 있다.

들어가면서:

창업의 세계에서 성공과 실패를 가르는 갈림길은 종종 '입지 선정'이라는 결정 앞에서 갈라진다. 외식, 카페, 소매업종을 불문하고 입지 분석은 단순한 땅 고르기가 아닌, 고객의 흐름과 소비패턴을 읽어내는 전략 활동이다.

대표적인 성공 사례로는 '바나프레소'가 있다. 바나프레소는 강남역 · 서울역 · 고속터미널 등 초고밀도 유동인구 상권을 중심으로 '무인' 커피 전문점을 전략적으로 배치했다. 핵심은 입지 선정 이전에 실시한 정밀한 상권 분석이었다. 상권 내 유동인구 분석, 시간대별 혼잡도, 주변 오피스 근무인구, 배후 수요까지 치밀하게 계산한 후 출점이 이루어졌다. 특히 경쟁 브랜드가 포화된 중심상권 한복판이 아니라, 소외된 유휴공간이나 빌딩 후면 출입구 앞 같은 틈새 입지를 공략해 월 매출 수천만 원을 기록하며 단기간에 300개 이상 매장을 확장했다.

또 다른 사례인 '아비꼬' 카레전문점 역시 1호점을 홍대 메인 거리 대신, 유동인구는 많지만 대형 브랜드가 자리잡지 않은 이면도로에 개점하여 안정적인 수요 확보에 성공했다. 이후 대학가 · 오피스가 밀집된 지역을 중심으로 출점했으며, 입지 특성에 따라 테이크아웃 위주 매장과 착석 중심 매장을 구분하여 운영 전략을 차별화했다. 상권별 소비자 성향에 따라 메뉴 구성과 가격 정책도 달리 설계한 것이 성공의 비결이었다.

(계속)

반면, 상권 분석 없이 무작정 인기 브랜드에만 의존한 창업 사례는 폐업률이 높다. 서울 소재 모 프랜차이즈 카페 점주는 '유동인구만 보고 출점했지만, 정작 그 인구가 매장 안으로 들어오지 않았다'며, '인근 학교는 모두 기숙사였고, 인구는 많았지만 체류 시간이 짧아 결국 6개월 만에 문을 닫았다'고 토로했다. 이처럼 숫자만 보고 접근하거나, 주변 상권의 경쟁 밀도, 소비자의 체류 특성 등을 간과하면 겉보기에 좋은 입지가 오히려 독이 되는 경우도 많다.

2023년 핀다 오픈업 상권분석 보고서에 따르면, 폐업을 경험한 창업자의 25%가 '입지 및 업종 선정 실패'를 실패 사유 1위로 꼽았다. 반면 성공 창업자들의 공통점은 AI 기반 상권 분석 도구를 적극 활용했다는 점이다. 입지와 수요 예측을 기반으로 한 '데이터 창업'은 점점 중요한 생존 전략이 되고 있다.

제1절 상권분석

1. 상권의 개념

상권(商圈, trade area)이란 특정 점포 또는 영업 단위가 고객을 유치할 수 있는 지리적·경제적 범위를 의미한다. 미국마케팅협회(American Marketing Association, AMA)는 상권을 '특정 마케팅 단위가 재화나 용역을 제공함에 있어 경제적으로 타당하고, 물리적·심리적 거리의 제약 내에서 고객이 합리적으로 접근할 수 있는 지역 범위'로 정의하고 있다. 이는 곧 소비자가 일상적인 소비 활동을 수행하는 물리적 경계이자, 창업자에게는 점포 입지를 결정하는 전략적 기준이 된다.

보다 구체적으로, 상권은 점포나 서비스 단위가 위치한 장소와 이를 중심으로 한 주요 고객의 생활 반경을 포함한다. 이러한 점에서 상권은 입지(Location)와 구분되며, 입지가 점포의 위치를 의미한다면 상권은 해당 점포가 영업적 영향을 미칠 수 있는 공간적 범위라 할 수 있다(최종열 · 정해주, 2016).

2. 상권의 설정

상권은 고객의 내점 빈도와 거리, 이동 시간 등을 기준으로 통상 3단계로 구분된다.

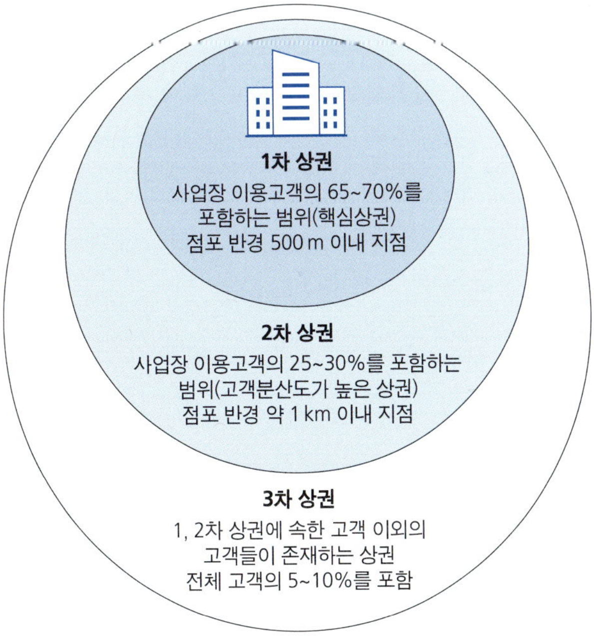

그림 5-1 상권의 설정

1) 1차 상권

점포 반경 약 500m 이내의 지역으로, 도보 기준 5분 거리 내에 해당하며 전체 고객의 약 60~70%가 포함된다. 이 지역의 고객은 점포에 가장 높은 충성도를 보이며 내점 빈도가 높고 객단가도 높게 형성되는 경향이 있다.

2) 2차 상권

1차 상권 외곽의 중간 거리로, 접근성은 다소 낮지만 여전히 의미 있는 매출을 창출하는 고객군이 존재하며 전체 고객의 약 20~30%가 포함된다.

3) 3차 상권

간헐적으로 내점하는 고객들이 거주하는 지역으로, 광고나 입소문 등 특정 요인에 의해 유입되는 고객으로 구성된다. 실질적인 매출 기여도는 낮지만, 성장 가능성이 있는 영역이다(이명호 외, 2016).

3. 상권의 분류

1) 주택가 상권

주택가 상권은 주로 중·저소득층 거주지가 형성된 지역으로, 소비자들의 가격 민감도가 높고 생활 밀착형 소비 패턴이 뚜렷하게 나타나는 특성이 있다. 특히 서울 및 수도권의 경우 아파트 입주가 어려운 젊은층, 지방의 경우 비교적 소득수준이 낮은 중장년층이 주 고객층을 형성한다. 고정적인 수요 기반 확보에 유리하며, 중소규모 점포를 기반으로 한 안정적인 매출 구조가 가능하다.

- 적합 업종 예시: 분식점, 미용실, 생활용품점, 저가형 외식업체 등
- 전략 포인트: 가격 경쟁력 확보, 고객 충성도 관리

표 5-1 주택가 상권 창업 아이템

식·음식업	중저가 횟집, 족발전문점, 치킨점, 만두전문점, 베이커리, 떡집, 호프집, 커리떡방, 분식집
서비스업	중고용품전문점, 사진관, 클리닝센터, 부동산, 미용실, 만화대여점, 컴퓨터게임장, 카센터
도·소매업	유기농산물전문점, 즉석식품전문점, 정육점, 냉장과일전문점, 생선전문점, 유제품전문점, 반찬전문점, 생활용품 할인매장, 지물포, 문구점, 서점, 화장품, 서점, 화장품, 귀금속전문점, 꽃집, 편의점, 노브랜드 의류점, 언더웨어점, 약국

2) 아파트단지 상권

아파트단지 상권은 주택가 상권과 유사하나 아파트의 규모와 성격의 차이는 있지만 대체적으로 주택가 상권보다는 구매력이 높다고 볼 수 있다. 소비자와 점포가 근접해 있고 주고객이 아파트 주민으로서 거주자들의 생활수준과 소비패턴이 거의 유사하다. 또한 초기자본금이 역세권이나 번화가 상권에 비해서는 많이 들지 않아 초보 창업자도 도전해 볼만한 상권이다. 대부분 5백~1천5백 가구를 대상으로 지하 1층, 지상 3~4층 규모로 형성되어 있고 고가품이나 사치품보다는 주택가 상권과 마찬가지로 생활밀착형 아이템으로 창업해야 하고 큰 매출을 기대하기는 어렵지만 6개월 정도면 손익분기점에 도달하고 12개월 정도면 자리를 잡고 안정적인 운영을 할 수 있다. 해당사업의 아이템에 따라 차이는 있겠지만 상가 1층에 10평 정도로 시작하는 것이 유리하다.

표 5-2 아파트단지 상권 창업 아이템

구분	아이템
식·음식업	배달전문 피자점, 치킨점, 중국집, 떡커리방, 족발전문점
서비스업	노래방, 미용실, 사우나, 클리닝센터, 독서실, 탁아텔, 사진전문점, 부동산, 책대여점, 비디오대여점, 만화대여점, 컴퓨터게임장, 완구렌탈 및 판매
도·소매업	냉장과일점, 정육점, 슈퍼, 편의점, 문방구, 팬시점, 약국, 화장품

3) 학교주변 상권

학교주변 상권은 무엇보다 업종의 선택에 있어 인·허가사항을 사전에 면밀히 검토해야 하고, 학생들의 취향과 구매 행동에 따라 아이템을 선정하여야 한다. 같은 학교주변이라 하더라도 초등학교 중학교, 고등학교의 확연한 차이가 있으며 각 학교의 성격에 부합하는 중·저가품을 취급하는 것이 유리하다. 또한 상품구매의 폭이 한정되어 고객관리가 중요한데 일종의 단골을 잘 관리해야 한다. 학교주변 상권은 소자본 창업이 가능하고

표 5-3 학교주변 상권 창업 아이템

구분	아이템
식·음식업	치킨호프, 소주방, 떡커리방, 직영편의점, 김밥전문점, 호프집, 종합분식점, 중국집, 막걸리전문점, 라면전문점, 주점, 와플전문점, 떡볶이전문점, 커피전문점
서비스업	클리닝센터, 복사전문점, 워드대행업, 미용실, 사진관, 월세방 임대업, 포켓볼당구장, 사격장, PC방, 노래방, 스티커포토샵, 화상미팅 커피방, 사주관상 커피점, 비디오방, 사이버만화텔, 미니오피스텔, 학원, 포켓볼
도·소매업	서점, 문구점, 멀티팬시점, 편의점, 꽃집, 안경점, 보세의류점, 패션신발점, 향수전문점, 액세서리전문점, 화장품할인점

대상이 명확하기 때문에 마케팅 공략도 비교적 수월한 편이다. 그러나 학기 중과 방학 중의 차이가 크기 때문에 이 점을 반드시 고려해야 한다.

4) 사무실 및 오피스텔 지역

사무실 밀집지역은 식음료 분야가 50% 이상 차지한다. 주간에 활동하는 인구가 대부분이므로 점심시간 영업과 함께 퇴근시간에 맞춘 요식과 놀이문화 부분의 영업 전략을 수립해야 한다. 또한 토요일, 일요일 등 휴일에는 고객이 거의 없다는 점도 고려해야 한다. 오피스텔 지역은 최근 사무실 용도와 함께 준주거용 20~30대 젊은층이 많이 거주하고 있어 일부 아파트단지 상권의 모습도 나타나고 있다.

표 5-4 사무실 및 오피스텔 지역 상권 창업 아이템

구분	아이템
식·음식업	골뱅이전문호프집, 순댓국전문점, 설렁탕전문점, 삼계탕집, 생고기전문점, 삼겹살집, 캐주얼횟집, 김밥전문점, 도시락전문점, 부대찌개전문점, 일식집, 도시락이동판매, 중국집, 치킨호프집, 종합분식점, 막걸리전문점, 빈대떡전문점
서비스업	사우나, 사설우체부, 카센터, 찻집, 당구장, 월세방 임대사업, 소호족 미니사무실
도·소매업	문구점, 꽃집, 화장품, 안경점, 미니편의점

5) 지하철 상가

지하철 상가는 해당 역의 통행인구의 습성과 특징을 고려하되 중·저가품을 취급하는 것이 일반적이다. 점포의 크기는 5~6평 내외로 신발, 의류 등 판매업이 주종을 이룬다. 최근 생활필수품을 파는 점포도 나타나고 있다. 식음료보다는 판매업종이 유리한데 각 지하철역의 성격에 따라 일부 분식점과 같은 업종도 등장하고 있다.

표 5-5 지하철 및 오피스텔 지역 상권 창업 아이템

구분	아이템
식·음식업	서서먹는 우동국수집, 2천원 셀프해장국, 커리떡방, 김밥전문점, 골뱅이전문호프집, 치킨전문점, 종합분식점, 토스트전문점, 호프집, 이동스낵카, 1천원 국수집
서비스업	학원, 의류리폼, 구두세탁소, 남성전용미용실, 컴퓨터게임장, 노래방, PC방, 월세방 임대업, 사진관, 소호족 미니사무실, 탁아방
도·소매업	캐쥬얼의류, 서점, 공동브랜드 편의점, 음식재료 루트카, 화장품 할인점, 안경점

6) 번화가 상권

백화점, 극장, 유명브랜드 점포가 밀집되어 있어 청소년부터 중장년층까지 다양한 유동인구가 있다. 여성인구가 남성인구보다 월등히 높은 것이 특징이다. 주로 오후 5시부터 밤 10시 전후까지 주영업이 이루어지며 고정고객보다는 유동고객이 많은 편이다. 특색 있고 독특한 분위기의 점포가 유리하며 간판, 상품, 진열 등에서 타 점포와 차별화를 이루어야 해서 초기 창업자에게는 불리한 상권이다. 소자본 창업으로는 번화가 뒤편의 서비스 업종이 비교적 무난한 창업 아이템이라 할 수 있다.

표 5-6 번화가 및 오피스텔 지역 상권 창업 아이템

구분	창업 아이템
식·음식업	패스트푸드, 골뱅이전문호프집, 순댓국전문점, 설렁탕전문점, 삼계탕집, 생고기전문점, 삼겹살집, 김밥전문점, 도시락전문점, 부대찌개전문점, 일식집, 중국집, 치킨호프집, 종합분식점, 빈대떡전문점
서비스업	사우나, 커피전문점, 테마카페, 당구장, 컴퓨터게임장, 노래방, PC방, 스포츠센터
도·소매업	문구점, 꽃집, 화장품, 안경점, 미니편의점, 감각패션의류점, 신발편의점, 청바지전문점, 패션내의점, 액세서리점, 의류가맹점

제2절 입지선정

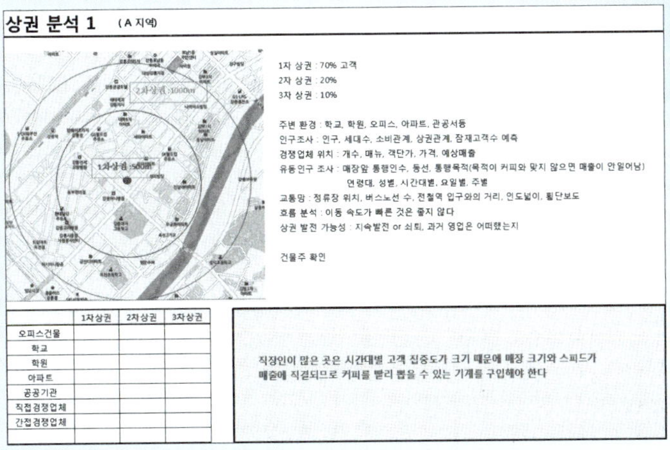
상권 분석 1 (A 지역)

1차 상권 : 70% 고객
2차 상권 : 20%
3차 상권 : 10%

주변 환경 : 학교, 학원, 오피스, 아파트, 관공서등
인구조사 : 인구, 세대수, 소비관계, 상권관계, 잠재고객수 예측
경쟁업체 위치 : 개수, 매뉴, 객단가, 가격, 예상매출
유동인구 조사 : 매장앞 통행인수, 동선, 통행목적(목적이 커피와 맞지 않으면 매출이 안일어남)
연령대, 성별, 시간대별, 요일별, 주별
교통망 : 정류장 위치, 버스노선 수, 전철역 입구와의 거리, 인도넓이, 횡단보도
흐름 분석 : 이동 속도가 빠른 것은 좋지 않다
상권 발전 가능성 : 지속발전 or 쇠퇴, 과거 영업은 어떠했는지

건물주 확인

	1차상권	2차상권	3차상권
오피스건물			
학교			
학원			
아파트			
공공기관			
직접경쟁업체			
간접경쟁업체			

직장인이 많은 곳은 시간대별 고객 집중도가 크기 때문에 매장 크기와 스피드가 매출에 직결되므로 커피를 빨리 뽑을 수 있는 기계를 구입해야 한다

(계속)

상권 분석 2

통행인구 조사 list

일자 : (요일) 장소 : 날씨 :

시간대	합계		어린이		청소년		주부		직장인		50대	
	남	여	남	여	남	여	남	여	남	여	남	여
09시 - 10시												
10시 - 11시												
11시 - 12시												
12시 - 13시												
13시 - 14시												
14시 - 15시												
15시 - 16시												
16시 - 17시												
17시 - 18시												
18시 - 19시												
19시 - 20시												
20시 - 21시												
21시 - 22시												
합계												
평균												

1일 3000명 이상 되어야 채산성이 맞는다. A급상권 3000이상, B급상권 : 2000이상, C급상권 : 1000이상

통행인의 수준을 파악한다

토요일, 일요일 유동인구 편차가 크다.

날씨좋은 평일과 주말 각각 하루를 선정해서 조사하는 것이 비교적 정확하다

대로변이라면 길건너의 유동인구 조사도 필요하다

상권 분석 2 (가산동 지역)

▸ 주중

출처 : 소상공인진흥원 자체조사 2010.08 기준, 단위 : 명

조사지점	마리오 아울렛 앞 (서울특별시 금천구 가산동)									
조사일자	2007-07-04, 날씨 : 흐림									
조사시간	남자					여자				
	10대	20대	30대	40대	50대이상	10대	20대	30대	40대	50대이상
12시~13시까지	5	215	105	95	50	65	315	160	120	55
19시~20시까지	85	575	370	211	53	236	650	520	278	98

조사지점	SK월레홈 앞 (서울특별시 구로구 가리봉동)									
조사일자	2007-07-04, 날씨 : 흐림									
조사시간	남자					여자				
	10대	20대	30대	40대	50대이상	10대	20대	30대	40대	50대이상
12시~13시까지	32	43	32	56	32	42	65	54	65	43
19시~20시까지	121	176	197	82	34	132	232	212	89	23

조사지점	마리오아울렛앞 (서울특별시 금천구 가산동)									
조사일자	2010-06-22, 날씨 : 흐림									
조사시간	남자					여자				
	10대	20대	30대	40대	50대이상	10대	20대	30대	40대	50대이상
12시~13시까지	0	428	494	288	182	0	722	362	396	226
19시~20시까지	344	764	842	546	212	196	954	652	386	328

조사지점	구름약국(A지역) (서울특별시 구로구 가리봉동)									
조사일자	2010-06-23, 날씨 : 맑음									
조사시간	남자					여자				
	10대	20대	30대	40대	50대이상	10대	20대	30대	40대	50대이상
12시~13시까지	0	114	84	13	152	0	112	86	131	122
19시~20시까지	92	163	136	119	216	63	144	127	173	159

상권 분석 3

통행차량 조사 list

일자 : (요일) 장소 : 날씨 :

시간	A		B		소 계	B/A
	자가용	택시	버스	덤프,트럭		
09시 - 10시						
10시 - 11시						
11시 - 12시						
12시 - 13시						
13시 - 14시						
14시 - 15시						
15시 - 16시						
16시 - 17시						
17시 - 18시						
18시 - 19시						
19시 - 20시						
20시 - 21시						
21시 - 22시						
합 계						
평 균						

어느 시간대에 통행 차량의 수가 많은지 조사

주부 대상은 오전 11시부터 오후 5시까지, 직장인은 퇴근시간, 점심시간에 정밀조사한다

낮 12기 - 오후 2시, 저녁 6시 - 8시, 밤 9시 - 10시까지는 정밀 집중조사 해야한다

약식조사법으로 오전에 1시간, 오후에는 2시간마다 1시간씩 조사. 매시간의 20분정도 조사해서 산출하는 방법도 있다

(계속)

상권 분석 4

상권 질 조사(정량적)

		A 점포	B 점포	C 점포	D 점포	비 고
통행량(여성)	평일					
	휴일					
통행량(남성)	평일					
	휴일					
남여비율						
주간인구						
야간인구						
주야간인구비율						
매출예상						
점포 권리금						

점포 후보지의 또는 경쟁점포의 내점율은 유동인구 100명당 점포를 방문하는 고객의 수를 말한다.

Daum블로그 미래경영(마케팅) blog.daum.net/dudb2/15415710

1. 입지분석

입지분석은 창업자가 사업을 시작하기 전, 특정 지역에 점포를 설치하여 지속 가능하고 수익성 있는 경영을 실현할 수 있는지를 다각적으로 검토하는 과정이다. 이는 단순히 위치를 고르는 작업이 아니라, 상권의 구조, 시장규모, 소비자 구매력, 경쟁환경, 유동인구 특성, 마케팅 전략과의 연계성 등을 포괄하는 종합적인 전략 결정이다. 유재우 · 안수진(2011)은 입지 분석 절차를 다음과 같은 8단계로 제시한다.

① 상권과 입지 개념 및 분석 목적의 명확화
② 창업 자본력에 따른 후보지 탐색
③ 상권 중심지를 가정한 상권 범위 분석
④ 점포 외적 요인(위치, 접근성, 가시성 등) 분석
⑤ 점포 내적 요인(면적, 구조, 시설 등) 분석
⑥ 입지의 단점 파악 및 마케팅 관점 극복방안 수립
⑦ 상권 및 입지 분석 보고서 작성
⑧ 점포계약 실행

이와 같은 절차는 특히 입지 결정 경험이 적은 예비창업자에게 체계적인 검토를 가능하게 하며, 입지 오류로 인한 창업 실패의 위험을 줄여준다.

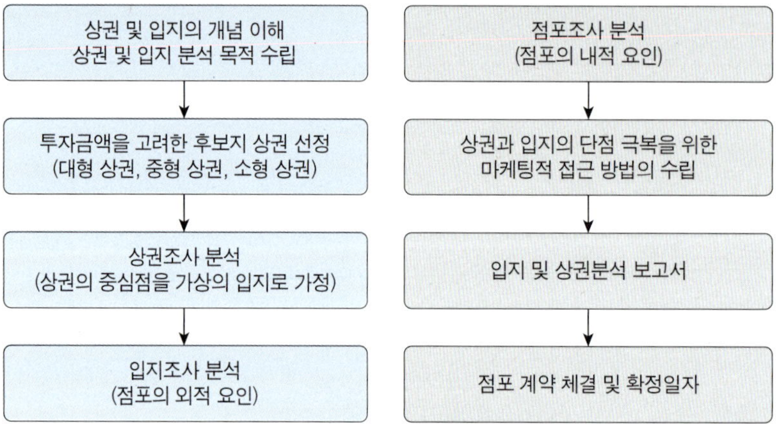

그림 5-2 **상권과 입지분석 절차**

2. 입지선택의 전제조건

입지조건이란 실제 창업자가 해당사업의 점포를 개설하고 영업활동을 하였을 때 '얼마 정도의 매출을 올릴 수 있는가?'에 대한 구체적인 조건을 따져 보는 것이다. 명당으로 불리는 곳은 잠재고객이 밀집되어 있고 접근하기가 쉬워 많은 고객이 방문할 수 있는 상업의 중심지를 말한다. 그러나 중심지 상권은 그만큼 많은 비용을 요구하므로 실제 해당사업의 아이템과 창업자의 자금여력을 고려하여 최선의 선택을 해야 한다. 상권선택의 전제 조건은 다음의 세 가지 조건이 있다.

1) 적합한 입지선택

해당사업의 업종을 선택하고 그에 적합한 점포를 선택하는 것이 일반적이지만, 점포 입지를 먼저 선택하고 그 입지에 맞는 업종을 선택하는 것도 현실적인 방법이다. 업종에 매여 입지를 찾다보면 주객이 전도될 수 있다. 다만, 이럴 경우 창업자는 복수의 사업아이템을 갖고 있어야 하며, 업종과 입지의 관계는 정답이 없기 때문에 해당 점포의 입지를 그 현장에 맞게 분석하고 판단할 수 있어야 한다.

2) 장기적인 안목

상권의 선택은 무엇보다 장기적인 관점에서 보아야 한다. 창업 이후 1~2년 내에 큰 성공을 거두려는 발상은 위험하고 최소 3~5년 정도 기간을 갖고 전망해야 한다. 그런 의미에서 너무 외진 곳이 아니라면 신설상권도 좋고 다소 쇄락한 상권도 고려해 볼 만하다. 공통적으로 이런 곳은 권리금이 없기 때문에 초기 투자비가 적고 그 권리금에 지급해야 하는 자금을 초기마케팅에 투입한다면 창업 초반에 단골 고객을 확보할 수 있는 등 유리한 고지를 점령할 수 있다.

3) 입지 자체의 시장 규모

해당사업 창업자의 개별점포 경쟁력도 중요하지만, 점포가 입점하는 입지 자체의 시장 규모도 중요하다. 예를 들어, 식음파트의 경우 동종업종이 밀집해 있으면 고객들의 선택을 받기가 수월하고 적절한 차별성을 갖춘다면 성공가능성은 훨씬 높아진다.

3. 입지 선정의 원칙

입지 선정은 단순한 공간 배치가 아니라, 사업의 지속성과 수익성을 좌우하는 전략적 선택이다. 이에 따라 넬슨(R. L. Nelson)은 효과적인 입지 결정을 위해 다음의 8가지 원칙을 제시하고 있다.

1) 상권의 잠재력

상권의 잠재력이란 해당 지역이 창출할 수 있는 총체적 수익 능력을 의미한다. 이는 단순한 인구 규모가 아니라, 해당 업종에 대한 수요의 총량, 소비지출 수준, 타 점포 대비 시장점유율 확대 가능성 등을 포괄하는 개념이다. 창업자는 상권 내 자신의 점포가 차지할 수 있는 시장 비중과 성장 여력을 면밀히 분석해야 한다.

2) 상권 접근성

상권내에 있는 잠재력을 본인의 점포에 어느정도까지, 얼마만큼의 비중까지 가져올 수 있는지에 대한 흡인력과 가능성을 객관적으로 판단해야 한다. 이는 점포 주변의 입지성, 통과하는 가능성들에 의존하게 되는 것이 첫 번째인데 그에 따라 업태를 세 가지로 나눌 수 있다.

(1) 고객창출형

판매촉진 수단에 의해서 독자적인 고객을 흡인하는 형태의 예로 백화점, 대형 슈퍼마켓, 특수 전문점 등을 들 수 있다. 광고나 판촉을 통한 유입으로서 고객들을 기다리는 것이 아닌 유입을 하고 창출해내는 적극적인 형태의 업태라고 볼 수 있다.

(2) 통행량 의존형

쇼핑을 목적으로 하지는 않지만 교통기관 이용자들의 이동경로에서 자연스럽게 유도되어 구매를 하는 형태이다. 유동인구가 많은 지역에서 많이 보이는 경우의 업태이다.

(3) 근린점 고객 의존형

새롭게 고객을 창출해내는 것이 아닌 가까운 점포에서 흡인된 고객들이 주변의 인근 점포로 구매하러 가는 형식이다.

3) 중간차단성

경쟁점 또는 주요 목적지로 향하는 고객을 중간 지점에서 자연스럽게 유입시킬 수 있는 위치인지 여부를 의미한다. 이는 거리의 단축, 시선의 유도, 동선의 우선 확보 등을 통해 경쟁을 간접적으로 차단할 수 있는 전략적 입지의 조건이다.

4) 누적흡인력

동종 또는 보완 업종이 일정 범위 내에 밀집되어 있어 고객 유입 효과가 강화되는 현상이다. 예를 들어, 전자상가, 패션타운, 한약시장 등 업종 집적지는 상호 시너지를 통해 개별 점포의 경쟁력을 제고할 수 있다. 단, 과잉경쟁으로 인한 분산효과도 함께 고려해야 한다.

5) 성장 가능성

입지 주변의 인구 증가, 소득 상승, 도시계획 개발, 공공시설 유치 등의 외생적 요인이 상권 확대에 기여할 수 있는지를 판단해야 한다. 폐쇄형 상권은 안정성은 높으나 성장 여력이 낮고, 개방형 상권은 초기 불안정성이 존재하나 고성장을 기대할 수 있다. 창업자는 이 두 가지 속성을 균형 있게 고려해야 한다.

6) 양립성

인근 점포와의 상호보완 관계가 존재할 경우, 고객의 체류시간 증가 및 복합소비 유도 효과를 기대할 수 있다. 예를 들어, 식당 인근의 카페, 학원 옆의 스터디카페는 자연스럽게 고객 동선을 유도하며 상호 매출을 상승시키는 구조를 만든다.

7) 경제성

좋은 입지라도 임대료, 권리금, 인테리어 비용 등 고정비가 과도하게 높다면 수익성이 낮아질 수 있다. 반대로, 낮은 비용의 입지는 매출 성장에 한계가 있을 수 있다. 따라서 입지 선정 시 반드시 손익분기점 분석을 통해 '수익 대비 비용 구조'를 정량적으로 검토해야 한다.

8) 경쟁회피성

기존 경쟁 점포와의 물리적, 심리적 거리를 확보함으로써 과도한 시장 경쟁을 피할 수 있는지 여부를 평가해야 한다. 경쟁이 치열한 입지에서는 규모, 브랜드, 가격 등 차별화 전략이 전제되지 않는 이상 생존 가능성이 낮다. 따라서 창업자는 향후 경쟁점 유입 가능성까지 고려한 방어 전략을 수립해야 한다.

4. 입지분석 절차

입지분석은 창업자가 창업을 실행에 옮기기 전 반드시 선행해야 할 핵심적 절차로, 단순히 점포의 물리적 위치를 선택하는 것을 넘어 해당 입지에서 사업 성공 가능성을 정량적, 정성적으로 판단하는 통합적 분석 과정이다. 특히 창업 초기에는 자금, 인력, 시간 등 경영 자원이 제한되기 때문에 입지에 대한 전략적 선택은 창업의 지속 가능성과 직결된다.

입지분석은 전통적으로 업종을 먼저 정하고 그에 적합한 입지를 물색하는 '입지론적 창업 전략'에 기반하였지만, 최근에는 입지를 먼저 정한 후 해당 입지에 적합한 업종을 결정하는 '적지론적 전략' 또한 현실적인 대안으로 제시되고 있다. 특히 자금이 제한된 예비 창업자의 경우, 입지 중심의 접근이 더 실용적일 수 있으며, 이 경우 창업자는 다양한 아이템을 유연하게 고려할 수 있는 전략적 유연성이 요구된다.

입지분석은 단순히 매출 발생 가능성만이 아니라, 향후 브랜드 정체성, 고객 기반, 경쟁 환경, 마케팅 전략 등 창업 후의 운영 방향성 전반을 결정하는 기준점이 되므로, 다음과 같은 다단계 절차에 따라 체계적으로 진행되어야 한다.

1) 구매력 분석

가장 기본적인 단계는 상권 내의 실질적 수요 능력, 즉 소비자의 구매력을 파악하는 것이다. 이는 해당 지역의 평균 소득 수준, 고용 안정성, 소비 성향 등을 종합적으로 분석함으로써 점포 운영의 기본 전제가 되는 소비 여력(effective demand)을 추정할 수 있다.

특히 공업단지, 대학가, 아파트 단지 등 특수 소비 집단이 있는 경우, 그 집단의 지출 유형과 변동성을 면밀히 관찰하는 것이 중요하다.

2) 고객 구매패턴 분석

단순한 구매력 이상으로 중요한 것은 소비자의 구매행동 유형이다. 동일한 소득 수준이라 하더라도 소비자마다 구매 빈도, 구매 경로, 제품 선호, 구매 시간대 등이 다르다. 이러한 구매패턴을 사전에 분석하면 제품군 구성, 매장 운영시간, 마케팅 전략 등에 전략적 유연성을 확보할 수 있다. 예컨대, 직장인 밀집 지역은 점심시간과 퇴근 시간에 맞춘 운영전략이 필요하고, 청소년 밀집 상권은 트렌드 민감도가 높으므로 빠른 상품 회전이 요구된다.

3) 점포 인근 인구분석

점포 입지를 결정함에 있어 기초적인 변수 중 하나는 해당 상권 내 거주 및 유동 인구의 규모와 구성이다. 인구의 수적 규모뿐만 아니라 연령대, 성별, 교육수준, 직업, 가족 구조 등의 인구통계학적 요소를 분석함으로써 타깃 마케팅 및 제품 포트폴리오를 보다 정교하게 설정할 수 있다. 특히 인구 구조가 빠르게 변동하는 지역의 경우에는 단기성과와 장기지속성을 함께 고려한 전략이 필요하다.

4) 주변 점포 환경 분석

입지의 경쟁 환경은 동일 업종의 경쟁 점포만이 아니라 보완적 업종, 비경쟁 업종과의 관계까지 포함하여 분석해야 한다. 아동복 옆의 문구점, 주점 옆의 노래방처럼 고객 이동 흐름상 시너지 효과를 내는 업종이 있는 반면, 동일 업종이 과포화되어 경쟁이 치열한 경우도 있다. 특히 대형 프랜차이즈와의 인접 여부는 브랜드 충성도와 고객 분산 현상에 영향을 미치므로, 입점 여부에 따른 리스크 분석이 요구된다.

5) 점포 접근성 평가

고객의 접근이 용이한 점포는 높은 방문율로 직결된다. 여기에는 단순히 거리뿐 아니라, 보행 동선, 도로 흐름, 지하철 및 버스 접근성, 주차 공간 확보 여부, 점포 진입의 직관성 등이 포함된다. 특히 주거지역과 업무지역을 연결하는 노선에 위치한 점포는 이른바 '출·퇴근형 고객층'을 확보하기에 유리하며, 이는 유동인구 확보와 재방문률을 높이는 중요한 요인이 된다.

6) 유동인구 및 통행량 분석

입지 타당성 분석에서 가장 실질적인 지표 중 하나가 바로 유동인구이다. 단순히 사람의 수를 집계하는 것이 아니라, 통행 인구의 성별, 연령대, 시간대별 밀집도, 머무는 시간 등을 다층적으로 분석해야 한다. 예컨대, 낮 시간에 유동인구가 많아 보이더라도 대부분 통과 인구에 그칠 경우 실제 고객으로의 전환율은 낮다. 이러한 분석은 실제 '점포 유입률'을 예측하는 데 중요한 역할을 한다.

7) 점포 이력 분석

입점하고자 하는 점포가 과거 어떤 업종으로 운영되었고, 성공 혹은 실패 요인이 무엇이었는지를 파악하는 이력 기반 분석도 중요하다. 만약 유사 업종이 과거에 실패한 이력이 있다면, 단순히 입지 요인이 아닌 마케팅, 운영상의 문제였는지를 면밀히 검토해야 하며, 실패 요인을 극복할 수 있는 대안을 명확히 제시할 수 있어야 한다.

8) 가시성과 전달성 평가

마지막으로, 해당 점포가 얼마나 시각적으로 고객에게 노출되는지를 확인해야 한다. 이는 간판 위치, 건물 전면 노출도, 점포 외관의 인지 용이성 등으로 측정된다. 특히 고객의 시선이 머무는 지점에 위치한 점포는 별다른 마케팅 없이도 자연스러운 유입을 유도할 수 있다. 또한, 가시성과 더불어 '무엇을 파는지'를 직관적으로 전달할 수 있는 점포 디자인과 간판 메시지도 중요하다.

5. 좋은 입지와 나쁜 입지

입지의 질적 수준은 점포 운영의 수익성과 지속가능성에 직결된다. 특히 유동인구의 특성, 접근성, 공간적 가시성, 인근 인프라 등은 입지의 우수성을 판별하는 핵심 요소로 작용한다. 일반적으로 '좋은 입지'는 다양한 유형의 고객이 접근하기 용이하고, 자연스러운 유입을 유도할 수 있는 지리적·환경적 장점을 갖춘 공간이다. 반면, '나쁜 입지'는 고객 접근성과 노출도가 떨어지고, 점포 운영에 구조적 불리함이 존재하는 경우로 정의할 수 있다.

1) 좋은 입지의 일반적 특성

① 접근성이 탁월하고 대중교통 및 도보 접근이 용이한 지점(예: 지하철 출입구 주변, 버스정류장 인근)

② 고객의 체류시간을 늘릴 수 있는 문화 · 상업시설(예: 영화관, 카페, 오락시설 등)이 밀집된 공간
③ 대형 오피스 지역보다는 중소형 사무실이 밀집하여 고정 수요가 분산되어 있는 상권
④ 상권의 중심 진입로에 위치하여 유동인구가 집중되는 도심 핵심 지역
⑤ 점포 전면부의 가시성이 뛰어나며, 교차로나 코너 등에 위치하여 주목도가 높은 입지
⑥ 평지에 위치하여 노약자와 유아 동반자의 접근성이 뛰어난 곳
⑦ 인근에 주차시설이 확보되어 있어 차량 이용 고객의 접근이 용이한 곳
⑧ 상권 내 타 점포들이 안정적으로 운영되고 있는 지역으로, 폐업률이 낮고 회전율이 낮은 안정 상권
⑨ 대규모 아파트 단지나 교육기관(초 · 중 · 고, 대학교) 인근으로 고정고객 확보가 유리한 지역

2) 나쁜 입지의 일반적 특성

① 임대료가 지나치게 저렴하거나 권리금이 형성되지 않은 경우, 입지 경쟁력이 낮거나 문제가 내재되어 있을 가능성이 큼
② 4차선 이상 도로로 인해 상권이 양분되고 도보 접근이 불편한 위치
③ 보행자 통행량은 존재하나 체류시간이 짧고 소비로 이어질 가능성이 낮은 '관통형 동선' 상의 입지
④ 주변 환경이 비위생적이거나, 노점 · 공터 · 건축폐기물 등으로 공간 인식이 저하된 지역
⑤ 건물주가 유사업종에 종사하거나 경쟁 점포를 직접 운영하는 경우, 장기적인 영업권 보장에 문제가 생길 수 있음
⑥ 언덕, 경사로 등 지형적으로 접근이 불편한 곳이나, 차량 · 도보 동선에서 배제된 사각지대
⑦ 동일 업종의 프랜차이즈 또는 대형 점포 인근으로 과잉경쟁이 발생할 가능성이 높은 곳
⑧ 상권의 물리적 확장성이 한계에 도달한 지역, 또는 비현실적으로 확대된 신도시형 상권
⑨ 점포 입면(전면 폭)이 좁거나 간판 설치가 어려운 건축구조로 마케팅 · 노출 효과가 떨어지는 점

6. 조심해야 할 점포 유형 6가지

입지의 절대적 요인 외에도, 해당 점포가 과거 어떤 운영 이력을 가지고 있었는지, 구조적으로 어떤 리스크 요인이 있는지를 사전에 분석하는 것은 매우 중요하다. 특히 다음과 같은 점포 유형은 신중한 접근과 철저한 사전 검토가 필요하다.

1) 점포의 임대자가 단기간에 많이 바뀐 경우

장사가 잘되는 매출이 높은 점포의 경우 임대자가 자주 바뀌지 않는다. 점포의 주변 사람에게 확인하여 해당 점포의 주인이 왜 자주 바뀌는지 조사해야 한다.

2) 점포 임대료가 주변 시세나 시설물에 비해 저렴한 점포

점포의 임대료가 저렴하면서도 매출이 높은 점포는 드물다. 임대료가 주변 시세보다 낮게 책정되어 있다면 위치가 안 좋거나 결함이 있을 수 있다. 별다른 이유 없이 임대료가 저렴하다면 건물의 시설물을 점검해볼 필요성이 있다.

3) 맞은편에 상권이 형성되지 않고 유동인구 유입이 적은 점포

맞은편, 또는 인근에 점포가 형성되지 않은 지역은 대중교통이 불편한 지점이거나 상권의 밀집력이 떨어지는 끝 지점일 경우가 많다. 맞은편에 점포가 형성되지 않았다면 사람들을 흡인하는 힘과 유입되는 유동인구의 수가 약해서 상권의 세력이 약할 가능성이 높다.

4) 주변에 대형 점포가 입점해 있는 곳

경쟁점포와의 경쟁에서 이기려면 상대점포와 차별성을 가지고 있어야 한다. 또한 점포보다 더 큰 규모로, 더 풍부한 상품을 확보하는 것이 중요하기 때문에 인근에 대형점포가 있다면 점포계약을 신중히 하는 것이 좋다.

5) 건물주가 유사 업종에 종사하고 있는 경우의 점포

점포를 임차하는 경우 건물주와의 관계도 매우 중요한 요소이다. 우선 유사 업종에 종사하는 경우 경쟁 상대가 될 수 있기 때문에 주의해야 할 필요가 있다. 또한 주인이 임대계약만료 전 갑작스럽게 점포를 비워 달라고 하지 않도록 주인과의 관계를 평소에 잘 다져두는 것이 중요하다.

6) 언덕 또는 통행이 불편한 곳에 위치해 있는 점포

노약자나 어린이들을 위해 통행이 편한 곳에 위치하는 것이 효율적이다. 교통이 불편하거나 통행이 어렵고, 급경사가 있는 내리막길이나 오르막이 있는 경우 유동인구의 유입이 어려울 수 있다. 그러므로 평지에 있는 점포를 선택하고 언덕에 있는 점포를 피하는 게 유리하다.

참|고|문|헌

김상헌, 박재민, 이장우(2022). 『전략경영론』. 서울: 박영사.
김진수, 이창영(2014). 『기업가정신과 창업론』. 서울: 문화사.
유재욱, 안수진(2011). 『소자본 창업경영』. 서울: 청람.
이명호 외(2016). 『경영학으로의 초대』. 서울: 박영사.
전타식(2018). 『창업경영 BASIC』. 서울: 북넷.
정해주, 최종열(2016). 『벤처창업과 기업가정신』. 서울: 탑북스.
중소벤처기업부(2023). 『창업기업 지원사업 통합자료집』. 세종: 중소벤처기업부.
창업진흥원(2023). 『창업지원사업 운영지침』. 대전: 창업진흥원.
최병호 저, 글로벌외식산업창업론, 백산출판사.
한길석(2013). 『창업과 기업가정신』. 서울: 비앤엠북스.
황태일(2017.12.07). "창업의 성공과 실패는 사업계획서에 달려 있다". NewsMaker. http://www.newsmaker.or.kr/news/articleView.html?idxno=53186
Byers, T. H., Dorf, R. C., & Nelson, A. J. (2019). Technology Ventures: From Idea to Enterprise (5th ed.). New York, NY: McGraw-Hill Education.
Daft, R. L. (2021). Organization Theory and Design (13th ed.). Boston, MA: Cengage Learning.
Nelson, R. L. (1958). The Selection of Retail Locations. New York: F. W. Dodge Corporation.
Osterwalder, A., & Pigneur, Y. (2010). Business Model Generation. Hoboken, NJ: John Wiley & Sons.
Shane, S. (2003). A General Theory of Entrepreneurship: The Individual-Opportunity Nexus. Cheltenham: Edward Elgar Publishing.

CHAPTER 06

인적자원관리

학습목표:

1. 인적자원관리의 중요성과 목표를 인식할 수 있다.
2. 인적자원관리의 환경을 설명할 수 있다.
3. 인적자원관리의 활동을 설명할 수 있다.
4. 가치지향 · 참여형 인적자원관리를 설명할 수 있다.

들어가면서:

창업을 준비하는 이들이 간과하기 쉬운 요소 중 하나가 바로 '사람'이다. 하지만 현장에서 성공을 거둔 많은 창업자들은 공통적으로 인재 관리와 조직 문화에 집중했다는 점을 강조한다. 단지 누군가를 고용하는 것이 아니라, '함께 성장할 사람을 찾고 키우는 과정'이 창업의 핵심 전략이 된다는 것이다.

첫 번째 사례는 카카오헤어샵을 운영하는 '하시스(주)'다. 초기에는 소규모 IT 스타트업이었던 하시스는 스타일리스트 출신의 기획자, 현장 미용실 운영 경험자, 개발자들 팀으로 구성하며 미용업계와 플랫폼 기술 간의 간극을 메웠다. 무엇보다 주목할 점은, 창업자는 전문성과 성향을 고려하여 '팀의 다양성과 실질적 기여도'를 중심으로 인재를 선발했다는 점이다.

이들은 매주 피드백 회의를 통해 서로의 업무를 점검하고, 매장 파트너들과의 소통까지 직접 담당하며, 기술을 '현장감 있게' 개발하는 데 성공했다. 결과적으로 카카오헤어샵은 수많은 미용실 예약 플랫폼 중에서도 독보적인 위치를 차지하며 성장했다.

두 번째 사례는 국내 중식 프랜차이즈로 성장한 '홍콩반점'은 초기엔 서울 대학교 인근에서 한 개의 매장으로 시작했다. 창업자 백종원 대표는 메뉴 개발과 마케팅보

(계속)

다 더 먼저, 현장 직원 채용과 교육 시스템 구축에 집중했다. 그는 주방과 홀 직원 간의 커뮤니케이션 문제, 서비스 마인드 부족, 이직률 문제 등 소규모 식당의 현실적인 한계를 누구보다 잘 알고 있었고, 이에 따라 매뉴얼화 된 교육과 권한 위임 체계를 도입해 인적 자원의 질을 일정 수준 이상으로 유지했다.

결과는 명확했다. 직원 간 충돌이나 운영 리스크가 줄어들었고, 서비스 품질은 안정적으로 유지됐다. 나아가 신뢰받는 점포 운영 방식이 형성되며 프랜차이즈 확장 과정에서도 인적 자원의 품질이 유지될 수 있는 토대가 되었다. 결국 단일 매장이 전국 수백 개 가맹점으로 성장하는 기반은 '사람'에 있었다.

세 번째로 소개할 사례는 '마켓컬리'의 창업자 김슬아 대표다. 초기 스타트업 시절, 마켓컬리는 소수의 팀원이 새벽 배송, 고객상담, 품질관리까지 모두 수행해야 했다. 김 대표는 단기간의 성과보다 '컬리만의 문화에 공감하는 사람'을 찾는 것을 우선시했다.

직무능력보다도, 고객을 최우선으로 생각하는 태도, 데이터를 기반으로 행동하는 습관, 책임감 등을 기준으로 채용과 팀 빌딩을 진행했고, 이는 나중에 마켓컬리가 대규모 조직으로 확장되었을 때도 일관된 브랜드 철학과 서비스 품질을 유지하는 원동력이 되었다.

이처럼 인적자원관리는 단순히 인원을 확보하는 것이 아니다.

'누구와 함께 일할 것인가?', '그들이 어떻게 일하게 만들 것인가?', '어떤 문화를 통해 조직 전체의 방향성을 잡을 것인가?' 이 모든 질문에 대한 답이 바로 인적자원관리 전략 안에 담겨 있다.

기존 일반기업과 마찬가지로 창업기업에 있어서도 공장과 설비 및 장비 그리고 재무적 자원들이 조직에 중요한 자산이지만, 특히 창업기업에 있어서 인적자원은 매우 중요한 자산이다. 물적자원은 조직이 소유권을 가지기 때문에 사거나 팔 수 있지만, 인적자원은 그렇지 않다. 또한 물적자원은 경쟁업체에 의해 즉시 모방될 수 있으나, 인적자원은 모방될 수 없는 자원으로 경쟁력의 원천이 되며 다른 자원들을 효과적으로 활용할 수 있는 하나의 전략적인 자원으로 볼 수 있다.

제1절 창업과 인적자원관리

1. 인적자원관리의 중요성 및 목표

조직 내에서의 인적자원관리는 창업 이후 기업이 수명을 다할 때까지 매우 중요한 부분이다. 이는 조직에서 일의 주체는 바로 사람이기 때문이다. 업무와 관련하여 구성원들과 창업자와 서로 의사소통이 되지 않거나 각자의 의견만을 주장하면 좋은 성과는 절대 도출될 수 없다. 이런 이유로 기업의 규모와 상관없이 구성원에 대한 선발부터 교육, 평가, 보상 등을 철저하게 관리해야만 기업의 경쟁력을 갖출 수 있다.

흔히 가정에도 사람이 잘 들어와야 한다는 옛말이 있다. 하물며 기업은 이윤을 추구하고 경쟁력으로 유지되는 조직이다. 가정보다 더 좋은 구성원이 필요한 상황임에 틀림없다. 기업조직에 좋은 구성원들이 들어와야 경쟁력이 생길 수 있는 것이고 경쟁력은 기업 존립에 지대한 영향을 미치는 것은 극명한 사실이다.

1) 인적자원관리의 중요성

오늘날 조직에서는 어느 때보다 인적자원(human resources)이 중요시되고 있다. 여기서 인적자원은 사람들이 돈, 원료, 정보 등과 같은 다른 자원들과 함께 조직의 성과를 창출하게 하는 능력을 가지고 있는 자원이다. 따라서 성공적인 조직은 서로 다른 사람들이 공통의 목표를 달성하기 위하여 함께 노력하게 하는 능력을 가지고 있다.

세계가 산업사회로부터 지식정보사회로 변화되면서 인적자원의 중요성이 커지게 되었으며 인적자원관리의 중요성도 이에 상응하여 증대되고 있다. 인적자원관리가 중요하게 된 배경에는 다음과 같은 요인들이 있다.

첫째, 기술의 진보로 인하여 새로운 기술에 적응할 수 있는 인력이 필요하게 되고 기존의 인력에 대해서는 인력개발이, 새로운 인력에 대해서는 유치가 필요하게 되면서 이를 가능하게 하는 인적자원관리가 중요해졌다.

둘째, 지식정보사회의 속성상 기업의 경쟁력에서 인적자원이 전략적 자원으로서의 필요성이 증대되면서 인적자원의 확보와 개발을 담당하는 인적자원관리가 중요해졌다.

셋째, 근로자의 능력을 최대한 끌어올려야 업무수행이 가능한 상황이 빈발하면서 근로자를 동기부여시키기 위한 인적자원관리가 중요해졌다.

넷째, 산업민주화의 진전과 더불어 형평과 복지를 지향하는 사회분위기로 인하여 노동관련 법률을 정확히 해석하고 적용해야 하는 일이 빈번해지면서 인적자원관리가 중요해졌다.

다섯째, 인건비의 지속적인 상승으로 인하여 인력의 채용과 배치에 있어서 경제성과 합리성이 강조되면서 합리적인 인적자원관리가 중요해졌다.

2) 인적자원관리의 목표

기업의 인적자원관리는 경제적 목표와 사회적 목표를 추구한다.

경제적 목표는 기업이 최소의 비용을 들여 생산요소인 노동의 산출에 있어서 최대한의 효과를 달성하는 것을 목표로 하는 것을 의미한다. 경제적 목표를 달성하기 위해서 노동의 투입요소와 산출요소 간의 효율이 높아야 한다. 경제적 목표를 달성하기 위해서는 다음과 같은 방법이 고려될 수 있다.

- 인적자원을 적재적소에 투입하여 인사배치의 효율을 높인다.
- 불필요한 직위와 직책을 폐지하여 인건비를 최소화한다.
- 신규 구성원의 선발을 최적화하여 기업 활동에 필요한 인재가 등용될 수 있게 한다.
- 기계와 장비의 도입을 최적화하여 인적자원의 효율을 높인다.
- 구성원의 창의력과 경험을 발휘하도록 하여 인적자원의 잠재력을 최대한 활용한다.

사회적 목표는 근로자 개인이 갖는 욕구 및 기대와 관련된 목표로서 인적자원관리는 구성원 개인의 복지와 행복에 관심을 가짐으로써 조직과 개인의 조화를 통하여 '조직도 잘되고 개인도 잘되는' 상생을 달성할 수 있다. 일반적으로 구성원 개인의 사회적 목표는 주로 근로조건과 관련된 것으로, 구체적으로 예를 들면 다음과 같다.

- 급여 인상
- 근로시간 단축
- 개인적 배려와 처우
- 상급자로부터의 공정한 대우

- 고용보장
- 호의적 직장분위기

조직이 목표하는 것을 달성하기 위해서는 먼저 필요한 사람을 써야 한다. 따라서 인적자원관리는 조직이 목표를 달성하기 위하여 필요로 하는 인적자원을 선발하고 유지 · 개발 · 평가 · 보상하는 계획적이며 조직적인 관리활동의 체계를 의미한다.

2. 인적자원관리의 환경

인적자원관리에 영향을 미치는 환경은 크게 조직외적 요인과 조직내적 요인으로 나눌 수 있다. 조직외적 요인은 앞으로 조직의 유지 · 발전에 영향을 미칠 조직외부의 조건, 즉 기회와 위험요인이고 조직내적 요인은 이미 형성된 조직내부의 역사적 특성과 장래의 변화로 조직의 강점과 약점이다.

1) 외부환경

(1) 정치 · 경제적 환경

경제여건의 변화와 정부의 거시경제정책은 상호 밀접한 관련이 있다. 따라서 정치적 환경과 경제적 환경은 별개로 구분하지 않는 것이 바람직하다. 정치 · 경제적 환경은 경제여건의 변화와 정부의 거시경제정책, 정부의 이해관계자에 대한 정책과 기업의 인적자원관리에 대한 직접적인 법적 규제로 나누어 살펴볼 수 있다.

경기의 호 · 불황은 기업조직과 인적자원관리에 큰 영향을 미친다. 경기가 호황 국면에 접어들거나 호황이 될 징조가 보이면 생산 활동이 활발해지면서 이에 따라 인력에 대한 수요가 증가하며, 유능한 인력을 확보하기 위해 임금, 복리후생, 승진 등의 고용조건들이 향상된다.

반면 경기불황이면 유휴인력의 문제를 야기시켜 기업이 구조조정을 통하여 인력을 감축하여 사회적으로 실업문제를 발생시키게 된다. 이처럼 경기변동과 전반적 경제여건의 변화는 고용조건과 임금에 관한 노사 간의 기대와 교섭력을 변화시켜서 인적자원관리에 영향을 미친다.

한편 이러한 경제여건에 따라서 정부의 경제정책이 변하게 되고 이는 다시 전반적 경제상황에 영향을 미친다. 정부는 전반적 경제정책과 더불어 소득정책이나 임금규제를 통해 기업의 인적자원관리를 직접적으로 규제하기도 한다. 여기서 전반적 경제여건은 개별 기업들의 활동들이 집적된 것이기 때문에 기업단위의 인적자원관리는 경제 전반에 영향을 미친다.

정부는 인적자원관리와 노사관계 전반에 걸쳐 개입하고 있다. 예를 들어 채용, 임금인상, 퇴직금, 휴가 또는 동일한 직무에 대한 성별·학력별 임금격차의 해소 등에 대하여 직접 개입한다. 이러한 정부의 개입은 증가하는 추세에 있다. 따라서 사회 전체적인 관점에서 법과 규정을 잘 이해하고 따르는 것은 인사관리자만이 아닌 조직 전체의 책임으로 고려되어야 한다. 또한 기업은 로비를 통해 정부규제의 성격과 방향에 영향을 미친다. 따라서 기업은 생산성을 증진시키면서 동시에 사회정의차원에서 공정한 입법이나 정부규제를 유도하도록 노력하는 것이 바람직하다.

(1) 시장환경

① 제품시장

제품시장 환경은 고객과 고객의 욕구를 충족시키기 위한 경쟁기업들로 구성된다. 고객은 기업의 제품에 대한 최종심판자로 기업의 궁극적인 생존과 번영은 고객의 선택에 달려 있다고 볼 수 있다. 결국 기업의 생존은 누가 고객의 욕구를 보다 잘 충족시키느냐에 달려 있다. 기업의 인력에 대한 수요가 제품에 대한 고객의 수요에서 파생되는 것처럼 제품시장 환경은 인적자원관리에 매우 중대한 영향을 미친다.

세계화시대를 맞이하여 전 세계시장의 단일시장화로 시장에서의 기업 간 경쟁이 더욱 치열해지고 있다. 제품시장에서의 경쟁이 심할수록 노무비를 포함한 요소비용에 대한 통제가 중요하게 된다. 따라서 고임금정책이나 기타 비용이 많이 드는 인사정책을 실시하는 데 있어 많은 제약이 따르게 된다. 반면 경쟁이 덜 심한 조건에서는 조직의 여유자원이 있기에 다양한 방식의 인적자원관리가 시도된다. 한편 경쟁이 치열해짐에 따라 제품라이프사이클이 점점 단축되는 경향이 있다. 대체로 제품의 초기 도입단계에서는 혁신이 중요하다. 그러나 성숙기로 접어들면서 대량생산과 비용통제가 중요해진다. 그 결과 인적자원관리도 영향을 받는다.

② 노동시장

노동시장은 노동력에 대한 수요자와 공급자로 구성된다. 기업은 노동력에 대한 수요자이고 경제활동참가인구는 노동력의 공급자이다. 노동시장환경은 기업의 인력수급에 직접적인 영향을 미친다. 노동시장환경은 크게 수요차원과 공급차원으로 구분할 수 있다.

노동시장의 수요차원에서는 정보기술의 확산과 관련하여 고기능 인력에 대한 수요가 증가하고 있다. 정보기술을 습득하고 있는 고급인력들은 주로 젊은 층으로서 종래의 근속연수를 승진기준으로 삼는 연공주의 인사관리로서는 이들을 유인하기가 힘들다. 또한 서비스 경제화로 대표되는 3차 산업의 팽창에 따라 이 부문의 인력수요가 증가하고 있다. 이에 따라 제조업은 인력을 충원하는 데 어려움을 겪고 있다. 마지막으로 인력 구성의 유연성이 강조되면서 기업의 고용형태에 대한 수요가 변화되고 있다. 즉 정규직 근로자 외에 파트타이머, 임시직, 계약직, 파견근무, 재택근무 등 다양한 고용형태가 도입되고 있다. 노동시장의 공급차원의 변화는 노동력 구성의 변화로 요약할 수 있다. 현대 산업사회에서는 노동의 구성체계가 과거와 많이 달라지고 있다. 따라서 인적자원관리의 문제가 심각하게 대두되고 있다. 특히 구성원이 고령화, 고학력화 및 여성인력의 참여 증가가 두드러지고 있다.

노동력 구성의 변화는 구성원의 가치와 기대의 변화를 반영하기 때문에 이를 고려한 인적자원관리가 필요하다. 구성원의 연령이 점차로 중고령화됨에 따라서 개인의 능력과 무관하게 임금이 자동적으로 올라가게 되는 임금제도나 퇴직금제도는 기업의 인건비 부담을 가중시키게 된다. 따라서 중고령자의 능력재개발을 위한 적극적인 노력이 필요하다.

(2) 정보기술의 발전

반도체칩을 이용한 정보기술은 정보처리와 관련된 분야로 급속하게 확대되고 있다. 그리고 이를 활용한 자동화가 증대되고 있다. 기존의 기술은 인간의 육체적 능력의 연장형임에 비하여 정보기술은 인간두뇌의 연장형으로 인간노동을 완전히 대체할 잠재력을 지니고 있다. 조직이 일련의 정보처리단위들로 효율적으로 결합된 것을 보면 앞으로 정보기술이 조직과 인적자원관리에 미칠 영향이 충분히 예상된다.

정보기술은 작업자 및 작업자와 관리자 간의 상호작용, 의사소통의 유형을 변화시킨다. 따라서 관리자의 역할이 변화하고 분권화가 촉진되면서 조직구조가 평면화(flat)된다. 이처럼 정보기술은 인적자원관리상의 일련의 연쇄적인 변화를 촉진시키는 것이다. 먼저 직무구조와 과업설계를 변화시키고 따라서 작업자의 기능요건을 변화시키며 경력경로와 승진기회에 영향을 미친다. 작업자의 기능요건이 변함에 따라서 보상체계와 보상수준이 변한다.

(3) 노동조합

노동조합은 구성원들의 자발적인 단체이고 그 경제적 · 사회적 지위의 향상을 목적으로 한다. 노동조합은 구성원을 대표하여 노동조건의 향상을 요구하고 일부의 인적자원관리상의 결정에 대하여 참가할 것을 요청하게 된다. 이것을 바로 노사관계라 부른다.

[2033년 노동인력 전망] 인구구조 변화 속, 보건복지 인력의 전략적 중요성

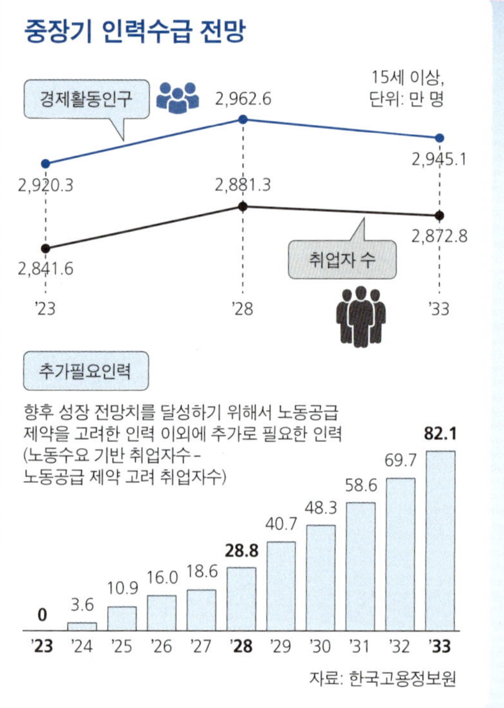

2033년, 대한민국은 심각한 노동력 부족 위기에 직면할 것으로 보인다. 한국고용정보원이 발표한 중장기 인력수급 전망에 따르면, 해당 시점에는 약 82만 명에 달하는 일손 부족이 예상되며, 이로 인해 경제 전반에 걸친 구조적 충격이 불가피할 전망이다.

주요 원인은 생산 가능 인구의 급격한 감소다. 경제활동인구는 2030년을 기점으로 줄어들기 시작하고, 2033년에는 15~54세의 청년 및 중년층 비중이 60.9%에서 51.6%로 급감하는 반면, 55세 이상 고령층이 경제활동인구의 절반(48.4%)을 차지하게 된다. 노동력의 양적 부족뿐 아니라, 질적 저하까지 동시에 마주하게 되는 셈이다.

이러한 변화는 단순한 통계적 지표의 문제가 아니다. 고령화와 인구구조의 전환은 서비스 수요의 성격 자체를 바꾸고, 특히 보건복지 분야의 수요를 폭발적으로 증가시킬 것이다. 향후 10년간 보건복지 관련 취업자는 98만 2천 명 증가할 것으로 예측되며, 이는 모든 산업 가운데 가장 높은 성장세다. 돌봄, 간병, 건강관리, 재활, 사회복지 서비스는 이제 소수의 문제가 아니라 국가 지속성장과 직결된 필수 영역이 되었다.

이런 배경에서 인적자원관리는 선택이 아닌 전략적 필수 과제다. 특히 보건의료 및 복지 분야는 단순한 인력 충원이 아니라, 전문성과 역량을 갖춘 인재를 체계적으로 양성하는 구조적 대응이 필요하다. 의료·간호·요양·복지 등 복합 전문 영역에서 활동할 수 있는 인재를 확보하려면, 질 중심의 인력 양성 체계 구축이 시급하다.

또한 여성, 청년, 고령자 등 현재 경제활동 참여율이 낮은 인구 집단의 역량을 발굴하고, 이들이 보건복지 분야에 유입될 수 있도록 하는 제도적 유인책과 재교육 시스템도 동시에 마련돼야 한다. 이는 단순히 일자리 확대의 차원을 넘어, 사회적 기능을 회복하고 국가적 위기를 완화할 수 있는 인적 기반의 재설계다.

오늘날 산업구조는 제조업과 유통 중심에서 빠르게 디지털·복지 중심 사회로 전환되고 있다. 이 변화에 대응하지 못하면, 우리 사회는 노동공백과 복지서비스 붕괴라는 이중의 위기를 마주하게 될 것이다. 결국 '사람을 돌보는 사람'을 준비하는 일이 곧, 다음 세대를 위한 사회적 인프라를 구축하는 일이 된다.

현대 사회에서 노동조합의 조직률은 지속적으로 감소하는 추세를 보이고 있다. 예를 들어, 우리나라의 노동조합 조직률은 1990년대 초반 약 20% 수준에서 2022년 기준으로도 14.2% 수준에 머물고 있다(고용노동부, 2023). 이러한 변화는 노동조합의 전통적인 협상력과 영향력이 과거에 비해 상대적으로 약화되었음을 보여주는 중요한 지표다.

노동조합의 성립에 따라 기업조직은 그 인간문제를 개별 관리수준에서 뿐만 아니라 집단관계의 차원에서 포착하여 대표권한을 가진 노동조합과 교섭을 하는 사태에 직면하게 되었다. 이 때문에 인적자원관리도 새로운 국면에 접어들었다. 여기서 기업조직은 노동조합과의 교섭에 있어 경영의 핵심에 가까운 전문부서를 두어 창구를 일원화해서 대처할 필요를 느낄 때가 많다. 이렇게 하여 인적자원관리의 기능분화, 인사스탭의 충실화, 제도화, 규정화, 인적자원관리의 체계적 정비가 노조결정을 계기로 하여 진척되는 예가 적지 않은 것이다. 노동조합은 노사 간 상호작용의 특성에 따라 노사 간 극도의 대립의식을 가져와서 인적자원관리의 합리성을 손상시키는 경우도 있다. 이 경우 인적자원관리는 탄력성을 상실하고 경직화 · 형식화와 같은 병리현상을 보이는 예도 있다.

2) 내부환경

(1) 조직의 전략

인적자원관리의 전략적 성격이 중요성이 커져 가고 있다. 동시에 기업의 전략과 인적자원관리를 결부시키려는 노력도 증가 추세이다. 기업의 전략은 인적자원관리에 있어 매우 중요한 내부환경으로 볼 수 있다. 여기서는 인적자원관리와 밀접한 영향이 있는 기업의 성장전략과 경쟁전략이 인적자원관리에 미치는 영향을 살펴보기로 한다.

기업의 성장전략은 기업의 투자방향과 관련이 있다. 이는 크게 집중전략, 성장전략, 철수전략으로 구분할 수 있다. 집중전략은 현재 시장에서 시장점유율을 확대하려는 것이다. 집중전략을 구사하기 위해 인적자원의 역량을 유지하고 개발할 필요가 있다. 따라서 강도 높은 훈련 및 역량에 대한 보상이 강조된다. 성장전략에는 기존의 자원이나 역량을 토대로 하여 시장 및 제품개발을 통한 내적 성장전략과 흡수합병에 의해 성장을 추구하는 외적 성장전략이 있다. 내적 성장전략의 경우 필요인력의 충원과 성장목표달성에 따른 인센티브관리가 중요한 관리과제이다. 한편 외적 성장의 경우 인적자원관리상의 다양성을 인정하면서 최소한의 통일성을 유지하는 것이 중요하다.

기업의 경쟁전략은 고객의 욕구를 충족시키는 방식으로 대표적인 유형으로는 혁신형, 방어형, 분석형으로 전략을 분류할 수 있다. 혁신형은 새로운 고객의 욕구를 파악하여 이를 신속하게 충족시키는 전략으로서 신제품과 신기술의 혁신을 주요 경쟁수단으로 삼는다. 방어형은 보다 효율적인 제조를 통해 기존의 제품을 낮은 가격이나 높은 품질로서 고객 욕구를 충족시킨다. 분석형은 먼저 진입하지는 않고 혁신형을 관찰하다가 성공가능성이 보이면 신속하게 진입하고 공정성의 이점이나 마케팅상의 이점을 살려 경쟁하는 전략이다.

(2) 조직의 라이프사이클

조직은 하나의 유기체에 비유하여 탄생에서 성장기를 거쳐 성숙기와 쇠퇴기를 맞이하는 하나의 생명체로 볼 수 있다. 이것을 조직의 라이프사이클(PLC)이라 한다.

조직의 라이프사이클에 따른 적합한 인적자원관리의 예는 다음과 같다(표 6-1). 조직의 도입기, 성숙기, 성장기, 쇠퇴기별로 인적자원관리상의 중요한 문제가 상이하므로 이에 대응한 관리가 필요하다. 예를 들면, 조직의 도입기와 성장기에는 필요인력의 조달과 보상관리 측면에서 외적 경쟁성이 중요하다. 반면 성장기와 쇠퇴기에서는 인력의 감축이 중요하고 보상관리에서도 비용통제가 강조된다.

표 6-1 조직의 라이프사이클에 따른 인적자원관리

구분	도입기	성장기	성숙기	쇠퇴기
가치	기업가정신	영업	경쟁력	비용통제
고용	우수한 기능공 및 전문가의 영입	적절한 양적 및 질적 공급, 급속히 성장하는 내부 노동시장관리	이직장려를 통한 일시해고의 기피, 배치전환 장려	인력감축의 계획과 실행, 구성원 배치전환
인사고과	사업계획 달성도 기준	성장성 기준 (예: 시장점유율)	효율성 및 이윤 기준	원가절감 기준
보상	고임금 또는 경쟁적 임금수준으로 인력유인, 주식배분	외적 경쟁성 유지, 내적 공정성 확립, 공식적 임금구조 확립	비용통제	엄격한 비용통제
훈련과 개발	미래 기능요건 확인, 경력경로 설정	경영자개발을 통한 효과적인 경영팀 개발	고령인력의 기능과 유연성을 유지	재훈련 실시와 경력상담
노사관계	노사관계의 기본철학 정립과 조직계획	산업평화의 유지와 구성원 동기부여 및 사기의 유지	노무비통제와 산업평화의 달성, 생산성 개선	작업규칙의 유연성 확보, 고용조정정책의 협상

[출처] 권혁기, 장용운(2015). 인적자원관리. 도서출판 청람. p. 26.

(3) 기업지배구조

기업지배구조는 기업을 둘러싼 이해관계자들 간의 기업 지배권 또는 통제권 분포형태로 정의할 수 있다. 기업을 둘러싼 이해관계자는 주주와 구성원, 경영자, 고객, 공급업자, 채권자, 지역사회, 정부 등이 있다. 기업지배권은 기업이 보유하고 있는 인적자원, 물적자원, 기타 각종 자원의 할당에 관한 의사결정권을 말한다. 결국 기업지배구조는 경영권이 이해관계자들 간에 어떻게 분포되어 있는가를 뜻한다. 이는 이해관계자들 간의 명시적 권한관계만이 아닌 암묵적이고 관행적으로 이루어지는 권한관계를 포함하는 것으로 볼 수 있다.

기업지배구조는 인적자원관리에 중대한 영향을 미친다. 예를 들어, 일본의 대기업지배구조는 기관소유체계가 특징이다. 특히 경영자는 기업내부에서 성장한 사람들로 구성원들의 목표를 중시한다. 따라서 일본기업은 성장에 의한 구성원의 고용보장을 기업의 주요한 목적으로 두고 있다. 결국 일본식 기업지배 하에서는 구성원지향적인 인적자원관리가 이루어지며 이에 따라 고용보장과 연공임금이 정착되었다. 한편 독일의 경우 공동결성법과 경영조직법에 근거하여 경영진을 선출하고 그 활동을 감시하는 감사역회에 구성원 및 노동조합 대표가 참가한다. 독일의 기업은 주주에게 전적으로 소유되는 재산이 아니라 구성원, 고객, 지역사회, 금융기관, 그리고 주주들이 공동으로 책임을 지는 공동체로 간주한다.

(4) 조직구조와 직무구소의 변화

조직 유연화, 조직 평면화(flat), 가상기업, 네트워크조직, 팀조직 등으로 불리는 조직구조의 변화는 기본적으로 정보기술의 발달에 기인한 것이다. 이러한 조직구조 변화는 조직 내 구성원들의 책임과 역할을 변화시키고 이에 따라 직무구조도 변화시키고 있다.

정보기술은 조직의 모든 구성원들로 하여금 쉽게 정보에 접근할 수 있게 한다. 이에 따라 구성원의 의사결정책임과 권한을 증가시키는 것이 작업 효율성을 높이는 방법이 된다. 그 결과 분권화되기 시작하며 과거의 위계적 조직구조는 평면 조직구조로 변화된다.

또한 정보기술은 기존의 직무를 변화시킨다. 예를 들어, 로봇과 컴퓨터를 사용하여 제조공정을 자동화하는 컴퓨터통합 제조 방식에서는 작업자, 조립, 자재 취급, 보관 직무가 하나의 직무로 통합된다. 작업프로세스 효율성을 목적으로 하는 비즈니스 프로세스 리엔지니어링(BPR)도 결국 정보기술을 활용함으로써 가능해진다. 구성원들은 의사결정의 분권화로 인해 권한과 책임이 증대되며, 직무의 성격변화에 따라 여러 가지 기능을 습득하게 된다. 이런 변화에 적합한 직무설계가 바로 자율작업팀이다. 이와 같은 변화들은

인적자원관리에 매우 중요한 영향을 미친다.[1)]

제2절 인적자원관리활동의 핵심내용

1. 확보관리

인적자원관리의 최종목표는 능력 있고 혁신적인 인력을 채용하여 유지하는 것이다. 적절한 인력이 없으면 아무리 잘 만들어진 계획과 잘 설계된 조직이 있어도 효율적 경영이 이루어질 수 없다.

조직에서 우선 필요한 인적자원을 구성하기 위하여 누구를 얼마만큼 채용해야 하는지 결정해야 한다. 이를 위해 해야 할 일들의 특성을 우선 알아보는 직무분석(job analysis)이 필요하며 이러한 직무분석을 통해 일에 적합한 사람의 기술정도와 능력, 학력과 자격, 신체조건과 성격 등을 명시해 놓는다.

창업을 할 때 인재확보가 중요한 것은 조직의 존립에 영향을 줄 수 있기 때문이다. 그래서 인재등용이 중요하기 때문에 모집한 후보자들을 중심으로 서류전형, 필기시험, 면접 등의 시험절차를 거쳐 힘들게 채용을 결정하고 나면 비로소 적정업무에 배치하게 되는 것이다.

물론 노동시장의 여건과 조직의 기존 인력에 관한 상황을 감안해야 한다. 이때 선발시험 방법을 어느 것을 쓰느냐는 인재의 선발에 많은 영향을 미칠 수 있는데 기업의 특성, 전통, 사회 분위기, 경쟁사 전략 등을 충분히 고려해야 한다.

2. 유지관리

확보된 인력을 훈련시켜서 업무를 주고 그에 대한 보상을 하는 것도 중요하지만 한편으로는 그들의 능력을 계속 유지시키고 회사에 붙어 있도록 정신적 안정감을 주는 것이 필요하다. 인적자원의 유지관리는 이직을 막고 때로는 적정인원의 유지를 위하여 퇴직대책을 마련하면서까지 조직구성원을 효과적으로 유지하는 전략을 의미한다. 유지관리에는 구성원의 사기 및 동기부여 정책뿐 아니라 승진, 이동, 사직, 해고정책 등 모두가 포함된다.

시장의 변화나 회사정책의 변화 등으로 인하여 조직 각 부서의 필요인력의 규모나 자

---

1) 권혁기, 장용운(2015). 인적자원관리. 도서출판 청람. p. 18~28.

격수준은 수시로 변한다. 또는 사직, 해고, 명예퇴직 등 수시로 구성원은 회사에서 나가기 마련이다. 회사 내에서 어느 구성원이 승진이나 직무이동을 하는 경우는 사내이동이 되지만 회사 밖으로 나가게 되면 이직이라고 한다.

인력의 확보와 관리라는 측면에서 신규 구성원의 채용 혹은 스카우트뿐만 아니라 현직 구성원의 이직을 방지하는 것은 중요한 문제이다. 이런 관점에서, 조직 입장에서 대부분 회피가능 이직이라 할 수 있는 자발적 이직의 원인을 우선 파악해보는 것이 필요하다.

기업에서는 구성원이 이직할 때 떠나는 구성원에게 관심을 가질 여유가 없다고 생각할 것이 아니라 왜 이직하는지 원인을 충분히 연구 · 검토하는 기회를 가져야 한다.

구성원이 이직하는 이유를 알아내는 방법에는 퇴직면접과 퇴직 후 설문지를 통한 방법이 있다. 퇴직 시 시행하는 퇴직면접은 면접자가 체크목록을 가지고 직접 상담하는 방법이다. 이것은 퇴직원인만 알아내는 것이 아니라 이직원인이 회사의 적절한 조취에 의해 구제될 수 있는 것이면 이직을 방지할 수 있는 방법도 찾을 수 있다. 그러므로 면접자는 적절한 면접기준을 가지고 구성원의 실제 퇴직이유를 알아낼 수 있는 사람이어야 한다. 그렇지 않고 미숙한 면접자라면 피상적인 퇴직이유만 알아내어 준비한 체크목록에 기입하는 것으로 그치고 만다.

퇴직 후 설문지법은 구성원이 퇴직한 후 일정기간이 경과한 후 이들을 대상으로 퇴직이유를 우편에 의한 설문지를 배포하여 질문하고 익명으로 답변을 구하는 방법이다. 이런 방법에 의하면 회답자의 이름을 알 수 없으므로 퇴직면접자의 이유와 개별적으로 비교할 수 없으나 퇴직 후 일정 기간이 경과한 구성원들은 전직 기업에 대하여 어느 정도 냉정한 판단을 내릴 것이다.

그러므로 퇴직면접과 병행하여 퇴직 후 설문지법을 통하여 이직관리 대책의 개선점을 추구하는 제도적 장치는 이직을 감소시키기 위해 유용한 관리수단으로 활용할 수 있다.

3. 개발관리

조직구성원들에 대한 충분한 장기적인 가치가 있기 때문에 교육은 비용이 아닌 자본투자로서 생각해야 한다. 그러나 공장유지, 임금, 원료 및 광고 등과 같은 재무비용은 단기적 지출로 생각된다. 실제로 단기적 재무비용과 장기적 자본투자의 차이는 구별하기가 어렵게 느껴질 수도 있다. 그럼에도 불구하고 과거에 인력교육(훈련 및 개발)은 단기적인 재무비용으로 생각되었으나 현재는 인력교육이 긍정적인 장기적 자본투자로 인식되고 있다.

인간의 자질 및 잠재능력은 무한한 데도 제대로 활용되지 못하고 있는 조직의 전략적인 자원이다. 사람들은 그들이 하도록 요구받은 것보다 훨씬 많은 일을 할 수 있는 능력을 가지고 있다. 그리고 사람들은 공식적으로 가능하다고 생각하는 것보다 훨씬 많은 것을 배울 수 있는 능력이 있다. 구성원들은 조직의 창의력을 이끌어 낼 수 있는 원천이다. 그들은 아직도 얼마든지 이용할 수 있는 지적 능력을 지니고 있다. 거의 모든 구성원들은 이러한 인지능력을 개발하기를 원하고 있다. 실제로 기회가 주어지면 그렇게 할 수 있는 능력을 가지고 있다. 그렇기 때문에 교육에 지출하는 돈은 비용이 아닌 자본으로 인식되고 있는 것이다.

일단 채용된 인력은 말할 것도 없고 기존 인력도 가끔 재훈련이 필요한데 교육 · 훈련 내용은 크게 둘로 나눌 수 있다.

하나는 업무처리를 위한 기술 · 지식교육, 다른 하나는 동기부여 · 태도변화를 위한 정신교육이다. 후자는 인간관계와 업무능률을 위해 전자 못지않게 중요한 부분인데 여유가 없는 기업에서는 사실 여기까지 눈을 돌릴 겨를은 없다.

교육의 중류도 그 대상이 누구냐에 따라 간부교육, 경영자교육, 신입사원교육 등으로 나누어지고 어디서 하느냐에 따라 사내교육과 위탁교육 등의 사외교육이 있을 수 있고, 사내교육도 직접 업무현장에서 시행착오를 겪으면서 배우는 직장 내 교육(on the job training)과 현장에서 직접 교육하기에는 너무 위험하고 비용이 더 들 경우에는 별도 강의실이나 연수원을 이용하는 직장 외 교육(off the job training)으로 나누어지기도 하며 이 두 가지 방식은 병용되기도 한다.

특히 창업 단계에서의 직장 내 교육은 일에 대한 시스템을 갖출 수 있도록 하는 것이다. 이 과정의 교육이 잘못되면 일에 대한 체계를 제대로 수립할 수 없게 되는 경우가 많다.[2)]

4. 평가관리

인사고과의 목적은 크게 다음과 같은 다섯 가지로 나누어 볼 수 있다.

- 적정배치: 구성원의 적성, 능력 등을 가능한 정확히 평가하여 적재적소의 배치를 실시함으로써 구성원의 적성과 능력을 효과적으로 활용할 수 있도록 한다.
- 능력개발: 구성원의 현재능력 및 잠재능력을 평가하여 기업과 구성원 모두의 성장기회로 삼는다.
- 인력계획 및 인사기능의 타당성 측정: 기업의 장 · 단기 인력개발계획의 수립에 요청되

2) 전타식(2018). 창업경영 Basic. 북넷. p. 291~293.

는 양적 · 질적 자료를 제공한다. 또한 해당 구성원의 선발과 승진 등이 과연 타당하였는가를 측정하는 도구로도 활용된다.

- 성과측정 및 보상: 구성원의 성과를 측정하여 구성원의 관심사인 승급, 임금결정 및 승진에 활용한다.
- 조직개발 및 근로의욕증진: 고과를 통하여 직무담당자의 직무수행 상 결함을 발견하고 개선할 계기를 찾는다. 또한 구성원의 성취욕과 자극제로서도 활용된다.

전통적 인시고과는 과거지향적 입장에서 과거실적에 의한 차별적인 상벌시행의 기초자료로서 사용되는 데 목적을 두었으나, 현대의 인사고과는 미래지향적인 입장에서 인재의 육성과 적재적소에의 배치 등 적극적인 능력개발의 활용에 목적을 두고 있다.

첫째, 무엇보다도 가장 두드러진 특징으로는 근속연수를 기준으로 하는 연공에 중점을 두는 인사고과에서 능력에 기반을 두는 인사고과로의 변화이다. 조직의 성장 또는 발전에 공헌하는 능력이나 성과에서의 차이에 따라 승진, 보상, 전환배치, 교육훈련 등 인사결정에 있어 공헌도에 따라 차등적인 혜택을 제공하는 것으로, 이는 또한 조직구성원들에게 동기부여로 작용한다.

둘째, 인사고과가 주로 상사에 의해 한쪽 방향에서만 이루어지던 것이 여러 각도에서 평가하는 다면평가로 전환되고 있다. 즉 전통적으로 상사에 의해서만 이루어지던 평가가 점차 상사를 비롯하여 동료, 본인, 부하, 고객 또는 공급업체 등도 함께 평가하는 방향으로 전환되고 있다. 이에 따라 '360도 피드백'이라는 용어도 나타나게 되었다. 다음은 전통적인 피드백과 360도 피드백 간의 차이를 나타내주고 있다(그림 6-1).

셋째, 과거의 인사고과는 임금의 격차를 두기 위한 사정형의 성격을 띠고 있어 인재의 육성기능이 매우 미약하였다. 오늘날에는 통제를 위한 사정보다는 인력의 능력개발에 보

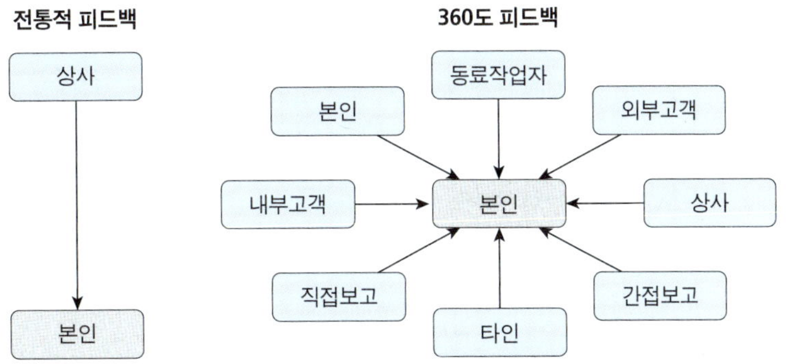

그림 6-1 단일원천과 다수원천의 피드백시스템

다 많은 초점을 두고 있다. 즉 직무수행에 관한 능력상의 강 · 약점을 평가하고 분석하여 구체적 능력개발계획이나 목표설정에 도움이 되는 육성형 인사고과로의 전환이 모색되고 있다.

넷째, 과거에는 하나의 인사고과양식으로 보상, 승진, 전환배치, 교육훈련 등 모든 인사결정에 사용하였다. 그러나 현대적 인사고과에서는 구체적 목적에 적합한 고과를 추구한다. 즉 인사고과의 활용목적에 따라 고과요소나 기준 및 절차를 달리한다는 것이다. 우리나라 기업에서는 인사고과의 내용이 업적평가, 태도평가, 능력평가 등으로 나누어 실시되는 경우가 많다. 업적평가는 조직구성원의 직무성과를 측정하는 것이고, 태도평가는 구성원이 업무와 직장 및 대인관계상에서 보이는 태도를 측정하며, 능력평가는 조직구성원이 현재 지니고 있는 능력뿐만 아니라 잠재적으로 지니고 있는 능력도 평가하기 위한 것이다.

다섯째, 계층 및 직능에 따라 인사고과가 달리 사용되는 추세로 변화되고 있다. 예를 들면, 기능이 중시되는 작업층에서는 기능중심의 작업능력항목을, 관리층에서는 판단 및 통솔력중심의 관리능력항목을 강조한다. 직종별로 살펴보면, 생산 및 판매 등의 직종에서는 양적인 항목을 중시하며, 연구나 기획스탭분야의 직종에서는 질적인 항목을 중시한다.

여섯째, 전통적 인사고과에서의 평가기준은 객관적으로 검증하기 어려운 추상적 성격을 띠는 것이 많아 평가자의 주관이 의도적이든 비의도적이든 간에 개입될 여지가 많았다. 이를 보다 객관적인 근거를 확보하기 용이한 구체적인 평가기준으로 대체함으로써 평가자의 주관에 의해 영향을 받는 정도를 감소시키는 추세이다.

일곱째, 인사고과의 결과를 비공개하던 것에서 공개하는 방향으로 전환되고 있다. 피고과자의 장점과 단점을 피드백 시켜 장점을 보다 신장시키고 단점을 보완하기 위하여 어떻게 하는 것이 좋은지를 본인 스스로 자각하게 한다는 것이다. 인사고과가 육성형을 지향한다고 할 경우 인사고과결과의 공개는 더더욱 필요해진다. 또한 인사고과결과를 공개함으로써 피고과자로부터 인사고과의 신뢰성을 확보할 수 있는 효과도 거둘 수 있다.

여덟째, 인사고과활용에 있어서 과거에는 상여금의 결정, 승진이나 승격 등에 반영시키는 데에만 사용되어 왔다. 그러나 오늘날에는 본인의 경력분석과 직무만족도, 전환배치희망, 적성, 성격 등을 종합하여 배치전환, 연수 등의 경력개발에 대한 활용으로 활용폭이 확대되어 가는 추세이다. 다시 말해, 인사고과를 처우중심으로만 활용하는 것에서 육성 면으로도 활용이 확대되고 있는 추세이다.

아홉째, 전통적 인사고과는 기업 전략과 기업 문화 등과의 연관성이 미약하였다. 이로 인하여 구성원들의 경영참가 의식이 높지 못했고 목표의식도 낮아 도전정신을 고취시키지 못하였다. 그러나 최근에는 고과항목에 기업 전략이나 문화 등을 반영하는 요소들이 포함되고, 한 방편으로 목표관리제도 등에 대한 도입이 적극적으로 검토되고 있다.

열째, 오늘날의 인사고과는 과감하게 도전하는 풍토를 조성하는 방향으로 나아가고 있다. 경영과 기술에서 혁신이 요구되는 경영환경의 변화에 발맞추어 사원들이 혁신적 목표에 도전하는 등 업무에 대한 적극적 자세와 성과를 보이는 경우 이를 높이 평가하도록 배려하고 있다.[3)]

5. 보상관리

구성원에 대한 보상은 한편으로는 노력의 대가로 지급되는 것이지만 다른 한편으로는 노력을 유인하는 수단이기에 인사관리의 중요한 부분으로 볼 수 있다. 임금은 구성원들의 경제적 소득과 생활수준에 직접적 영향을 주며, 그의 지위와 조직체에서의 중요성을 말해 주는 중요한 상징이기도 하다. 따라서 임금은 구성원의 태도와 동기부여 등 그의 조직체와의 관계에도 큰 영향을 준다. 이와 같이 임금은 조직체와 구성원 모두에게 중요한 위치를 차지하고 있고, 따라서 조직체는 전략적이고 효과적인 임금관리에 많은 노력을 기울인다.[4)]

임금수준의 결정에 있어 영향을 미치는 것들은 다음과 같다.

- 동종 산업 내 동종 업무의 평균임금
- 노동력의 수급상황
- 기업의 지불능력
- 사회일반의 임금수준
- 정부의 규제
- 경기변화와 물가수준의 동향

인력관리를 위한 보상의 유형으로는 기본급, 수당, 상여금 등의 직접임금과 교통비, 자녀장학금, 의료보험료, 전세보증금 보조, 중식비 등의 명목으로 지급되는 복리후생으로 구분할 수 있다. 그런데 직접보상은 구성원들의 업적평가나 고과결과에 따라서 차등 지급되지만 중식비, 의료비 등은 모든 구성원들에게 비슷하게 지급되는 것이 보통이다.

3) 권혁기, 장용운(2015). 인적자원관리. 도서출판 청람. p. 121~123.
4) 이학종, 양혁승(2013). 전략적 인적자원관리. 도서출판 오래. p. 322.

제3절 새로운 인적자원관리의 시대

1. 가치지향 인적자원관리

새로운 시대의 인적자원관리는 구성원과 경영진이 희구하는 가치, 그리고 나아가서 사회적 가치를 구현하는 것이어야 한다.

전략적 인적자원관리가 기업의 전략적 의도에 따라 설정되고 추진되는 것이라면 가치지향 인적자원관리는 기업의 이념과 핵심가치, 조직특성 등에 적합성을 갖는 인적자원의 가치를 정의하고 그 가치를 높이고자 하는 제반 인사활동을 뜻한다. 이때 기업 이념과 핵심가치는 인간의 본성과 욕구를 반영하는 보편적 가치임과 동시에 조직특유의 가치이다. 조직특유의 가치로서 조직의 역사와 접목된 것으로서 구성원들의 집합적(공동체적) 열망과 선호체계를 반영하는 것이다. 이로써 보편성 바탕 위에 조직특유의 가치를 설정하고 그에 따라 인적자원관행을 구성형태로 실천하는 것이 곧 가치지향 인적자원관리이다.

그렇다면 오늘날 왜 가치지향 인적자원관리가 중요한 것인가? 조직에 체화된 가치는 그 무엇보다 더 오래 지속되는 경쟁우위 원천이 될 수 있기 때문이다. 오랜 기간의 조직역사 속에서 일관되게 추구되어 온 가치로부터 나오는 경쟁력은 쉽게 모방될 수 없고 단기간에 복제될 수 없다. 이는 시간이 흐를수록 더욱 심화되는 근본적 경쟁력에 해당한다. 이러한 가치는 또한 보편적이기도 하기 때문에 전략적 상황이 변화하더라도 경쟁력 기반을 유지할 수 있게 한다.

반면 조직 속성으로 진화한 가치와 이념체계는 전략적 선택을 구속하는 제약조건이 되기도 한다. 선택된 가치와 선택된 전략이 상호 공존이 가능해야 하는데 선택된 가치를 필요시 쉽게 변경하는 것이 불가능하기 때문이다. 따라서 전략선택의 영역이 한정될 수밖에 없다.

가치지향 인적자원관리는 다음과 같은 특징을 지니고 있다. 첫 번째 특징은 기업의 핵심가치와 인적자원에 관한 기본원칙이 상호 조화되어 있고 이에 모든 인사 방침과 관행들이 정렬되어 있다. 두 번째 특징은 인적자원의 기본원칙, 방침, 관행들이 집약된 인사철학이 명시적 또는 암묵적으로 존재하며 기업 부침의 역사와 더불어 일관되게 구현되고 있다. 세 번째 특징은 인사 철학과 원칙이 인간존중, 자아실현, 학습과 성장, 공정성과 정의 등 인간 본연의 가치와 맥을 같이 하는 내용으로 구성되어 있다. 이로써 인적자원의 본질적 가치가 발현되어 역동성과 창의성을 만들어내게 되는 것이다.

그러면 가치지향 인적자원관리를 가장 잘 표현해주고 있는 제프리 페퍼 교수의 연구를 살펴보자. 페퍼는 일찍이 『사람이 경쟁력이다』라는 책을 통하여 기업문화에 기반을 둔 인적자원관리를 통해 차별적이고 모방 불가능한 경쟁우위를 창출할 수 있다는 것을 보여주었다. 그리고 '인적자원의 효과적 관리를 통한 지속가능 경쟁우위 창출'이라는 논문에서는 더 세분화된 13가지 방식을 제안하였다. 이는 고용안정, 높은 임금수준, 엄격한 선발, 업적에 대한 보상, 참여와 동기부여, 종업원 주인제도, 정보공유, 자율관리팀 운영, 훈련과 능력개발, 수직적 임금격차 축소, 탄력적 인력활용, 상징적 평등주의, 내부자 승진제도 등이다. 이후 이들 관리 특성을 더욱 압축하여 『휴먼 이퀘이션』이라는 그의 저서에서 성공한 조직들의 7가지 인사 관행을 고용보장, 신중한 신발관리, 소식성과와 연계된 보상, 자율관리팀 운영, 조직구성원간 신분격차 감소, 강력한 교육훈련, 활발한 정보공유 등을 들었다.

2. 참여형 인적자원관리

인적자원관리의 가치창출 활동의 주체는 현장의 관리자와 구성원이다. 전통적으로 이들은 인사의 대상으로서 피동적 위치에 있었다. 그러나 오늘날에는 인사의 수요자로 능동적인 역할을 수행하게 되었고, 이로써 본원적 의미에서 인적자원을 통한 경쟁력 창출이 가능하게 되었다. 따라서 오늘날 인적자원관리는 현장라인에서의 본원적 가치 활동에 통합된 현장중심형이어야 하고 구성원들 모두가 관여하는 참여형이 되어야 한다.

이상의 논의를 통하여 알 수 있는 것은 인적자원관리가 조직 내 특정집단(인사부서 또는 경영진)의 선유물이 아니라는 것이다. 이른바 인사권을 가진 소수의 인적자원관리 활동이 아니고 모든 구성원이 함께하는 것이기에 조직 내 역할에 따라 인적자원관리 역할도 배분되어야 한다. 인적자원관리의 당사자는 인사전문스탭, 라인관리자, 종업원이다.

그리하여 일차적으로 인사부서 전문스탭과 라인관리자의 역할 분담이 주요 이슈가 된다. 그 추세는 점차 라인관리자의 역할이 강조되고 있다는 의미이다. 미국의 경우 라인관리자가 상당 수준의 인사권한을 행사하기에, 자신의 기능영역에 부여된 과업과 성과의 관리자의 역할과 이미 해당기능을 수행하는 인적자원에 대한 인사관리자의 역할을 함께 수행해오고 있었다. 오늘날 한국기업에서도 점차 인사권한이 현장에 분산되는 추세이기 때문에 현장 관리자들의 인적자원관리 역할수행이 매우 중요하게 여겨지고 있다.

또 하나의 추세는 구성원의 능동적 참여이다. 전통적으로 기업의 인적자원관리는 HR 전문가에 의하여 주도되고 라인관리자는 대리인 역할을 수행하거나 대상이 되고 구성원은 일방적 정책 대상이 되는 것으로 간주되어 왔다. 그러나 구성원들도 회사의 인사제도를 이해하고 수용하고 나아가서 능동적으로 조직이 필요로 하는 역량을 개발하고 조직

목표 달성에 기여하고자 적극적으로 자신이 가지고 있는 총체적 모습을 투입시키는 모습이 필요하다.[5)]

구성원의 참여는 구성원들에게 많은 자율성을 부여함으로써 그들의 무력감이나 비인간적 통제의식을 감소시킬 수 있으므로 직장생활에서 소외의식이 해소되고 인간성 개발에도 중요한 역할을 한다. 따라서 조직에서는 구성원들의 참여를 통해 직무를 통한 내재적 만족을 얻도록 하고, 근로생활에서 소외의식을 해소하도록 하며, 구성원들에게 인간성 개발의 기회를 제공하여 자신의 인격과 인권을 가진 도덕적 존재라는 사실을 인식하도록 하는 것이 중요하다.

참 | 고 | 문 | 헌

권석균, 이병철, 양재완(2017). 『지속가능 성장을 위한 인적자원관리』. 서울: 시대가치.

권혁기, 장용운(2015). 『인적자원관리』. 서울: 청람.

전타식(2018). 『창업경영 Basic』. 서울: 북넷.

이학종, 양혁승(2013). 『전략적 인적자원관리』. 서울: 오래.

Armstrong, M. (2020). Armstrong's Handbook of Human Resource Management Practice (15th ed.). Kogan Page.

Dessler, G. (2020). Human Resource Management (16th ed.). Pearson Education.

Jeffrey Pfeffer (1994). Competitive Advantage Through People: Unleashing the Power of the Work Force. Boston: Harvard Business School Press.

Jeffrey Pfeffer (1998). The Human Equation: Building Profits by Putting People First. Boston: Harvard Business Review Press.

Noe, R., Hollenbeck, J., Gerhart, B., & Wright, P. (2021). Fundamentals of Human Resource Management (9th ed.). McGraw-Hill Education.

Ulrich, D. (1997). Human Resource Champions: The Next Agenda for Adding Value and Delivering Results. Boston: Harvard Business School Press.

5) 권석균, 이병철, 양재완(2017). 지속가능 성장을 위한 인적자원관리. 도서출판 시대가치. p. 75~78.

CHAPTER **07**

조직관리

학습목표:

1. 조직구조의 기본변수를 이해할 수 있다.
2. 기본적인 조직구조의 유형을 설명할 수 있다.
3. 조직구조의 최근경향을 설명할 수 있다.

들어가면서:

창업을 시작할 때 많은 사람들이 '무엇을 할 것인가'에만 집중한다. 그러나 창업이 지속 가능한 성장을 이루기 위해서는 그보다 더 중요한 질문, 바로 '어떻게 운영할 것인가', 다시 말해 조직을 어떻게 관리할 것인가에 대한 고민이 반드시 선행되어야 한다.

대표적인 성공 사례로는 국내에서 급성장한 식품 스타트업 '프레시코드'를 들 수 있다. 프레시코드는 샐러드 정기배송 서비스를 통해 바쁜 직장인들을 겨냥한 건강식 시장을 개척했다. 그러나 이들이 빠르게 성장할 수 있었던 이유는 단순히 상품이 좋아서가 아니었다. 핵심은 '조직 운영의 효율성과 유연성'에 있었다.

창업 초기에 프레시코드는 생산, 배송, 고객응대, 마케팅까지 모든 업무를 내부 소수 인원이 담당해야 했다. 창업자는 이 단계에서 '각 업무를 단순 분업하는 것'보다 명확한 역할 정의, 커뮤니케이션 방식의 표준화, 자율적 피드백 구조를 먼저 세웠다. 덕분에 팀원들은 본인의 역할을 넘어서 협력적이고 주도적으로 문제를 해결할 수 있었고, 고객 수가 급증하는 상황 속에서도 내부 운영이 흔들리지 않았다.

반대로, 조직관리에 실패한 사례도 있다. 수도권 외곽에서 반려동물용 수제 간식 전문점으로 창업한 A씨는, 초반엔 SNS 마케팅으로 큰 주목을 받았지만, 내부 팀 간 업무 충돌과 책임 불분명 문제로 운영이 점차 흔들렸다. 매출이 늘자 급히 직원

(계속)

을 채용했지만, 직무 교육과 소통 체계 없이 확장한 조직은 곧 비효율과 갈등의 장이 되었고, 고객 클레임과 품질 불만이 누적되며 결국 폐업하게 되었다.

이 두 사례는 창업이라는 같은 출발선에서, '조직관리'라는 요소 하나로 전혀 다른 결과를 맞이한 대표적인 예다.

초기 창업조직은 작지만, 그만큼 한 사람의 영향력이 크다. 명확한 조직 설계 없이 일이 돌아가지 않으면, 창업자의 시간과 에너지가 소모되고 팀원들도 방향성을 잃는다. 조직 내부의 업무 분장, 의사소통 체계, 피드백 문화, 책임의 경계 설정은 창업자 혼자만의 문제가 아니라 성장의 토대를 만드는 공동의 약속이자 구조인 것이다.

그렇기 때문에 창업자에게는 단지 리더십만 필요한 것이 아니다. 조직이란 무엇이며, 어떻게 설계되고 운영되는지를 '공부'해야 할 필요성이 분명히 존재한다. 이는 단순한 HR 개념이 아니라, 사업 전체의 지속가능성과 직결되는 전략이다.

기업은 사업성장에 따라 적합한 조직구조, 조직운영방안이 달라진다. 사업이 어떤 단계에 있는지에 따라 조직구조와 운영방안을 적절하게 설정하여 지속적인 성장을 가능하게 만들 수 있다. 따라서 창업을 시작하려면 조직구조의 여러 유형을 파악하고 최근 조직구조 동향을 살펴 볼 필요가 있다.

제1절 창업과 조직설계의 원칙

1. 조직과 조직화

조직(organization)이란 단어는 본래 라틴어 'organisatio'에서 유래하며, 이는 '생명체' 또는 '유기체'를 의미하는 말에서 파생되었다. 이처럼 조직은 단순히 구성원이나 설비가 물리적으로 결합된 구조물이 아니라, 생명체처럼 유기적으로 기능하는 시스템으로 이해되어야 한다. 즉, 조직은 특정한 목적을 달성하기 위해 인간과 자원, 구조와 프로세스가 상호작용하고 협력함으로써, 구성원의 생활의 질을 제고하고 사회적 가치를 창출하는 복합적 체계이다. 이러한 조직의 역동적 성격은 조직의 설립 목적을 효과적이고 효율적으로 실현하기 위해 반드시 구조적 정렬과 기능적 분화, 그리고 역할과 권한의 명확한 배분을 필요로 한다.

조직화(organizing)는 조직이 설정한 목적을 실현하기 위해 자원을 계획적으로 배치하고, 이를 통해 다양한 활동을 소성·통합하는 관리 기능이다. 조직화의 과정은 주로 다음과 같은 세 가지 핵심 요소를 포함한다. 첫째, 업무의 전문성과 효율성을 제고하기 위한 분업(specialization), 둘째, 유사하거나 상호 연관된 활동들을 집단화하여 구조화하는 부문화(departmentalization), 셋째, 의사결정 권한과 책임을 적절하게 배분하는 권한위임(delegation of authority)이다. 이 세 요소는 조직 내에서 기능적으로 상호작용하면서 조직구조의 핵심적인 틀을 형성한다.

1) 분업

분업은 조직 내의 전체 작업을 여러 개의 하위 작업 또는 직무로 나누고, 이를 각각의 구성원이나 부서에 배정하는 과정을 의미한다. 이 개념은 조직의 복잡성(complexity)과 직결되며, 일반적으로 수평적, 수직적, 장소적 분업으로 구분된다.

수평적 분업은 동일한 계층 내에서 업무를 기능이나 전문성에 따라 구분하는 것으로, 업무의 다양성과 전문화의 수준이 높아질수록 조직의 수평적 복잡성이 증가한다. 이는 조직의 효율성과 전문성을 높이는 동시에 각 부서 간 조정의 필요성도 증가시킨다.

수직적 분업은 조직의 계층 구조를 기반으로 한 권한과 책임의 분화를 의미하며, 명확한 보고 체계와 통제를 가능하게 한다. 조직 규모가 커지고 기능이 세분화될수록 수직적 계층이 증가하며, 이는 조직 내부의 공식성과 통제력 강화로 이어진다.

장소적 분업은 인력, 설비, 자원 등이 물리적으로 서로 다른 지역에 배치되어 기능을 수행하는 것을 뜻하며, 글로벌화와 다지점 운영이 확산된 현대 조직에서 점차 중요성이 부각되고 있다.

분업은 생산성과 효율성을 높이는 동시에, 적절한 직무설계를 통해 조직원의 동기부여와 직무만족도를 향상시킬 수 있다. 대표적인 직무설계 방식으로는 직무단순화(job simplification), 직무전문화(job specialization), 직무확대(job enlargement), 직무충실화(job enrichment)가 있으며, 이는 조직의 특성과 인력자원의 역량에 따라 적절히 조합되어 활용된다.

2) 부문화

부문화는 분화된 직무를 집단화하여 조직 내 기능적 통합과 조정이 가능하게 하는 구조화 방식이다. 이는 업무의 복잡성이 증가할수록 효과적인 자원 배분과 커뮤니케이션을 가능하게 한다. 부문화의 핵심은 조직의 목표 달성을 위한 작업 단위의 집단화이며, 그 유형은 다음과 같다.

- 기능별 부문화(Function-based): 마케팅, 재무, 생산 등 기능 중심으로 구분
- 제품별 부문화(Product-based): 제품 혹은 제품군에 따라 구성
- 공정별 부문화(Process-based): 제조 또는 운영 공정 단위로 구성
- 고객별 부문화(Customer-based): 고객 유형에 따라 조직
- 지역별 부문화(Geographic-based): 지리적 구역에 따라 분할

최근에는 이러한 전통적 부문화 외에도 매트릭스 조직, 네트워크 조직, 애자일 조직 등 유연성과 분산화를 강조하는 새로운 조직구조가 대두되고 있다. 특히 스타트업 환경에서는 프로젝트 중심의 애자일 조직이 효과적으로 적용되고 있다.

3) 권한위임

권한은 어느 정도 위임할 것인가?와 관련되는 문제로 분권화의 필요성은 권한자의 한계, 변화상황에 적절하고 신속한 대응, 구성원의 동기부여에 의한다.

- 기능별 부문화(functional departmentalization): 조직단위 내에서 행해지는 주요 기능에 기초한다(마케팅, 재무, 생산, 영업 등).
- 제품별 부문화(product departmentalization): 조직단위에서 생산하거나 판매하는 제품에 기초한다(세탁기, 에어컨, TV, 냉장고 등).
- 공정별 부문화(process departmentalization): 조직단위에서 사용하는 제조공정에 기초한다(절단과 처리, 가구끝손질, 선적 등).
- 고객별 부문화(customer departmentalization): 조직단위가 봉사하는 고객의 주요유형에 기초한다(신사의류, 여성의류, 청소년의류 등).
- 지역별 부문화(geographic departmentalization): 조직단위의 지리적 분할에 기초한다(미국과 캐나다 마케팅, 유럽마케팅, 남미미게팅 등).

분권화(decentralization)는 하위계층 인력이 의사결정을 내리고 그 결정을 실행할 수 있도록 그들에게 더 많은 책임과 권력을 부여하면서 의사결정 권한을 조직위계의 하위구조에 위임하는 과정이다.

분권화의 이점으로는 신속한 의사결정, 높은 수준의 조직유연성, 혁신과 창조성 수준의 증대, 하위계층 경영관리자의 더 빠른 계발, 높은 수준의 종업원 몰입과 직무만족 등이 있다. 그러나 분권화도 위험성은 있다.

하위계층 인력이 필수적인 기술을 보유하지 못하고 효과적으로 업무를 수행할 수 있게끔 교육을 받지 못했다면, 그들은 많은 비용이 드는 실수를 저지를 가능성이 있다. 더군다나 분권화는 비효율직인 의사소통경로, 부적절하거나 상충하는 목표, 노력이 중첩되는 상황을 유발할 가능성이 있다.

조직 내 의사결정 권한을 얼마나 많이 위임할 것인가를 결정하는 경우에는 몇 가지 요인을 고려해야 한다. 이런 요인들에는 조직의 크기, 권한을 포기하려는 경영관리자의 의지, 환경의 변화속도, 많은 권한을 받아들이려는 종업원 의지, 조직 지역적 분산도가 포함된다.

권한의 원천은 권력(power)으로 특정인(집단)에게, 그(집단)의 저항에도 불구하고, 자신(집단)의 이해관계목표를 달성하게 하는 행위를 강제할 수 있는 능력이다. 이러한 권력의 본질적인 성격은 의존적인 두 사람(집단) 사이에 존재하고, 한 사람(집단)의 권력이 크면 상대는 작다. 또한 권력은 이해관계목표 달성에 있어 근원적 수단이 된다.

권력의 종류를 권력기반에 근거하여 구분하면 다음과 같다(그림 7-1). 전통적인 견해는 상대의 의사와 무관하게 강제할 수 있는 강압적 권력, 보상의 제공으로 가지는 보상권력, 그 이외에 전문적 권력, 준거적 권력, 합법적 권력으로 구분하고 있다. 최근에는 네

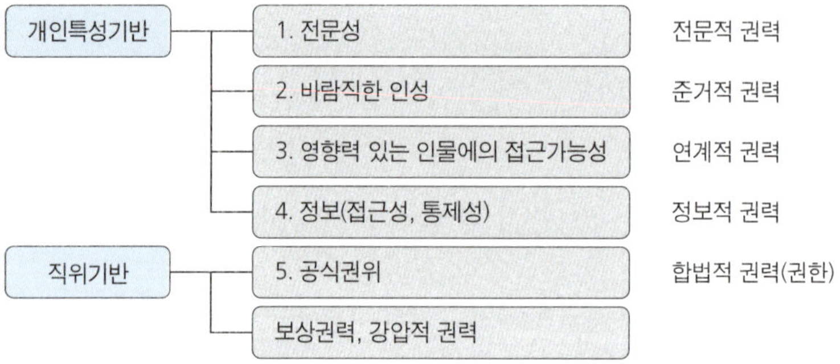

그림 7-1 권력의 기반 및 원천

트워크와 정보의 중요성이 대두됨에 따라 보상과 강압적 권력보다 연계적 권력과 정보적 권력으로 구분하고 있다.[1)]

2. 조직설계의 기본변수

조직의 구조는 단순히 부서나 계층의 구성만을 의미하지 않는다. 조직의 형태와 기능은 다양한 내적 변수에 의해 영향을 받으며, 이들 변수는 조직의 설계 방식에 실질적인 방향성과 제약조건을 제공한다. 대표적인 조직설계의 핵심 변수로는 복잡성(complexity), 공식화(formalization), 집권화(centralization)가 있다. 이 세 가지 변수는 조직구조의 형태와 성과, 그리고 조직 내 권력과 의사결정의 흐름에 결정적인 영향을 미친다.

1) 복잡성

조직 내 분화의 정도를 뜻한다. 즉, 과업이 수직적 · 수평적 · 장소적으로 얼마나 분화되어 있는지의 정도를 나타내는 개념으로, 복잡성이 높다는 것은 과업의 부문화 · 전문화가 촉진되어 부서단위가 매우 다양하게 나누어졌다는 것이다. 과업의 분화에는 수평적 분화, 수직적 분화 및 장소적 분화가 있다. 수평적 분화는 조직단위 간의 수평적인 분할정도를 나타내는 개념이고, 수직적 분화는 조직계층의 깊이를 의미하고, 장소적 분화는 조직의 시설이나 인력 등이 지역적으로 얼마나 분산되어 있는가의 정도를 나타내는 개념이다.

2) 공식화

조직 내의 직무들이 표준화된 정도를 뜻한다. 즉, 조직이 어떤 일을 누가, 언제, 어떻게

1) 최종열, 정해주(2016). 벤처창업과 기업가정신. 탑북스. p. 112~113.

수행해야 한다는 것을 어느 정도 공식적으로 규정하느냐에 관한 개념으로서 조직의 특성에 따라서 규정이 세밀하고 엄격하게 되어 있는 경우도 있고 느슨하게 되어 있는 경우도 있다. 공식화가 높은 조직은 역할규정, 절차와 규칙 등이 구체화·표준화되어 있고 엄격하게 지켜지고 있다는 의미가 된다. 반면에 공식화가 낮은 조직은 구성원들의 행태가 비정형화되어 있고 예측하기가 어렵다. 따라서 공식화는 직무담당자가 공식적 규정을 준수하지 않고 임의로 행동할 수 없게 만들며, 조직 내 표준화 정도를 측정할 수 있는 하나의 기준이 된다.

3) 집권화

조직의 특정지위나 개인에게 의사결정이 집중되는 정도를 뜻한다. 집권화는 지리적 분포를 의미하는 것이 아니라, 조직에서의 의사결정 권력의 분포를 의미한다. 일반적으로는 조직 상층부에 의사결정권한이 집중되는 것을 뜻하지만, 특정 하층부문에 의사결정권한이 집중되는 경우에도 집권화되는 것은 마찬가지이다. 의사결정권한의 집중도가 높은 경우를 집권화되어 있다고 하며, 의사결정권한의 집중도가 낮은 경우를 분권화되어 있다고 한다.

제2절 조직구조의 유형

1. 기능조직

기능조직은 우리가 흔히 기업의 조직도에서 보는 전형적인 조직구조이다. 하나의 조직이 운영되려면 해야 하는 일(기능)들이 수없이 많다. 그렇다고 수많은 일들을 쪼개어 수천 개의 부서로 만들 수는 없다. 그래서 비슷한 기능끼리 묶어서 하나의 부서로 만드는 방식으로 몇 개의 부서를 정하여 놓고 조직은 이들 부서들을 연결하고 통제한다. 예를 들어 기업의 제품판매와 관련해서는 광고, 고객방문, 배달, 대금회수, 외상매출금 독촉, 판매사원 관리 등 수많은 기능이 이루어져야 하는데, 이들 업무는 모두 판매와 관련된 것이므로 판매부라는 단위부서를 만든다. 이런 방식으로 경리부, 연구개발부, 생산부, 인사부 등이 만들어진다. 이처럼 조직이 목적을 완수하는 데 필요한 기능의 전문성 내지는 유사성을 중심으로 설계된 구조를 기능조직구조라고 하며, 가장 단순하고 기본적인 조직구조로 다음과 같다(그림 7-2).

기능조직의 특징은 부서와 부서 간의 의존성이 크고 상호작용이 많이 필요하다는 점

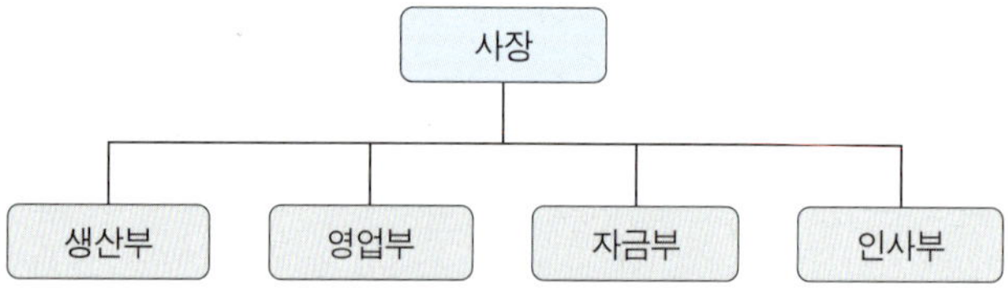

그림 7-2 **기능조직**

이다. 구매부서는 회계부서에, 생산부서는 구매부서에, 영업부서는 생산부서에 의존하지 않고는 자기 부서의 기능을 완수할 수 없다. 따라서 기능조직은 부서와 부서 간의 연결과 조정이 특히 더욱 필요하며 이는 중앙의 상급자가 계획 · 감독 · 조정하고 표준화된 일반 규정을 정해 놓든지 최고경영자 가까이에 전문가 집단을 두어 조정과 연결을 주도하기도 한다. 결론적으로 기능조직은 조직의 목표달성을 위해 각각의 기능이 맡은 바 제 임무를 성실하게 수행할 경우 가장 큰 효과를 발휘한다. 또한 기능부서 간 협조가 원활히 이루어져야 조직은 목표를 달성할 수 있다.

2. 사업부제조직

기업규모의 증대와 제품, 시장의 복잡화에 대응한 조직구조로 제품, 시장, 고객, 지역별로 부문화한 조직이다. 사업부제가 등장하게 된 배경을 보면 기업의 규모가 확대되고 기술혁신이 가속화되면서 다양한 사업으로 확장해 나감에 따라 이에 능동적으로 대처해 나가기 위해서 한 사람의 최고경영자만으로는 모든 사업을 관리하는 것이 어렵게 되었다. 따라서 조직을 사업별로 독립적으로 운영해야 할 필요성이 대두되었다.

사업부제의 출발은 1920년대 듀퐁사와 GM과 같은 미국 대기업이 사업 및 지역 다각화를 추진하면서 기능별 조직구조의 문제점을 해결하기 위해 사업부제 조직구조를 채택하게 되었다(그림 7-3). 사업부가 독자적으로 기업의 업적책임을 가짐으로써 경영자 · 관

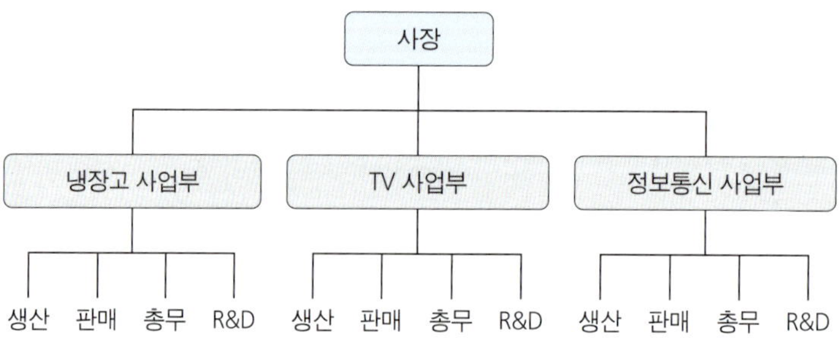

그림 7-3 **사업부제조직**

리자가 행하는 방침 · 계획의 결정이나 통제의 기능에 대해서 기업적 창의성을 발휘할 수 있는 것이 사업부제의 본질이다.

장점으로 효과적 경영통제가 용이하여 성과와 기여도를 명확히 파악할 수 있으며 사업부별 전문화되어 있기 때문에 품질향상과 고객서비스가 잘된다. 단점으로 사업부는 독자적 이익중심점이 되어야 하나 현실적인 분할의 어려움이 있고, 장기적 관점의 전체와 단위사업부 목표간 상충되며, 사업부간 경쟁 및 협조가 잘 안 되는 경우가 많다. 동일 업무를 담당하는 부서의 중복으로 비효율이 발생하며, 관리자 수가 증대된다.[2)]

3. 매트릭스조직

매트릭스조직은 제2차 세계대전 이후 소비자가 원하는 제품을 개발해야 한다는 고객지향주의 개념 하에 형성되었고, 1960년대 이후 기업을 둘러싼 환경의 변화가 심해지자 기존의 기능별 조직, 사업부 조직은 신속한 상황의 변화에 대처할 수 있는 유연성을 갖고 있지 못하다는 단점이 부각되었다. 그 결과 소비자 중심의 시장상황과 급변하는 환경에 적응하기 위해 사업부 조직과 기능별 조직을 결합하여 이중의 명령체계와 책임, 평가 및 보상체계를 갖춘 매트릭스조직이 등장하게 되었다(그림 7-4).[3)]

장점으로 기술과 시간에 좌우되며, 고도로 전문화된 재화나 용역을 소량주문 생산하는 조직이나, 고도 정보처리가 요구되는 불확실성에 직면하는 조직, 또는 인석, 물적 자원의 제약이 있는 조직에 유용하다. 단점으로 구성원의 역할갈등과 역할모호성에 따라 스트레스가 발생되며, 이해관계자의 복합적 연결로 의사결정 자체가 복잡하다. 기능부서

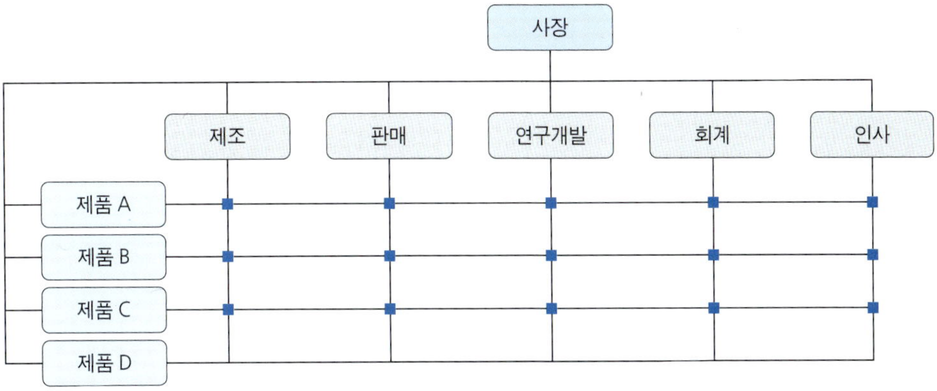

그림 7-4 **매트릭스조직**

2) 최종열, 정해주(2016). 벤처창업과 기업가정신. 탑북스. p. 114.
3) 박계홍, 박하진(2015). 경영조직론. 학현사. p. 202.

와 제품부서 구성원 간 권력투쟁이 발생할 위험이 있다.

4. 팀조직

오늘날 급변하는 환경변화에 적응하기 위해 조직 유연성 제고가 중요한 과제가 되고 있다. 더 효과적이고 효율적으로 경쟁하기 위하여 재조직화를 하면서, 구성원의 능력을 더 잘 활용할 수 있는 방법으로 팀조직을 도입하게 되었다. 팀은 전통적인 부서보다 상황 변화에 더 유연하게 대응할 수 있다. 또한 팀은 결정사항을 실행하는 데 구성원을 적극 참여시킨다. 또한 조직을 민주화시키고 구성원의 동기를 증가시키는 등의 장점이 있어 효과적인 관리방법으로 인식되고 있다.

팀조직은 그 종류에 따라 구성, 규모, 운영방식 등이 많이 다르지만, 대개 팀조직을 '상호보완적인 기능을 가진 소수의 사람들이 공동의 목표를 달성하기 위해 공동의 접근방법을 가지고 신축성 있게 상호 작용하며, 결과에 대해 공동의 책임을 지는 조직'이라고 정의한다. 다시 말해 팀은 서로가 보완적인 기술을 가진 소수의 사람들이 공동목표를 달성하기로 약속을 하고, 그 결과에 대해서는 그들 스스로 공동으로 책임을 부담하는 집단이다.

팀조직은 업무수행과정에서 시너지를 가져올 수 있는 상호보완적 기능과 능력을 가진 사람들로 구성되어야 한다. 팀조직의 인원수는 그 성격에 따라 다르지만 대체로 집단역학이 효과적으로 일어날 수 있는 5~12명 정도의 소수의 사람들로 구성되는 것이 바람직하다. 또한 팀조직은 공동의 목표가 분명해야 하며, 이를 해결하기 위하여 업무의 배분, 일정계획, 작업방법, 통제 등에 관해서 스스로 정하고 집행하는 단위이고, 결과에 대해서 공동으로 책임을 지게 된다.

조직에서 가장 많이 볼 수 있는 네 가지 팀 유형은 다음과 같다.

1) 문제해결팀

문제해결팀은 전형적으로 동일한 부서에 속해 있는 5~12명으로 구성되었다. 팀원은 품질, 효율, 작업환경을 개선할 수 있는 방법을 논의한다. 구성원들은 작업 프로세스와 방법을 어떻게 개선할 수 있는지에 대한 아이디어를 공유하거나 제안한다. 그러나 제안한 행동을 실행할 수 있는 권한은 거의 없다.

2) 자기관리팀

어떤 조직에서는 문제를 해결할 수 있을 뿐만 아니라 해결책을 실행하고 결과에 대해

완전한 책임을 질 수 있는 팀을 만든다. 자기관리팀(self-managed team)은 관련성이 높거나 상호의존적인 직무를 수행하는 사람들로 구성되며(보통 10~15명), 전에는 감독자가 맡았던 책임 대부분을 맡아 수행한다. 이 팀의 핵심은 구성원들이 임파워먼트 되어 있다는 점이다. 전형적으로 이 팀은 작업을 계획하고 일정표를 작성하며, 구성원들에게 과업을 할당하고, 운영 결정을 하고, 문제에 대한 조치를 취하고, 공급자와 고객과 함께 일한다. 완전한 자기관리팀은 팀 구성원을 스스로 선발하고, 구성원들이 서로의 성과를 평가한다. 감독자 직위의 중요성은 줄어들며, 심지어 없어지기도 한다.

3) 교차기능팀

교차기능팀(cross-functional team)은 기능부서들의 경계의 문제를 해결하기 위하여 여러 기능부서에서 전문가들을 차출하여 구성하는 팀이다. 이 팀은 어떤 과업을 함께 달성하기 위하여 동일한 계층에서 그러나 상이한 직무영역에서 모집한 사람들로 구성되어 있다. 현재 대부분의 대규모 자동차 생산회사(도요타, 혼다, 닛산, BMW, GM, 포드, 크라이슬러)는 복잡한 프로젝트를 조정하기 위하여 교차기능팀을 사용한다. 할리데이비드슨 회사는 오토바이 라인들을 관리하기 위하여 특수한 교차기능팀을 사용한다. 이 팀에는 오토바이의 설계, 생산, 구매부서 직원뿐 아니라 외부의 핵심공급업체 대표들도 포함된다.

교차기능팀은 조직의 다양한 영역에서 온 사람들이 정보를 교환하고, 새로운 아이디어를 개발하고 문제를 해결하고, 복잡한 프로젝트를 조정하는 데 효과적 방법이다. 교차기능팀은 고객 욕구에 적절하게 대응하기 위해 혁신과 스피드와 집중이 필요한 상황에서 유효하게 운영될 수 있다. 품질개선 프로그램의 설계나 신제품 개발, 신시장 개척과 같이 다기능의 전문성이 요구되는 때 교차기능팀은 유일한 해결책이다. 그러나 구성원들이 다양성과 복잡성 속에서 일하는 방법을 배워야 하며 다양한 배경, 다른 관점과 경험을 가진 사람들이 신뢰와 팀워크를 구축하는 데 시간이 걸린다.

4) 가상팀

가상팀(virtual team)은 공동 목표를 달성하기 위하여 물리적으로 떨어져 있는 구성원들을 연결하기 위해 컴퓨터 정보기술을 사용한다. 가상팀은 구성원들이 온라인에서(광역네트워크, 화상회의, 이메일과 같은 의사소통 연결장치를 사용하여) 함께 일하는데 오늘날 거의 모든 팀이 작업의 일부를 원격으로 수행하고 있다.

가상팀은 정보기술의 발달과 의사소통에 따르는 제약을 상당히 극복하면서, 어디서나 언제나 같이 일할 수 있다는 점, 구성원을 장소의 구애 없이 가장 역량이 높은 사람으로 선발할 수 있다는 점, 신체장애가 있어 여행이 힘든 사람도 선발할 수 있다는 점 그리고 여행과 숙박에 드는 비용을 절약할 수 있다는 점들 때문에 점점 그 사용이 늘고 있다.

가상팀은 본질적으로 팀원들의 자율성과 자기의존성이 크며, 동시에 이런 사람들이 협동체제를 갖추어야 하므로, 효과적인 팀으로 작동하기 위해서 몇 가지 중요한 전제조건이 필요하다. 무엇보다 먼저 공통목표를 명확하게 정의하는 것이 필요하다. 그리고 초기단계에 며칠간이라도 대면의 기회를 가지면서 팀원들이 서로 알아가는 기회를 가지는 것이 중요하고, 정보를 공유하는 방식, 협조를 하는 방식, 갈등을 풀어가는 방식 등에 대해 다른 대면기회가 많은 팀보다 더 명확하게 규정하는 것이 필요하다.

가상팀에서는 사회적인 관계와 직접적인 상호작용이 없다는 문제점이 있다. 특히 구성원들이 개인적으로 만나지 않을 경우 가상팀은 면대면 팀보다 더 과업지향적으로 되고, 사회-감정적 정보를 더 적게 교환한다.

5. 비공식조직

비공식조직은 공식조직 외부에서 자연발생적으로 형성되는 인간관계 중심의 네트워크로, 조직 구성원 간의 자발적 상호작용을 통해 형성된다. 비공식조직은 명문화된 규정이나 직제에 의해 형성되지 않으며, 감정, 신뢰, 유사성, 친밀성 등을 기반으로 발전한다. 공식조직이 의도적이고 제도화된 구조라면, 비공식조직은 구성원들 간의 심리적 유대와 공동체 의식에서 비롯되는 조직이다.

비공식조직은 구성원의 사회적 욕구를 충족시키며, 조직 내 커뮤니케이션의 비공식 채널을 제공하고, 공식조직의 경직성과 한계를 보완하는 역할을 한다. 또한 구성원의 소속감과 유대감을 강화하고, 심리적 안정감을 제공함으로써 조직의 전반적인 안정성과 응집력을 향상시킬 수 있다.

그러나 비공식조직은 이와 동시에 정보왜곡, 집단 이기주의, 비공식 리더에 의한 집단적 저항 등 부정적 영향도 수반할 수 있다. 비공식조직 내의 파벌 형성이나 루머 확산은 공식조직의 권위에 도전하거나 갈등을 야기할 수 있으며, 의사결정의 혼선을 초래할 수도 있다.

조직관리자는 비공식조직을 단순히 통제의 대상이 아닌, 조직 활성화와 창의적 조직문화 조성을 위한 전략적 자산으로 간주해야 한다. 이를 위해 비공식적 커뮤니케이션 흐름을 파악하고, 비공식 리더와의 협조 체계를 구축하며, 비공식조직의 긍정적 기능을 공식조직과 조화시키는 관리전략이 필요하다.

결국 비공식조직은 조직 내 인간관계의 본질을 반영하며, 그 존재는 필연적이다. 조직

운영의 효율성과 인간 중심의 조직문화 구현을 위해, 공식조직과 비공식조직 간 균형 있는 조화와 통합적 접근이 중요하다.

공식조직과 비공식조직의 특성을 비교하면 다음과 같다(표 7-1).

표 7-1 공식조직과 비공식조직의 특성

공식조직	비공식조직
• 인위적 · 외면적 · 외제적 · 합리적 조직 • 확고하고도 제도화된 목적에 따라 형성 • 조직도 및 직제에 따라 명문화된 소식 • 능률의 논리, 비용의 논리에 따라 운영	• 자연발생적 · 내면적 · 내재적 · 비합리적 조직 • 구성원들의 상호작용으로 자연적 형성 • 명문화되지 않고 자연스럽게 생성 · 발전된 조직 • 감정의 논리에 따라 운영

[출처] 윤대혁(2012). 글로벌시대의 경영조직론. 탑북스. p. 120.

제3절 조직구조의 최근경향

1. 네트워크 조직

네트워크 조직은 권한의 형식적 위계보다는 계약이나 동의에 의해 조정되는 서로 다른 조직들의 집단이다. 전략적 제휴, 오케스트라 조직, 시억 네트워크, 정보 네트워크, 인적 네트워크 등의 용어들은 네트워크 조직에 대한 관심을 대변하고 있다. 네트워크 조직은 전통적인 계층형 피라미드 조직의 경직성을 극복하려는 조직이 유효성을 찾는 대안으로 내부와 외부 자원의 활용을 통하여 효율성과 유연성을 확보한 형태이다. 예를 들어, 옷 제조업자는 생산 방법을 탐색하고 시장에서 싸게 팔리는 방법을 탐색한다. 자신의 공장에서 생산하기보다 낮은 비용으로 생산할 수 있는 다른 기업에서 생산하도록 아웃소싱을 결정한다. 또한 외국에 있는 광고사와 광고 캠페인 설계와 실행에 관한 계약을 한다.

이렇게 만들어진 네트워크 조직은 매우 복잡해지는데 기업이 공급자, 제조업자, 유통업자와 생산, 제품과 서비스의 마케팅을 포함한 많은 가치창조 활동을 아웃소싱하기 위하여 계약하는 경우이다. 예를 들어, 세계에서 가장 높은 수익을 올리고 있는 운동화 제조 회사인 나이키는 운동화 생산에 매우 복잡한 네트워크를 개발하였다. 나이키 제품의 설계와 조사 기능을 하는 네트워크 센터는 미국의 오리건 주에 있으며 나이키 디자이너들이 에어 펌프(air pump), 에어 조단(air jordan)과 같은 제품을 만들어 냈다. 하지만 신발을 직접 생산하고 판매하는 거의 모든 기능부서를 전 세계의 회사에 아웃소싱하였다.

그렇다면 나이키사는 어떻게 네트워크 내의 다른 기업들과의 관계를 관리했을까? 원칙적으로 오늘날 발전한 정보기술을 활용하였다. 나이키의 디자이너들은 신발 디자인에 CAD를 사용하고, 제조 지시를 포함한 모든 새로운 제품 정보가 전자장치에 저장된다. 디자이너가 작업을 마치면 신제품에 대한 청사진이 나이키 네트워크의 공급자와 동남아시아의 제조업자에게 인터넷을 통하여 곧바로 전달된다. 즉 새로운 신발 설계에 대한 지시가 대만의 공급업자와 말레이시아의 신발 가죽 공급업자에게 보내진다. 이 공급업자들이 신발 부속품을 제조하면, 그것은 나이키사가 제휴를 통하여 설립한 중국의 제조업자에게 보내져서 최종과정을 거친다. 그리고 중국으로부터 완성된 신발들이 세계의 유통업자에게 전달되며 나이키사와 계약을 맺은 전 세계 판매조직을 통해 팔려 나간다.

표 7-2　네트워크 조직의 형태

단일조직 내 네트워크	계열화	하도급 관계
합작투자	전략적 제휴	프랜차이징
전략적 네트워크	집단 네트워크	가상조직

[출처] 임창희, 홍용기(2013). 조직론. 비앤엠북스. p. 201.

2. 하이브리드 조직

하이브리드 조직(hybrid organization)은 조직 구조적 측면에서 단일 조직 형태의 한계를 극복하기 위해 기능조직, 사업부제조직, 매트릭스조직, 네트워크조직 등 다양한 조직 유형의 장점을 융합하여 설계된 복합형 조직구조를 의미한다. 이는 복잡하고 역동적인 경영 환경 속에서 유연성과 적응성을 동시에 추구하기 위한 전략적 대응 방식이다.

하이브리드 조직은 특정 조직 전략이나 상황에 따라 기능 중심과 사업 중심의 구조를 병행하여 활용할 수 있다. 예컨대 제품별로는 자율성과 책임성이 부여된 사업부제를 채택하되, 인사, 재무, 전략 기획 등 공통된 기능은 본사 기능조직에서 통합적으로 관리하는 방식이 이에 해당한다. 이처럼 구조적 다양성을 활용함으로써 조직은 규모의 경제와 대응의 효율성, 시장 중심의 자율성을 동시에 확보할 수 있다.

대표적인 하이브리드 모델은 글로벌 기업에서 흔히 볼 수 있는데, 예컨대 다국적 기업들은 지역별 조직(geographical division)과 제품별 조직(product division)을 동시에 운용하며, 일부 기능은 중앙 본부에서 통합하여 운영한다. 이러한 구조는 특히 다품종, 다지역, 다기능을 아우르는 복합 사업구조에서 효과적으로 기능하며, 전략적 통제와 지역 또는 제품별 실행력을 동시에 확보할 수 있다는 장점을 갖는다.

하이브리드 조직의 장점은 다음과 같다. 첫째, 조직의 환경 변화에 유연하게 대응할 수 있는 구조적 융통성을 제공한다. 둘째, 기능적 전문성과 시장 대응력을 동시에 확보할 수 있다. 셋째, 중복과 비효율을 줄이면서도 책임 중심의 경영이 가능해진다. 반면 단점으로는 구조가 복잡해지고, 이로 인한 의사결정 지연이나 역할 갈등, 커뮤니케이션 비용의 증가 등의 문제가 발생할 수 있다.

따라서 하이브리드 조직의 성공적 운영을 위해서는 명확한 역할 정의, 효과적인 정보공유 시스템, 상호 존중 기반의 조직문화 형성, 리더십의 조정 및 통합 역량 등이 필요하다. 특히 조직 구성원 간 수평적 협업과 조율능력이 필수적이며, 전략-구조-시스템 간의 정렬(alignment)이 조직성과에 중요한 영향을 미친다.

3. 프로세스 조직

프로세스 조직은 고객의 입장에서 기존의 업무처리 절차를 근본적으로 다시 생각하고 재설계하여 획기적인 경영성과를 도모하도록 설계된 조직이다. 즉 조직구조, 평가 및 보상시스템, 그리고 기업문화 등의 전체 조직시스템을 중심으로 근본적으로 재설계한 조직이다. 프로세스 조직의 근본 목표는 고객을 중심으로 고객의 가치를 가장 이상적으로 반영할 수 있도록 전체 업무 프로세스를 근본적으로 재설계했다는 점에서 단순한 업무 프로세스의 개선과는 다르다.

프로세스 조직에서 조직설계의 기본단위는 하나의 완결된 작업프로세스 팀이다. 예를 들어, 과거에 보험회사에서는 일선 설계사도 고객에 대한 정보를 알기 위해 본사의 여러 부서로 전화를 해야 했다. 왜냐하면 고객파일이 여러 부서에 분산되어 있어서 파악이 쉽지 않았기 때문이다. 더군다나 본사의 각 부서는 고객의 당초 니즈와 요구 사항은 무시한 채 자기 부서 중심으로 의사결정을 하였던 것이다. 그러나 프로세스 조직에서는 회사가 특정 고객들을 담당하는 팀을 구성한 후 이들 구성원들로 하여금 보험계약과 증권발급, 보험료 청구 등의 업무를 하게 한다. 그들은 고객에게 문제가 생기거나 고객이 불만을 제기하게 되면 팀원 모두가 최선을 다해 이를 해결해 주게 된다.

프로세스 조직의 특징은 판매, 생산, 구매발주가 하나의 시스템으로 연결되어 있으며, 네트워크 시스템에 의해 자동배송시스템이 구현된다는 점이다.[4)]

4) 박계홍, 박하진(2015). 경영조직론. 학현사. p. 210~211.

표 7-3 프로세스 유형

유형	내용		
가치창출 프로세스	• 원자재 조달 프로세스 • 제품출하 프로세스	• 내부물류 프로세스 • 마케팅 프로세스	• 생산 프로세스
자산창출 프로세스	• 인적자원관리 프로세스	• 자금조달 프로세스	• 설비 및 시설관리 프로세스
조정 · 통제 프로세스	• 경영계획 프로세스	• 생산계획 프로세스	• 예산배분 프로세스
지원 프로세스	• 구매지원 프로세스	• 경영정보 프로세스	• 생산기술 프로세스

[출처] 박계홍, 박하진(2015). 경영조직론. 학현사. p. 212.

참 | 고 | 문 | 헌

권석균, 이병철, 양재완(2017). 『지속가능 성장을 위한 인적자원관리』. 시대가치.

박계홍, 박하진(2015). 『경영조직론』. 학현사.

임창희, 홍용기(2013). 『조직론』. 비앤엠북스.

전타식(2018). 『창업경영 Basic』. 북넷.

최종열, 정해주(2016). 『벤처창업과 기업가정신』. 탑북스.

Daft, R. L. (2020). Organization Theory and Design (13th ed.). Cengage Learning.

Galbraith, J. R. (2002). Designing Organizations: An Executive Guide to Strategy, Structure, and Process. Jossey-Bass.

Hammer, M., & Champy, J. (1993). Reengineering the Corporation: A Manifesto for Business Revolution. HarperBusiness.

Miles, R. E., & Snow, C. C. (1986). Organizations: New Concepts for New Forms. California Management Review, 28(3), 62-73.

Mintzberg, H. (1979). The Structuring of Organizations. Prentice-Hall.

CHAPTER 08

마케팅 관리

학습목표:

1. 마케팅에 대한 기본적인 개념을 안다.
2. 마케팅의 관리과정을 설명할 수 있다.
3. 마케팅 믹스를 설명할 수 있다.
4. 다양한 마케팅 전략을 설명할 수 있다.

들어가면서:

기업은 브랜드 이미지와 메시지를 고객에게 전달하기 위해 마케팅을 활용한다. 또한 마케팅을 통해 시장 트랜드와 소비자 행동의 변화를 모니터하며 전략 수정을 통해 경쟁력을 유지할 수 있으며 고객과의 효과적인 소통의 창구로 활용한다. 마케팅은 제품이나 서비스의 가치를 고객에게 전달하여 구매를 유도하여 매출을 증대시키고, 기업의 수익성을 향상시킬 수 있다. 마케팅 활동을 통해 수집된 데이터는 기업의 전략적 의사결정에 중요한 역할을 한다. 예를 들어, 고객의 구매 패턴이나 선호도를 분석하여 타겟 마케팅을 수행할 수 있다. 나이키는 'Juct Do it' 캠페인을 통해 감동적인 스토리 중심 마케팅으로 10년간 시장점유율을 18%에서 43%로 성장시켰으며 Domiso's는 모바일 리워드 프로그램을 통해 앱 기반 포인트 시스템으로 고객 유지 및 행동 유도를 통해 매출 향상을 이뤘다. 또한 Red Bull은 펠릭스 바움가르트너의 극한 고도 낙하 장면을 라이브 스트리밍하여 비상한 콘텐츠를 제작하여 전 세계 수백만 뷰를 달성하며 브랜드 이미지 강화 및 인게이지먼트를 극대화시키면서 대담한 브랜딩 마케팅으로 전 세계 주목을 받기도 했다.

제1절 마케팅의 개념

1. 마케팅의 정의와 개념

1910년 마케팅이 학문적 성격을 갖추기 시작한 이래, 마케팅에 대한 개념은 시대에 따라 보다 체계적으로 변화되어 왔다. 1960년대에는 생산자로부터 소비자 또는 사용자에 이르는 제품(서비스)의 흐름을 통제하는 기업 활동(American Marketing Association, 1960)으로 개념화 되었다. 1970년대에는 거래를 수행하는 당사자들 간의 교환개념으로 마케팅의 개념이 재정립되어, 마케팅이란 개인과 집단이 필요로 하고 원하는 제품과 가치를 다른 사람들과 함께 산출하고 교환함으로써 그들이 원하는 것을 획득하도록 하는 사회적, 관리적 과정이라 정의되었다(Kotler, 1972).

1985년 미국마케팅 협회에서는 종전의 마케팅 정의를 수정하여 마케팅을 개인과 조직의 목적을 충족시키는 교환을 위해 아이디어와 제품, 그리고 서비스의 개념화, 가격결정, 촉진, 유통을 계획하고 수행하는 과정이라 정의하였다. 이 정의는 마케팅을 교환 창조의 과정으로 파악함으로써, 마케팅을 문제해결을 지향하는 분야로 이해하고 있는 정의이다.

한국마케팅학회(2002)에서는 '마케팅은 조직이나 개인의 목적을 달성시키는 교환을 창출하고 유지할 수 있도록 시장을 정의하고 관리하는 과정이다.'라고 정의한 바 있다. 즉 판매가 마케팅의 전통적 개념으로 고객의 욕구는 파악되지 않은 채 판매의 양을 높이기 위한 수단이지만, 마케팅의 본질은 소비자의 욕구를 파악하여 그것을 충족시킬 수 있는 상품을 생산하여 판매하여야 한다는 것이다.

판매한 이후에도 소비자의 반응을 살펴 그 결과를 상품계획에 반영하여, 소비자의 욕구를 보다 잘 충족시킬 수 있는 상품을 개발하고 생산하는 과정이 마케팅이다. 따라서 마케팅은 단순히 상품을 판매하는 것이 아니라 고객만족을 판매하는 것으로 보아야 한다. 창업에 있어서도 창업아이템에 대한 소비자의 욕구를 파악하고 그것을 충족시킬 수 있는 서비스 상품을 개발하여 소비자들에게 전달하면, 서비스 질을 측정하고 그것을 상품계획에 반영하고 서비스를 개선함으로써 고객만족을 추구하여야 한다.

2. 마케팅의 기본 요소

마케팅을 구성하는 핵심 기본요소에는 필요와 욕구, 수요, 제품, 교환, 시장 등의 다섯 가지가 있다.[1)]

1) 안광호, 하영원, 박흥수(2014). 마케팅원론. 학현사. p. 8~10.

1) 필요와 욕구

인간은 기본적으로 필요와 욕구를 가지고 있다. 필요(needs)란 기본적인 만족이 결핍된 상태를 의미하며, 여기에는 인간의 기초적인 의식주와 관련한 욕구를 비롯한 사회적으로 인정을 받는 자기존중감에 이르기까지 다양한 사항들이 포함된다. 욕구(wants)는 필요를 충족시키기 위한 형태로, 교육 문화등 구체화된 필요의 표현이다. 예를들어 갈증이 날때 필요한 것은 음료수이지만 물을 마실 것인지 청량음료를 마실 것인지는 욕구와 관련된 것이라 할 수 있다.

2) 수요

인간은 여러가지 선택에 있어서 가장 큰 만족을 주는 제품을 선택하는 데, 이런 욕구가 구매력에 의해 실현화될 수 있을 때 이를 수요(demands)라고 한다.

3) 제품

인간의 욕구를 충족시키기 위해서 시장에 제공되는 '제품(재화와 서비스)'은 인간의 필요와 욕구를 충족시켜주는 것으로, 제품, 서비스 및 아이디어 등을 말한다. 인간에게 가치를 제공하는 모든 대상을 의미하기도 한다.

4) 교환

교환은 바람직한 목적물을 획득하고 그 대신에 상대방에게 무엇인가를 제공하는 행위를 말하며, 마케팅의 핵심적인 개념으로 상대에게 필요한 것을 주고 그 대가로 자신이 필요로 하는 것을 얻는 행위를 말한다.

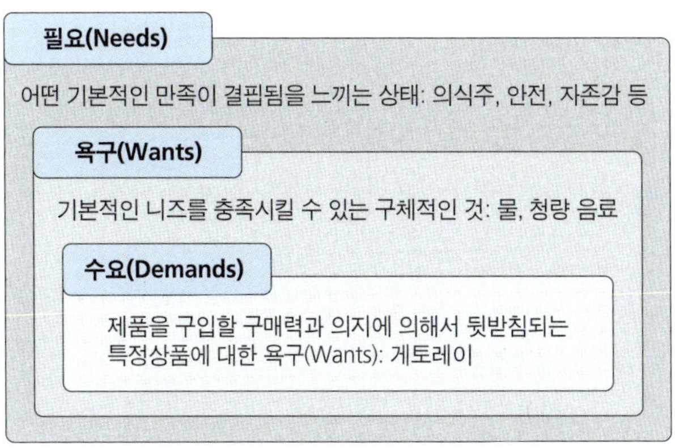

그림 8-1 **필요, 욕구, 수요에 대한 개념**

5) 시장

시장이란 제품이나 서비스의 실제 또는 잠재적 구매자들의 집합을 말한다. 즉, 필요와 욕구를 충족시켜 줄수 있는 제품(서비스)의 집합체 및 제품거래와 관련되어 상호 작용하는 모든 조직체의 집합을 의미한다. 시장이 형성되기 위해서는 제품이나 서비스가 있어야 하고, 제품이나 서비스에 대한 욕구가 있어야 하며 교환을 통해서 이러한 욕구를 충족시키고자 하는 고객이 있어야 가능하다는 입장으로 이해하면 쉬워진다. 이러한 핵심개념들을 종합하면, 마케팅이란 인간의 욕구를 충족시켜주기 위해 제품이나 서비스의 교환이 이루어지는 시장을 관리하는 것이다.

3. 마케팅 개념의 발전단계

마케팅의 개념은 다음과 같이 5가지 단계로 발전하여 왔다(그림 8-2).[2)]

1) 생산 개념

마케팅의 가장 오래된 개념으로, 소비자들이 쉽고 싸게 구매할 수 있는 상품을 선할 것이라 생각하고 생산에 관심을 두고 접근하는 마케팅 개념이다. 이 개념은 수요가 공급을 초과하는 상황이나 제품의 원가가 높은 경우에 적절하다.

2) 제품 개념

제품 개념은 소비자들이 최고의 품질과 성능을 가진 제품을 선호할 것이라고 믿고 품

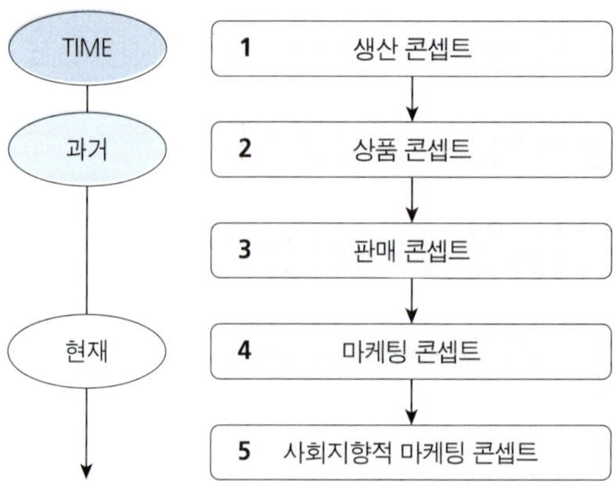

그림 8-2 **마케팅의 개념 발전단계**

2) 채서일(2009). 마케팅. 비엔앰북스. p. 15~18.

질 향상을 중심으로 노력을 하는 마케팅 개념이다. 따라서 제품중심적인 기업에서는 기술적으로 우수한 혁신적인 제품을 만들고 시간의 흐름에 따라 지속적으로 개선하는 데 주력한다.

3) 판매 개념

소비자가 관심을 가지게 되는 제품을 구매한다고 가정하고 기업은 모든 효과적인 판매활동 및 촉진노력을 기울여야 한다는 개념이다. 판매 개념은 기본적으로 고객들을 그냥 두어서는 그들이 자발적으로 기업에서 생산되는 제품이나 서비스를 충분히 구입하지 않을 것이라는 가정 하에 공격적인 영업 및 촉진활동을 펼쳐야만 하는 것으로 생각한다.

4) 마케팅 개념

마케팅 개념은 기업목표의 달성이 표적 시장에 속한 고객들의 필요와 욕구를 찾아내어 그것을 경쟁자들보다 더 효과적이며 효율적으로 충족시키고자 하는 개념이다. 판매 개념과 자주 혼동되는 경우가 있는데, 그 차이점은 다음과 같다(그림 8-3).[3]

5) 사회지향적 마케팅 개념

마케팅 조직은 표적 시장의 욕구와 관심을 파악하여 이를 경쟁기관보다 효과적 · 효율적으로 충족시켜야 하는 것을 원칙으로 하며, 이 과정에서 고객과 사회전체의 복지를 보존 향상시켜야 한다는 개념이다. 장기적으로 기업을 둘러싼 사회환경과 유기적인 관계를

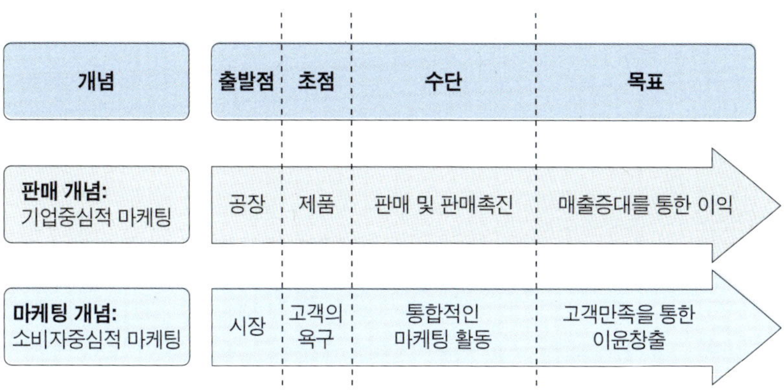

그림 8-3 판매 개념과 마케팅 개념의 비교

3) Kotler P(2000). Marketing Management. Prentice-Hall. p. 19

맺으며, 지역사회가 요구하는 사회지향적 가치를 포함하여 마케팅 활동을 전개하는 것을 의미한다.

제2절 마케팅 관리체계

마케팅의 전반적인 과정을 요약해 보면 다음과 같이 도식화할 수 있다.

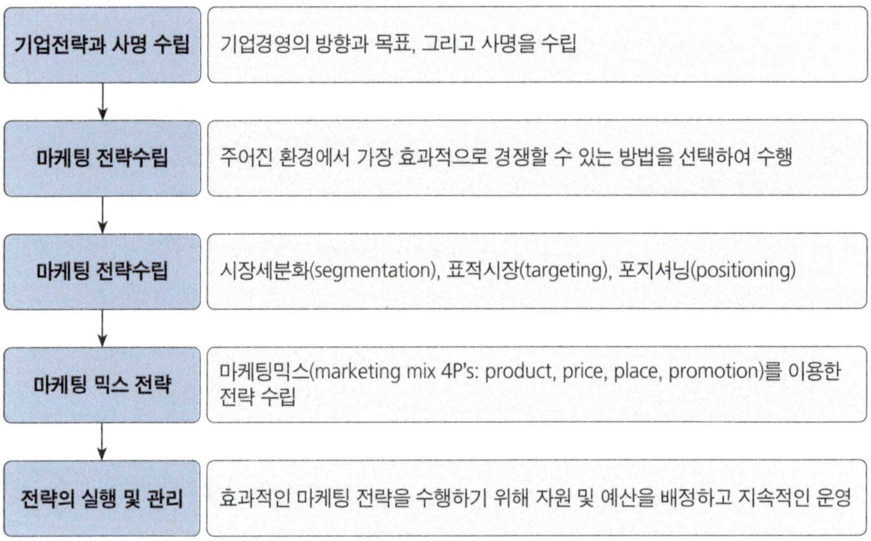

그림 8-4 마케팅의 전반적인 관리과정

1. 기업전략과 사명 수립

고객을 만족시켜 조직의 성과를 올리고자하는 관리기능이 마케팅관리이고, 이것이 이루어지는 과정이 마케팅 과정이다. 이러한 과정에서 기업경영의 방향과 목표를 설정하고 사명을 수립하는 과정을 필수적인 활동이다. 기업의 목표와 방향이 구체적으로 제시될 때, 마케팅의 구체적인 활동도 구체화될 수 있기 때문이다.

성공적인 마케팅을 달성하기 위해서는 마케팅 방법에만 치중하면 목적하였던 바를 달성할 수가 없다. 마케팅이라는 것은 장기적인 시각을 가지고 이루어져야 하는 과정이므로 전략적인 마인드를 가지고 철저한 시장조사를 통해 목표를 달성할 수 있는 마케팅 계획을 수립하여야 한다. 마케팅 전략에 성공하기 위한 기업전략과 사명을 수립하는 과정은 다음에서는 다음의 사항을 명확히 하여야 한다.

1) 기업의 사명을 세운다.

사명이란 앞으로 추구할 방향으로 기업의 사명은 기업의 존재 가치이며 경영지침이 되는 마케팅 전략의 최우선 과정이라고 할 수 있다. '왜 사업을 하여야 하는지?' 궁극적으로 기업을 통해 이루려고 하는 목표가 무엇인지를 명확하게 하며, 조직의 바람직한 목표와 방향을 설정하는 기초를 생각하는 단계이다.

2) 기업의 명확한 목표를 설정한다.

마케팅 전략을 계획하기 전에 반드시 명확한 목표가 정해져야 한다. 마케팅 활동의 목표에 따라 대상이 결정되어야 하고 정해진 대상에게 마케팅 믹스를 효과적으로 실시하여 최상의 마케팅 계획이 수립되도록 노력해야 한다.

기업의 목표를 수립할 때 고려되어야 하는 사항은 첫째, 장기적인 안목을 가지고 수립하여야 한다. 둘째, 가능한 목표는 수치로 측정할 수 있어야 한다. '수익을 증가시킨다'라고 하는 것보다는 '내년 상반기까지 3%의 수익 증가를 이룰 것이다'라고 하는 것이 바람직한 방법이라고 할 수 있다. 셋째, 기업의 여러 목표들과 방향이 같아야 한다. 기업의 구성원들은 각자 자신들의 내부적인 목표들을 가지고 있다. 그런데 대부분 그 목표들은 서로 방향이 틀리거나 기업의 목표와 부합되지 못하는 일관성의 부재를 보인다. 이러한 상이한 목표들은 결국 사업 방향에 혼란을 초래할 수 있으므로 내부적인 조정을 거쳐 수정하고 보완할 필요가 있다.

2. 마케팅 전략 수립

마케팅 전략은 기업에 있어서 전쟁과 같은 상황을 어떻게 잘 관리해 나가는 방안을 구체화한 것이라 할 수 있다. 어떻게 경쟁하고 무엇을 위해 경쟁하며 누구와 경쟁할 것인가 등의 내용을 명확히 하는 것이 필요하다. 이러한 내용을 과학적으로 분석하고 파악해서 주어진 환경하에서 가장 효과적이고 효율적으로 경쟁할 수 있는 방법을 선택하여 수행하는 것이 마케팅 전략이라 할 수 있다. 이러한 마케팅 전략을 수립하기 위해서는 기업의 내부역량과 외부환경을 분석하는 SWOT 분석 등을 통해 기업이 가지고 있는 장점과 약점, 그리고 기업을 둘러싼 환경적인 요소들의 기회와 위협요인을 구분하여 접근하는 것이 가장 우선적으로 이루어져야 한다. 이러한 분석을 통해 제시된 여러 가지 기업의 현황자료 분석을 통해 전략적인 마케팅 전략을 수립하여 경쟁기관과 주어진 환경에서 가장 효과적으로 경쟁할 수 있는 방법을 선택하여 수행하는 과정을 거쳐야 한다.

3. STP 전략 수립[4)]

1) 시장세분화

시장조사는 마케팅의 출발점이며, 시장세분화(segmentation)는 하나의 시장을 서비스에 대한 욕구나 서비스(상품) 이용행위가 비슷한 동질적인 부분시장으로 나누는 것을 의미한다. 시장세분화는 특정한 니즈를 가진 소비자들의 집합인 시장을 세분화하는 것을 말하며, 비슷한 니즈를 가진 소비자들끼리 한데 묶어서 분류함으로써 기업이 가진 자원을 가장 효과적으로 활용할 수 있는 방안을 마련하는 것이다. 즉, 시장을 나누어 마케팅 전략을 수행하게 되면, 소비자들의 니즈에 보다 적합한 상품과 서비스를 개발해 낼 수 있으며, 이를 통해 보다 경쟁력을 가진 기업으로 거듭날 수 있다.

시장세분화는 여러 가지 변수에 의하여 이루어질 수 있다. 지리적 변수에 따라 시장세분화가 가능하다. 또한, 인구통계학적 변수는 시장세분화 변수로 가장 널리 사용되는 기본적이고도 중요한 변수이다. 연령, 성, 소득, 질병 등이 주로 이용된다. 심리분석적 변수로는 사회 계층, 라이프스타일, 개성 등이 포함되며, 지리적 · 인구통계학적 변수만으로는 정확히 설명될 수 없는 상품(서비스)의 수요와 시장을 예측하는 데 도움이 된다. 사회계층은 수입, 직업, 교육 정도, 주거지 등을 의미하며, 라이프스타일은 음주, 식습관 등을 말한다. 마지막으로 행동분석적 변수는 행동을 기준으로 하여 시장을 세분화하는 것으로서, 편익추구의 성향, 상품(서비스) 브랜드에 대한 충성도, 태도 등에 따라 구분될 수 있다.[5)]

2) 표적시장

표적시장(targeting)은 세분화된 시장 중에서 가장 효과적으로 공략할 수 있는 주요 대상 시장을 선정하는 과정을 말한다. 즉, 현재 기업의 이미지와 역량 그리고 경쟁상태에 비추어 볼 때, 가장 효과적으로 공략할 수 있는 세분시장을 찾는 것을 표적시장 선정이라고 할 수 있다. 표적시장을 접근할 때, 크게 비차별적 마케팅, 차별적 마케팅, 집중적 마케팅의 방법 등으로 구분하여 접근할 수 있다.

비차별적 마케팅은 시장의 욕구를 다양한 욕구의 집합체가 아니라 동질적인 집합체로 이해하고 마케팅믹스를 개발하는 방법이다. 설사 소수의 다양한 욕구가 있다고 해도 그 욕구는 무시해 버리고 다수의 공통적인 욕구에 초점을 맞추어 시장에 접근하는 형태이다.

---

4) 김성영, 정동희(2007). 마케팅론. 한국방송통신대학교출판부. p. 76~91.
5) 이훈영(2016). 의료서비스마케팅. 도서출판 청람. p. 60~77.

차별적 마케팅은 각각의 세분화된 시장에 맞는 마케팅 믹스를 개발하는 방법으로서 비차별적 마케팅에 비하여 서비스 이용량을 증대할 수 있는 장점이 있으나 시장세분화의 비용이 발생하고 세분화된 시장이 요구하는 다양한 서비스를 개발해야 하는 부담이 있다.

집중적 마케팅은 시장을 세분화한 후 단 하나의 세분시장을 표적시장으로 하여 마케팅믹스를 개발하는 방법이다. 이 방법은 시장 내에서 강력한 지위 확보가 가능하고 비용 발생이 적은 반면, 시장의 수요가 변동될 경우 위험성이 있다는 단점이 있다.

3) 포지셔닝

포지셔닝(positioning)은 표적시장내에서 기업이나 특정한 제품(서비스)에 대한 경쟁적 위치를 설정하는 것이다. 소비자의 마음속에 어떤 상품이나 기업의 이미지가 포지셔닝 되어 있지 않다면 그 기업이 제공하는 서비스나 상품이 주는 이미지는 미약한 것일 것이기 때문에, 소비자의 마음과 기업이 추구하는 일정 수준의 목표를 구체화하는 과정이 포지셔닝이라 할 수 있겠다.

포지셔닝의 과정은 4단계의 과정으로 이루어진다.

① 제1단계: 포지셔닝 단위의 선정: 이 단계에선 포지셔닝의 단위를 어떻게 할 것인가에 대한 선택과 의사결정을 한다.

② 제2단계: 주요 속성의 규명: 포지셔닝을 하는 주요 속성을 규명한다. 예를 들어 해당 상품(서비스)를 이용하는데 있어서 교통 편이성, 전문성, 상품(서비스)의 수준, 현대적인 시설과 장비, 직원의 친절성, 고객들의 단골기업 유무 및 사회적 · 인간적 연계관계 등이 그 예에 해당한다.

③ 제3단계: 인지도(Perceptual map)의 작성: 고객들이 몇 가지 평가표준 또는 속성에 따라 특정 상품(서비스)의 위치를 어떻게 인식하고 있는가를 나타내는 것으로 표적시장의 특성을 시각화하는 과정이다.

④ 제4단계: 포지셔닝 대안의 선택: 현재의 위치를 강화하고 유지하는 방안이나 현재의 위치를 버리고 새로운 포지션으로 이동하는 방안 혹은 시장의 틈새를 공략하는 방안 등을 모색하고 결정하는 과정이다.

4. 마케팅믹스: Product, Price, Place, Promotion

마케팅 4P 믹스는 소비자들에게 어떤 내용을 가진 서비스를 어떤 제공과정을 거쳐 어떤 이미지로 전달할 것인가 등을 결정하는 구체적인 세부전략 과정이다. 마케팅 믹스의 가장 대표적인 요소인 4P는 제품(Product), 가격(Price), 유통(Place), 촉진(Promotion)

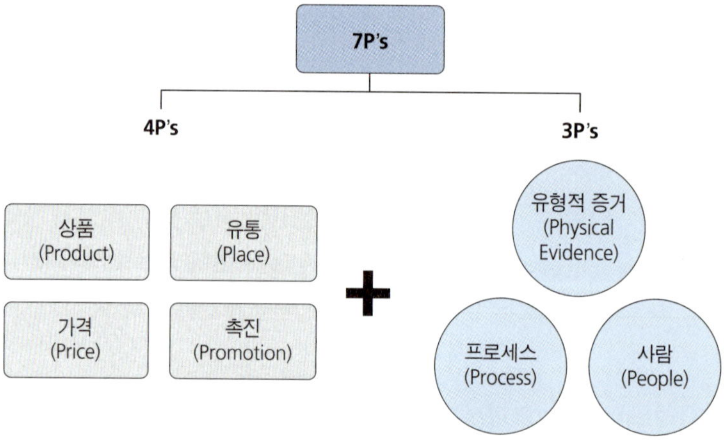

그림 8-5 마케팅 믹스의 구성요소

[출처] 이훈영(2016). 의료서비스 마케팅. 도서출판 청람. p. 50

으로 구분할 수 있으며,[6] 최근에는 4P's에 인력(people), 물리적 환경요소(physical evidence) 및 과정(process)을 추가하는 견해도 있다.

1) 제품 관리

제품(product)이란 인간의 욕구 욕망을 충족시켜줄 수 있는 것을 의미한다. 돈이나 다른 가치를 구하기 위해 교환하는 것으로서 제품은 고객의 욕구를 충족시키기 위해 계획되는 속성들이나 편익의 묶음으로 유형의 제품과 무형의 서비스를 모두 포함되며, 기업의 목적을 달성시켜주는 현실적인 수단이고 마케팅 목표를 달성하기 위해 수행되는 마케팅활동의 중요한 요소로 간주되고 있다. 마케팅 믹스에서 제품계획, 신제품 개발, 제품수명 주기 등이 중요한 제품관리의 주요 관리내용으로 구분될 수 있다.

(1) 제품 계획

제품 계획이란 기업이 소비자의 욕구에 붕응하고자 하는 노력으로서 신제품의 개발, 기존 제품의 개선 및 새로운 용도로의 개선 등 제품과 관련해서 세우는 모든 계획을 말한다.

6) Kotler P. & Amstrong. G(1987). Marketing. Prentice-Hall. p. 41~49.

(2) 신제품 개발

신제품 개발이란 기업이 고객들의 욕구와 수요에 부응하여 지속적으로 개선된 제품을 제공하고자 하는 노력의 결실이다. 신제품을 개발하여 시장에 제공하는 경우에 다음과 같은 단계를 거치게 된다(그림 8-6).

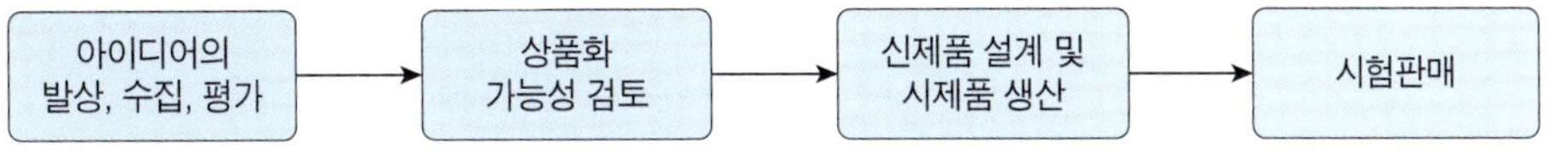

그림 8-6 신제품 개발 과정

(3) 제품의 수명주기

일반적으로 거의 모든 제품은 일정한 수명주기(life cycle)를 가지는데, 이러한 수명주기를 다음과 같이 도입기, 성장기, 성숙기, 쇠퇴기 등의 4단계로 구분한다(그림 8-7).[7]

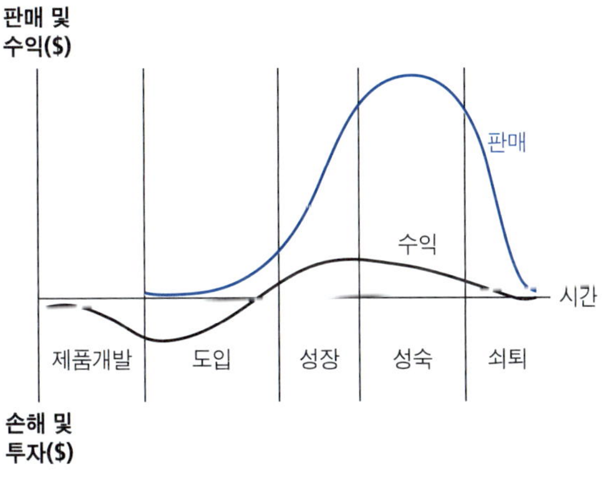

그림 8-7 일반적인 제품의 수명주기

구분	도입기	성장기	성숙기	쇠퇴기
시장 상황	신재품 개발	제품 소비 증가	제품 소비 극대	제품 소비 점진적 감소
매출액	매출저조	매출 큰 증가	매출 둔화	매출 감소
이익	적거나 손실 발생	증가	감소	적거나 손실 발생

7) 필리 코틀러, 낸시 리 저, 이진원 역(2007). 필립코틀러의 퍼블릭 마케팅. 위즈덤하우스. p. 90~93.

2) 가격 관리[8)]

가격(price)은 제품 및 서비스에 대한 대가로 소비자가 지급하게 되는 금액이다. 가격은 기업이 소비자에게 대가로 제공하는 모든 가치의 대가이다. 가격은 기업이 결정하는 것이나, 제품의 원가, 소비자의 가치인식 수준, 그리고 시장에서의 경쟁 정도에 따라 가격 수준은 달라진다.

(1) 가격의 구성요소

판매가격은 제조기업의 경우에는 제조 원가에 판매비와 관리비를 합산하고, 여기에 다시 일정 이익을 가산해서 결정하는 것이 일반적이다. 상기업의 경우에는 제조원가 대신에 상품의 매입원가를 기준으로 판매비와 관리비, 그리고 일정이익을 가산하여 결정한다.

원가 중에 적절한 이윤을 제공해 주는 가격을 결정하는 방법을 이해하는 것은 중요하다. 일반적으로 가격은 제품의 원가, 소비자들의 수요, 그리고 경쟁 기업의 가격에 따라 결정되는 경우가 많다.

① 원가중심 가격 결정: 제품의 원가를 중심으로 가격을 결정하는 방법이며, 제품의 단위당 원가에 표준이익을 더하여 가격을 산정하는 방법이다.

② 수요중심 가격 결정: 소비자의 지각과 수요 수준에 따라 가격을 결정하는 방법으로 소비자가 제품에 대해 인식하는 가치에 입각하여 가격을 결정하는 방법을 의미한다.

③ 경쟁중심 가격 결정: 기업의 제품가격을 경쟁기업의 제품 가격을 기준으로 결정하는 방법이다.

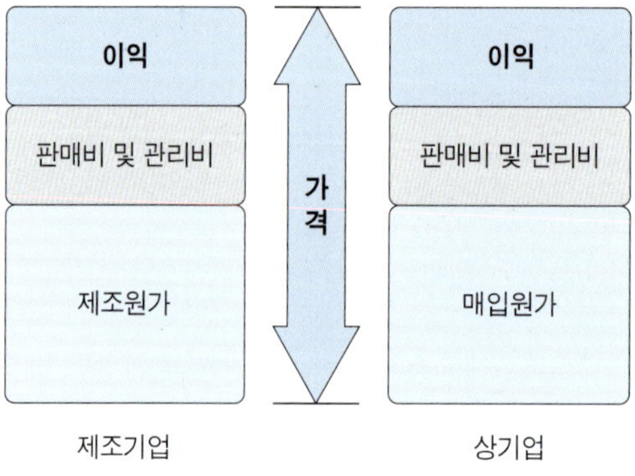

그림 8-8 **가격의 구성요소**

8) 안세원(2002). 현대마케팅. 한올출판사. p. 239~250.

3) 유통경로(Place) 관리

유통이란 기업의 상품과 서비스가 소비자에게 전달되는 과정으로 생산자로부터 소비자에게 상품을 전달하는 행위를 말한다. 유통의 핵심은 고객들에게 언제 어디서 어떻게 상품과 서비스를 전달할 것인지에 관한 문제로 소비자들이 접근하기 편리한 곳에 위치하는 것이다. 보통 도매상, 소매상, 대리점, 특약점 등의 중간상인으로 구성되는 경우가 일반적이다. 일상적으로 이루어지고 있는 유통경로는 다음과 같은 유형으로 구분된다.

(1) 생산자–소비자

직접판매 방식으로 유통경로 중 가장 간단한 형태이다. 제조업자가 직영판매점을 통해서 또는 방문판매원을 통해서, 또는 제품을 통신판매를 하는 경우에 이루어지는 유통경로이다.

(2) 생산자–소매상–소비자

생산자로부터 백화점, 대형마트, 일반 연쇄점 등의 대규모 소매상에 의해 소비자에게 유통되는 구조이다. 이 경우 대규모 소매상은 자본능력이 커서 대량구매를 통해 가격을 낮출 수 있다.

(3) 생산자–도매상–소매상–소비자

일반적인 소비용품 중 일용잡화나 식료품의 경우 많이 이용되는 유통경로이다. 언제, 어디서나 원할 때에 가까운 주변 소규모 상점을 이용하는 일반적으로 이루어지는 유통형태이다.

유통경로는 인터넷을 이용한 전자상거래가 보다 활성화되고 있는 최근 경향에 따라 과거와는 달리 생산자와 소비자가 직접 거래하는 유형이 더욱 보편화되고 있고, 인터파크나 G마켓, 11번가와 같은 대형 전자상거래 업체가 증가함에 따라 과거 도소매상의 유통과정이 다소 약화되고 있는 것이 현실이다.

4) 촉진 관리[9)]

촉진(promotion)이란 소비자의 수요를 유도하고 판매가 잘 이루어지도록 하기 위해서 소비자에게 다양한 방법으로 제품에 대한 호의적인 태도를 가지도록 하고 소비자의

9) 지호준(2005). 알기쉽게 배우는 21세기 경영학. 법문사. p. 267~269.

구매 욕구를 자극하는 것을 말한다. 촉진 활동은 광고, 인적판매, 판매촉진, PR, 홍보와 같은 방법으로 구분할 수 있으며, 기업의 입장에 따라 이들 수단을 다양하게 혼합하여 사용할 수 있다. 촉진은 기존 고객뿐만 아니라 잠재 고객에게도 서비스를 알리고 설득하여 창업 기관을 쉽게 이용할 수 있도록 하는 마케팅 활동으로서, 4P's 중 현실적으로 많은 기업들이 가장 손쉽게 접근하는 방법이다.

(1) 광고

기업이 그들의 제품, 서비스, 조직, 아이디어 등을 표적시장이나 일반 청중들에게 알리고 설득하기 위해서 비용을 지불하고 구입한 대중매체의 시간이나 공간상에서 유용한 정보를 제공하거나 설득하기 위한 메시지를 전달하는 행위를 말한다(미국마케팅협회, 2001).

(2) 인적판매

인적판매란 소비자와 직접적인 접촉을 통하여 상품이나 서비스에 대한 정보를 제공하고 소비자가 이를 선택할 수 있도록 설득하는 커뮤니케이션 활동을 말한다. 이 방법은 소비자와 직접적인 대면을 하므로 설득력이 크며 판매 저항을 줄일 수 있는 장점이 있다.

(3) 판매촉진

판매촉진이란 단기간 동안 상품이나 서비스의 판매를 증가시키기 위해 행하는 광고, 인적판매, 홍보활동 이외의 촉진활동을 말한다. 소비자에 대한 판매촉진으로는 경품판매, 할부판매, 할인판매 등을 실시하기도 하고, 판매 후의 품질보증이나 애프터서비스와 같이 제품과 직접 관련된 촉진 수단을 사용하거나 전시회나 강연회의 실시, 견본품이나 팜플렛의 배포, 상담서비스 등을 이용하기도 한다.

(4) PR

PR(Public Relation)은 미디어를 통해 단순히 서비스나 제품을 알리기 위한 홍보보다 넓은 개념으로서 기업의 다양한 대중활동들까지 포함하는 넓은 의미의 사회적 관계활동을 말한다. 소비자가 직접 제품이나 서비스, 기업의 활동 등을 직접 확인해 보고 참여할 수 있도록 함으로써 제품이나 서비스의 신뢰성을 높여주는 효과적인 커뮤니케이션 수단이다. 예를 들어 이벤트, 사회봉사활동, 자산 또는 문화행사, 기부금 출연 등을 들 수 있다.

[기업들의 홍보활동]

많은 기업들은 각종 사회적인 이미지를 높이기 위한 가치창출 활동을 전개하고 있다. 환경문제나 에너지문제, 그리고 사회전반의 봉사활동 등의 다양한 홍보활동을 통하여 이미지를 개선하고 향상시키는 노력을 하고 있다. 이러한 내용들을 신문 기사화하여 제공함으로써 보다 신뢰성 높은 촉진활동을 전개하는 것이다. 신문에 제시되는 기업과 관련된 내용에서는 제품이나 서비스를 소개하고 안내하는 광고도 있지만, 기업자체가 시행하고 있는 사회기여와 관련된 다양한 기사 내용들을 제시하기도 한다. 이러한 활동은 기업의 이미지 개선에 직접적으로 영향을 미치며, 이러한 활동을 통해 기업은 소비자들과 또 다른 커뮤니케이션을 하고 있는 것이다.

(5) 홍보

PR의 가장 대표적인 수단으로 기업, 제품, 서비스, 사업활동, 직원 등과 관련된 긍정적인 사실을 비용을 들이지 않고 객관적인 미디어를 통하여 알리는 활동이다. 판매를 목적으로 제품이나 서비스를 알리는 광고와 달리 공공집단이 객관적인 관점에서 수집, 평가해서 얻은 내용을 기사형식으로 취재하여 대중에게 전달하는 방식이며, 일반적으로 홍보는 광고보다 소비자의 기억속에 오래 남는 장점이 있다.

5) 기타의 주요 요소

최근에는 기존의 마케팅 믹스인 4P에 사람(People), 물적 증거(Physical evidence), 서비스 조립의 과정(Process)인 3P를 추가한 7P's의 서비스 마케팅 믹스 개념이 보다 보편적으로 사용되고 있다.

(1) 사람[10)]

일반적으로 서비스 산업에서 중요한 마케팅 요소로 사람(people)을 제시한다. 여기서 사람은 소비자가 제품 및 서비스 구매에 대한 인식에 영향을 주는 모든 사람을 의미한다. 즉, 제품 및 서비스의 생산과정에서 역할을 수행하는 모든 인적 요소와 유통되는 과정에 참가하고 수행하는 종사원이 사람 요소일 것이다. 제품 및 서비스의 제공자와 생산자로서 사람은 역량, 예절, 신뢰성, 적응성, 커뮤니케이션 능력, 외모, 말투와 같은 인적요인들이 제품이나 서비스를 이용하는 소비자에게 마케팅 요소로 차별화된 가치를 제공하는 것이다.

10) Lovelock C & Wirtz J.(2007), Service Marketing 6th ed, Prentice-Hall, p. 320~325.

예를 들어, 아시아나 항공의 여승무원들이 미소와 친절, 부산은행 직원들이 정확하고 신뢰성 높은 인적요소를 갖추고 있다면, 이러한 것을 통해 타 기업과 차별화된 마케팅 이미지를 형성시킬 수 있을 것이다.

(2) 물리적 증거[11)]

물리적 증거(physical evidence)는 유형적 증거라고도 불리는데, 기업 제품(서비스)의 생산 및 제공에 이르기까지 모든 과정에서 드러나는 건물, 시설, 장비, 유통기구, 직원의 복장 등 소비자가 인식하는 외형적 증거를 신뢰성 있고 수준 있게 제시함으로써 마케팅 기능을 강화하는 방법이다.

예를 들어 삼성전자 매장을 방문하였을 때, 외적으로 제공되는 인테리어와 제품의 배치, 매장의 청결성과 쾌적함 등은 소비자가 보다 편리한 환경 속에서 제품의 이해와 구매욕구를 자극시킬 수 있도록 만드는 것이다.

이러한 물리적 증거 요소로 다양한 형태로 제시할 수 있는데, 디자인적인 요소(design factors)는 형태와 양식 공간의 구성, 장식, 로고 등 시각적으로 보이는 것과 기능적인 것, 환경적인 요소(ambient factor)는 음악, 향기, 온도, 신선한 공기, 조명 등 환경적 분위기를 느끼게 되는 배경과, 사회적인 요소(social factor)는 청결, 종업원의 유니폼 및 태도 등을 통해 기업은 경쟁기업과 차별화를 시도할 수 있다.

(3) 과정

과정(process)은 사람들에 의해 생산되고 소비됨으로써 발생하는 서비스의 이질적인 특성과 무형성에 따른 문제점을 효과적으로 극복하기 위한 방안으로 중요하게 인식되고 있다. 과정은 제품이나 서비스를 제공하는 데 필요한 절차와 서비스가 전달되는 제반활동의 실제적 절차의 흐름이라 할 수 있다. 일반적으로 제품이나 서비스 전달 과정은 고객만족으로 이어지는 것뿐만 아니라 제품이나 서비스의 질 평가 기준이 되기 때문이다. 이러한 이유로 제품이나 서비스를 제공하는 직원의 교육은 체계적인 업무 분석 등을 통하여 서비스 접점관리를 강화하여야 한다고 할 수 있다. 제품이나 서비스 전달 과정의 구성요소인 종업원의 태도, 감정이입, 종업원의 노력, 고객참가 등이 고객의 제품이나 서비스 만족에 많은 영향을 준다.

11) Zeithaml A, Bitner J.M & Gremler D.D(2006), Service Marketing 4th ed, McGraw Hill, p. 317~319.

CHAPTER 09

회계와 조세

학습목표:

1. 창업과 경영에 필요한 회계개념을 이해할 수 있다.
2. 기업의 재무제표를 읽을 수 있다.
3. 주요 세금에 대해 설명할 수 있다.

들어가면서:

창업을 준비하거나 막 시작한 사람들 대부분은 마케팅, 아이템, 공간 인테리어에는 열을 올리지만, 정작 회계와 세금에는 무관심한 경우가 많다. 그러나 실제 창업 현장에서는 회계와 조세의 이해 부족이 사업 실패로 직결되는 사례가 매우 흔하다.

실제 사례 하나를 보자. 부산 해운대에서 수제버거 가게를 창업한 30대 청년 B씨는 SNS를 통해 빠르게 입소문을 타며 월 매출 3,000만 원을 넘기는 데 성공했다. 하지만 2년 뒤, 그는 사업을 정리해야만 했다. 이유는 '장사가 안 돼서'가 아니었다.

문제는 매출에 비해 수익 구조를 정확히 파악하지 못했고, 인건비, 임대료, 원가, 세금까지 모두 뒤섞인 채 장부가 엉망이었기 때문이다. 특히 부가가치세 신고 누락으로 가산세가 부과되고, 종합소득세 신고 시 예상치 못한 세금이 한꺼번에 나와 자금 흐름에 큰 타격을 입었다.

반대로 성공적으로 회계를 관리하며 성장을 이룬 사례도 있다. 서울 성수동에서 디저트 공방을 운영하는 C 대표는 창업 초기부터 회계 프로그램을 적극 활용하고, 매달 지출과 수익을 분석해 원가율, 이익률, 고정비 추이를 수치화해왔다. 또한 매 분기 세무사와 상담하며 세금 계획을 세운 덕분에, 불필요한 비용을 줄이고 절세 혜택까지 누리며 3년 만에 두 번째 매장을 오픈할 수 있었다.

(계속)

이 두 사례는 한 가지 메시지를 전달한다. 사업은 매출이 아니라 '수지 관리 능력'이 좌우한다. 아무리 장사가 잘 돼도, 회계 관리를 못 하면 남는 게 없고, 세금 관리를 못 하면 나중에 사업을 접을 수도 있다. 결국 숫자를 모르면 '버는 만큼 잃는' 구조에 빠질 수밖에 없는 것이다.

이제 막 회계와 조세를 공부하려는 학생들이라면, 이처럼 '현장에서의 필요성'을 명확히 인식하는 것이 중요하다. 회계는 단순히 숫자를 맞추는 기술이 아니라, 사업의 현재를 진단하고 미래를 예측하는 언어다.

조세는 피할 수 없는 비용이 아니라, 법의 테두리 안에서 합리적으로 준비해야 할 경영 전략이다. 이 두 분야를 잘 이해하면, 단지 '장사하는 사람'이 아닌 데이터에 기반해 움직이는 전문 경영자로서 성장할 수 있다.

회계학은 어렵고 나와 전혀 관계가 없다라고 판단하는 것은 우리의 편견이다. 돈의 흐름뿐 아니라 경제관념까지 키워주는 회계는 우리가 창업 여부를 떠나 꼭 알아야 할 필수 상식이다. 사회생활을 하는 직장인을 비롯해, 가계의 살림을 이끌어 가는 주부까지 회계의 기본지식은 일상생활에 큰 도움이 된다. 또한, 기업경영에 있어서도 맥도날드, 코카콜라 등 굴지의 다국적 기업 뿐 아니라 삼성, LG 등 국내 대기업 등도 CEO(최고경영책임자) 외에 CFO(최고재무책임자)가 기업의 중요한 의사결정을 함께 하는 등 재무회계는 기업경영에 필수적 지식이다.

제1절 회계의 개념

1. 회계의 정의

회계의 역할과 정의에 있어 역사적인 변천을 보면 흥미로운 점을 발견할 수 있다. 20세기 중반에 이르기까지 회계는 아주 제한적인 역할을 하는 기계적인 절차로 이해되어 왔다. 예를 들면, 미국공인회계사회(american institute of certified public accountants, AICPA)는 회계를 기술적 · 구조적으로만 정의하고 있다. 이러한 정의는 회계정보의 생산 측면만을 다루고 있다는 한계가 있다. 빈면 미국회계학회(american accounting association, AAA)가 1966년에 발표한 보고서인 '기초적 회계이론에 관한 보고서(a statement of basic accounting theory, ASOBAT)'는 정보이용자의 의사결정 측면을 강조하고 있으며, 정보전달을 포함한 시스템으로 회계를 정의하고 있다. 오늘날의 회계는 그 구조적인 측면보다는 회계가 이해관계자에 미치는 경제적 영향과 이용자 입장에서 회계정보의 유용성에 더 초점을 두고 있다. 우리나라의 재무회계 개념체계 역시 재무제표 정보가 정보이용자의 의사결정에 유용하게 활용되기 위해서는 질적 특성을 갖춘 정보가 이해가능성이 있어야 한다는 전제가 필요하다. 회계는 기업 또는 조직의 재무적 거래를 기록, 요약, 분석하는 것이다. 회계는 서비스 활동이며 경제적 실체에 대한 의사결정에 유용한 정보를 제공하는 것을 목적으로 한다.

회계란 특정 경제실체의 이해관계자가 그 실체와 관련한 경제적 의사결정을 하는 데 적합한 경제활동에 관한 정보를 생산하여 전달하는 과정이다.

회계를 부기와 혼동하여 사용하는 경우가 있는데, 부기(bookeeping)란 '장부에 기입한다'는 뜻으로 금융 거래의 기록이며, 사업 회계 과정의 일부이다. 거래란 개인이나 조직 및 기업의 구매, 판매, 영수증 및 지불을 포함하는 것이다(미국회계학회). 부기의 목적은

- 경제실체(economic entity): 경제활동을 하는 하나의 독립된 책임단위로서 거시적 측면에 서는 국가, 미시적 측면에서는 기업과 정부, NPO(non profit organization) 등이 해당된다.
- 이해관계자(stakeholder): 기업과 직접 또는 간접으로 이해관계를 가진 자이다. 외부이해 관계자는 주주, 채권자, 세무서, 거래처, 노조, 기업평가기관, 규제기관 등이며 내부이해관 계자는 경영자, 직원 등이다.
- 의사결정(decision making): 외부이해관계자는 투자 및 신용결정, 의사결정을 하며 내부 이해관계자는 경영의사결정(계획과 통제) 등을 한다.
- 경제활동(economic activities): 재화나 용역을 생산하거나 소비하는 재무활동이다.
- 정보(information): 회계목적과 방법을 기업 조직에 적용하기 위해 원시적인 자료를 처리해 놓은 것을 의미한다.

원래 기업의 경영성과 및 재정상태를 밝히는 데 있으며, 동시에 다각적인 정보요구에도 대응하려는 것이다. 부기는 기록계산법의 목적과 방법의 차이에서 단식부기(single entry bookkeeping)와 복식부기(double entry bookkeeping)로 구분된다. 단식부기는 개별 재산의 변동만을 단독으로 기록하고 계산하는 것으로 일반적인 기장을 하는 부기법이다. 복식부기는 기록대상을 관련항목과의 유기적 관계에서 파악하여 일정한 원리에 따라 조직적으로 기록 · 관리하는 방법이다. 단식부기는 일정한 원리나 원칙 없이 거래의 발생 순서에 따라 정리한 장부로서 기록방법이 간편하다는 장점이 있으나 손익의 원인이나 계정과목들의 변화과정을 파악하기 어렵기 때문에 소규모의 사업장에서만 사용된다. 복식부기는 모든 거래를 차변(왼쪽)과 대변(오른쪽)에 동일한 금액을 기입하기 때문에 차변과 대변의 합계액을 비교함으로써 오류를 자동적으로 검증할 수 있다. 일반적으로 부기라 하면 복식부기를 의미한다.

2. 회계의 기능

과거에는 개인 기업이 대부분이었고 기업규모 역시 소규모였기 때문에 단순히 부기의 기능만으로도 경영성과를 파악할 수 있었다. 그러나 오늘날 대표적 기업형태인 주식회사는 규모가 점차 커지고 이해관계자들의 정보요구 역시 다양해지고 있다. 따라서 회계정보이용자들의 다양한 회계정보요구를 충족시켜 줄 수 있는 회계정보의 산출과 측정, 효과적인 전달방법을 고려해야 한다. 회계는 기업실체에 관한 경제적 정보를 식별하고 기록하여 전달하는 기능을 한다.

- 식별(identification): 기업에서 일어나는 여러 가지 사건들 중에서 기업에 경제적 영향을 미치는 거래(economic events or transactions)를 선택하는 것이다.
- 기록(recording): 식별된 거래를 적정한 항목으로 분류하고 집계하여 기록하는 것이다.
- 전달(communication): 기록된 회계정보를 정보이용자에게 보기 편하도록 회계보고서를 준비해서 재무적인 보고서를 제공하는 것이다.

3. 회계의 정보이용자

1) 내부이용자

(1) 경영자

기업 및 병원을 운영하는 데 있어 경영진은 수많은 의사결정의 순간들이 있다. 예를 들어 사업을 확장하거나, 현 시설을 유지·보수하기 위한 예산을 책정함에 있어 자금조달은 반드시 필요하다. 이때 회계정보는 현재와 미래에 대한 의사결정을 하는 데 유용한 역할을 한다. 또한 기업에서 전문경영자에게 경영을 위탁하였을 경우, 회계정보는 최고경영자의 성실한 수탁책임결과를 보고하는 수단이 되기도 한다.

(2) 직원

기업에 종사하는 직원들은 다방면으로 회계정보를 이용할 수 있다. 회계 및 구매 담당 업무를 하는 직원은 운영에 필요한 물자를 계획하거나 공급할 때 회계정보를 이용하여 구매를 진행하거나 보류할 수 있다. 노동조합의 경우 사측에 직원들의 임금협상 및 복리후생과 관련된 요구를 할 때 회계정보가 근거자료가 될 수 있다. 또한 직원들은 회계정보를 통해 소속된 조직의 미래성을 판단하고 본인이 근속해야 할지 여부를 판단하는 데 도움을 받을 수 있다.

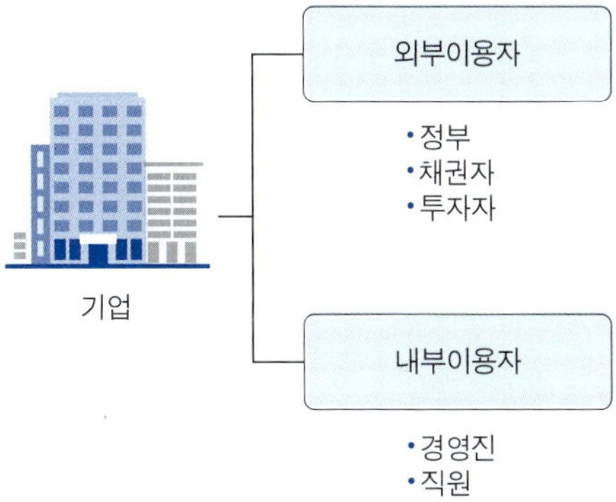

그림 9-1 회계정보이용자의 분류

2) 외부이용자

(1) 정부

정부는 기업의 소득에 따른 세금 징수를 위해 회계정보를 이용한다. 또한 정부기관에서 새로운 정책을 수립하거나 기업을 규제 및 관리하는 데 있어 회계정보는 중요한 자료가 된다.

(2) 채권자

채권자는 기업에 자금을 대여하거나 대여기간 동안 이자를 받으며 채권기간이 만료되면 원금을 회수한다. 채권자는 주주 등의 투자자와 달리 기업의 이익에 상관없이 사전 계약에 따른 원금과 이자를 받지만 기업의 사정이 악화되면 자금을 회수하지 못할 수도 있다. 채권자는 자금대여의 계약을 진행할 당시 회계정보를 이용하여 계약 여부 및 조건을 결정한다. 또한 기업에서 계약 연장을 요구할 경우 채권자는 연장 여부를 결정하고 추가조건을 제시하는 데 회계정보를 활용한다.

(3) 투자자

투자자는 기업에 자본을 투자한 대가로 기업이익의 일부를 배당으로 받는다. 또한 기업과 직접적인 이해관계가 있어 경영활동의 위험을 같이 부담하고 미래 현금창출능력을 평가하고 투자활동을 결정하는 데 회계정보를 필요로 한다. 또한 본인이 투자한 투자 자금이 위탁한 경영자에 의해 효율적으로 잘 운용되고 있는지 여부를 감시하고 평가하는 데 활용하고 경영자를 계속 고용할지 여부를 판단하는 의사결정을 내릴 때 회계정보를 이용한다.

4. 회계의 분류

1) 재무회계

재무회계는 기업의 경영활동을 인식, 기록, 분류, 정리하여 재무제표라는 회계보고서를 기업 외부에 공표할 목적으로 작성하는 외부보고를 위한 회계이다. 이것은 재무제표 작성 중심의 회계로서 투자자, 채권자 등 외부 정보이용자들이 합리적 의사결정을 할 수 있도록 필요한 회계정보를 제공할 목적으로 행하는 회계분야이다. 재무회계는 기업 외부의 정보이용자에게 기업실체에 관한 재무정보를 전달하는 핵심적 재무보고 수단이다. 또한, 기업의 과거 사건이나 거래의 결과로 나타나는 현재의 재무상태, 경영성과 및 재무상태의 변동내용 등을 재무제표의 형태로 투자자, 채권자 등 외부 정보이용자들에게 보고한다.

2) 관리회계

관리회계는 기업의 경영자 및 회계담당자 등 내부의 정보이용자들의 의사결정에 유용한 정보를 제공하는 것을 목적으로 하는 회계분야를 말한다. 일정한 기준이 없으며 의사결정에 목적적합하고, 합리적 준거기준으로 작성하며 경영자에게 보고하는 내부보고서의 수단으로 작성되어진다. 재무회계가 정량적인 정보만을 제공하는 데 비해 관리회계는 경영자의 의사결정에 필요한 정보를 제공하는 것을 목적으로 하기 때문에 회계담당자의 개인적 추정과 판단에 따른 내용이나 기업 고유의 특성을 고려한 정성적인 정보도 제공할 수 있다. 재무회계는 일정한 양식의 회계보고서에 의해 정보를 정기적으로 제공하는 데 반해 관리회계는 경영활동을 계획하고 통제하는 데 필요한 유용한 정보를 일정한 형식 없이 수시로 또한 신속히 제공한다.

3) 세무회계

세무회계는 기업회계기준에 의해 측정된 기업 및 의료기관의 이익을 법인세법 등 세법 규정에 따라 과세소득을 측정하는 회계이다. 세무조정은 세무보고의 목적을 위하여 장부를 추가로 작성하는 데 시간과 노력이 많이 소모되므로 실무에서는 기업회계기준에 의한 회계이익과 세법의 차이를 조정하여 과세소득을 산출하는 방법을 사용한다. 세무회계는 재무회계를 기초로 하기 때문에 중요하며 세무회계와 재무회계는 상호보완적이며 의존적인 관계이다. 세무회계는 세무조정계산서의 형태로 보고되며 주된 정보이용자는 과세관청이다.

제2절 주요 재무제표[1)]

재무제표란 재무상태표, 포괄손익계산서, 자본변동표, 현금흐름표, 주석의 다섯 요소로 구성되어 있으며, 기업이 경영활동을 수행한 결과로 나타나는 특정시점의 재무상태와 일정 기간 동안의 재무성과를 정해진 양식으로 체계적으로 제시한 재무정보이다. 각 재무제표는 서로 연결되어 있으며 다양한 정보를 제공하므로 유기적인 분석이 필요하다. 상장기업을 포함한 외부감사대상 기업은 재무제표를 정기적으로 작성하고 전문성을 지닌 외부감사인에게 검증(이를 회계감사라 한다)을 받아야 한다. 만일 실수나 고의로 잘

1) 재무회계개념체계(2017). 한국회계연구원. p. 88~122.

못된 회계정보를 제공할 경우, 회계분식 또는 회계부정이라 일컫으며, 법적인 책임을 지게 된다. 기업과 관련된 이해관계자들은 재무제표를 활용하여 기업의 경제실체를 분석하고 경영의사결정, 투자의사결정 등에 반영한다. 재무제표는 기업에 관한 가장 중요한 정보로서 널리 활용된다. 하지만 회계정보는 과거의 결과를 정리한 것이고 주가는 미래의 가능성을 반영하고 있기 때문에 장부가치(book value)는 미래의 경제적 이익을 반영하는 주식시장의 시장가치(market value)와 시간차이가 있음을 인식해야 한다. 또한, 재무제표에 표시된 값은 시가보다 보수적으로 평가되어 작성될 수밖에 없고, 특히 화폐단위로 표시할 수 없는 항목, 즉 경영자의 능력, 기술개발력, 브랜드 가치와 같은 질적 정보를 고려하지 못한다는 한계를 갖고 있기 때문이다. 따라서 재무제표의 특성과 한계를 정확히 이해하 고, 이를 바탕으로 합리적 투자의사결정을 내리는 것이 중요하다.

1. 재무상태표

기업의 다양한 이해관계자는 회계정보를 이용해서 기업의 재무상태에 대한 정보와 경영성과로 얻어지는 수익성에 대한 정보를 파악한다. 예를 들어, 채권자라면 현재 기업이 보유하고 있는 재산상태를 파악해 부채의 상환가능성을 판단하고 기업의 이익수준을 파악해서 미래의 기업 상황을 예측한다. 이와 같은 정보이용자의 요구에 따라 회계에서는 기업의 재산상태에 대한 정보와 수익성에 대한 정보를 제공하기 위해 재무상태표(balance sheet), 손익계산서(income statement)라는 보고서를 작성한다. 재무상태표는 특정시점의 기업의 재무상태를 나타내는 회계보고서이며 손익계산서는 특정기간 동안 기업에서 얻은 경영성과를 나타내는 회계보고서이다.

1) 재무상태표의 개념

원래 재무상태표라는 용어는 라틴어인 저울(천칭)을 의미하는 livra bilanz에서 유래되고, balance sheet(영국, 미국)라든가, bilanz(독일), bilan(프랑스), bilancio(이탈리아) 등으로 불리고 있으나, 이 balance 등의 용어는 저울에서 나온 평균이라는 뜻과 잔액이라는 두 가지 의미가 있다. 재무상태표는 일정시점 현재 기업실체가 보유하고 있는 경제적 자산과 경제적 의무인 부채, 그리고 자본에 대한 정보를 제공하는 재무보고서이다. 재무상태표에 나타난 자산과 부채의 가액만으로 기업실체의 가치를 직접 평가할 수 있는 것은 아니지만, 재무상태표는 다른 재무제표와 함께 기업가치의 평가에 유용한 정보를 제공하여야 한다. 불확실성이나 비용 대비 효익의 고려 등으로 인해 재무상태표는 모든 자산과 부채를 나타내지 않을 수 있다. 예를 들어, 무형자산의 성격과 유사한 인적자원이나 지식자산 등은 측정의 불확실성으로 인해 재무상태표에 자산으로 보고되지 않는 것이 일반적이다. 또한 재무상태표에 포함된 일부자산과 부채에는 가치변동과 같은 사건의 영향이 반영되어 있지 않다. 재무상태표는 정보이용자들이 기업실체의 유동성, 재무적 탄력성, 수익성과 위험 등을 평가하는 데 유용한 정보를 제공한다. 정보이용자의 의사결정에 보다 유용하기 위하여 자산과 부채의 항목이 재무상태표에 그 유동성 정도에 따라 적절히 구분 표시되거나 영업활동과 재무활동의 구분을 고려하여 보고되어야 한다.

2) 재무상태표의 요소

(1) 자산

자산(assets)이란 우리가 일상생활에서 사용하는 재산과 유사한 개념으로, 기업이 과거 사건의 결과로서 현재 지배하고 있고 미래에 경제적 효익을 창출할 것으로 기대되는 자원을 의미한다. 자산은 1년 이내에 현금화 할 수 있는지 여부에 따라 유동자산과 비유동자산으로 구분한다. 즉, 유동자산은 보고기간 종료일로부터 1년 이내에 현금화하거나 사용할 목적으로 보유하는 자산을 말하며, 비유동자산은 1년 이상에 걸쳐 현금화하거나 사용할 목적으로 보유하는 자산을 말한다. 다만, 기업의 정상적인 영업주기 내에 판매되거나 사용되는 재고자산은 보고기간 종료일로부터 1년 이내에 실현되지 않더라도 유동자산으로 뷰류한다.

(2) 부채

부채(liabilities)는 기업이 미래에 상환해야 할 빚을 말하는 것으로서 과거 사건의 결과 기업이 부담하고 있고, 미래에 자원의 유출이 예상되는 의무로 정의된다. 부채 또한 1년 이내에 소멸(만기)시기가 도래하느냐 여부에 따라 유동부채와 비유동부채로 구분한다. 다만, 기업의 정상적인 영업주기 내에 소멸할 것으로 예상되는 부채는 보고기간 종료일로부터 1년 이내에 결제되지 않더라도 유동부채로 분류한다.

(3) 자본

자본(equity)은 자산에 대한 소유자의 지분을 의미한다. 자산 총액에서 부채 총액을 차감한 잔액을 말하는 것으로 순자산(net assets)이라고 한다. 자본은 기업의 자산 중 주주 또는 출자자 몫에 해당하는 것으로 기업 자산에 대한 소유자의 청구권(ownership claim on total assets)을 의미한다. 즉, 자본은 자산총액에서 부채총액을 차감한 잔여지분으로 일정시점에 회계주체의 소유자에게 귀속되어야 하는 소유주지분 또는 주주지분을 의미한다.

재무상태표

제 기 년 월 일 현재

회사명: (단위:)

과목	제 (당)기	과목	제 (당)기
	금액		금액
자산		부채	
Ⅰ. 유동자산		Ⅰ. 유동부채	
(1) 당좌자산		1. 매입채무	
1. 현금 및 현금성자산		2. 단기차입금	
2. 단기금융상품		3. 미지급 법인세	
(중략)		(중략)	
(2) 재고자산		Ⅱ. 비유동부채	
1. 상품		1. 사채	
2. 제품		사채발행차금	
(중략)		(중략)	
(3) 기타유동자산		6. 임대보증금	
1.		Ⅲ. 고유목적사업준비금	
Ⅱ. 비유동자산		부채총계	
(1) 투자자산		자본	
1. 장기금융상품		Ⅰ. 기본금	
2. 투자유가증권		1. 보통주자본금	
(중략)		(중략)	
(2) 유형자산		1. 재평가잉여금	
1. 토지		2. 해외사업환산손익	
2. 건물			
감가상각누계액		Ⅳ. 이익잉여금(또는 결손금)	
3. 기계 장치		1. 이익준비금	
감가상각누계액		2. 기업합리화적립금	
(중략)		(중략)	
(3) 무형자산		1. 자기주식	
1. 영업권		2.	
2. 개발비			
3.		자본총계	
(4) 기타비유동자산			
자산총계		부채와 자본 총계	

2. 손익계산서

1) 손익계산서의 개념

손익계산서는 일정 기간 동안 기업실체의 경영성과에 대한 정보를 제공하는 재무보고서이다. 포괄주의 관점에서 작성한 손익계산서는 일정 기간 동안 소유주와의 자본거래를 제외한 모든 원천에서 순자산이 증가하거나 감소한 정도와 그 내역에 대한 정보를 제공한다. 즉, 일정 기간의 포괄이익과 그 구성요소인 수익과 비용 등에 대한 정보를 제공하여야 하며, 이러한 정보를 통해 투자자 및 채권자 등의 정보이용자는 일정 기간 동안의 기업실체의 경영성과를 파악할 수 있다. 그러나 손익계산서에 표시되는 경영성과의 측정치는 측정방법을 달리 정함에 따라 포괄 이익과 달라질 수 있다. 실무적으로 널리 사용되어 온 당기순이익이 그러한 예이다. 제공되는 정보의 유용성을 높이기 위해 포괄주의 손익계산서(이하 '손익계산서'라 한다)에 제시되는 포괄이익의 구성요소는 그 성격에 따라 적절히 구분표시되어야 한다. 또한 항목간의 미래 지속성을 상대적으로 고려하여, 지속성 정도에 큰 차이가 있는 항목은 구분 표시되어야 한다. 여기서 지속성이란 특정 항목의 금액이 미래에 유사한 크기로 다시 발생하는 정도를 의미한다. 항목들의 지속성 차이에 따른 구분 표시는 정보이용자가 기업실체의 미래 이익을 예측하는 데 매우 유용하다. 손익계산서의 이익은 총수익에서 총비용을 차감하여 계산하는데, 이것을 손익계산서의 기본 방정식이라 한다. 따라서 비용에 이익을 더하면 수익이 되고, 손실이 발생하는 경우에는 수익보다 비용이 더 크기 때문에 수익에 손실을 더한 금액이 비용이 된다.

2) 손익계산서의 요소

(1) 수익

수익은 기업이 영업활동을 수행하여 번 돈으로 상품을 판매하여 얻은 매출, 부동산을 임대하고 받은 임대료, 전문서비스를 제공하고 받은 용역수수료, 은행에 예금하여 받은 이자수익 등이 있다. 수익은 자산을 증가시키거나 부채를 감소시켜 결과적으로 자본을 증가시키고 기업의 재무상태에 좋은 방향으로 영향을 준다. 수입은 경제주체가 획득한 모든 것을 수입이라 한다. 무엇이 되든 경제주체의 이름으로 들어오게 되면 수입이 된다. 즉, 내가 빌려준 현금을 돌려받았을 경우도 수입으로 인식한다. 그러나 수익은 수입과 달리 이익이 생겨야 한다. 빌려준 돈을 받으면 현금이 들어와서 수입이 되지만 이익이 생겼다고 할 수 없다. 현금을 빌려줬는데 원금과 이자를 현금으로 받았다면 현금이 들어와서 수입이 생기고 이자금액만큼의 수익을 획득한 것이다.

(2) 비용

비용이란 자산의 유출이나 소멸 또는 부채의 증가에 따라 자본의 감소를 초래하는 특정 회계 기간 동안에 발생된 경제적 효익의 감소로, 지분참여자에 대한 분배와 관련된 것을 제외한 금액을 말한다. 즉, 비용이란 지분의 감소를 수반하는 것으로서 회계기간의 정상적인 활동에서 발생하는 경제적 효익의 총유출을 의미한다. 비용은 다음과 같은 특징이 있다. 첫째, 기업 경영활동에서 나타나는 자원의 흐름으로서 기업의 경영활동 전과정을 통해서 발생한다. 둘째, 일정 기간 동안에 발생한 비용을 인식하게 되면 자산이 감소하거나 부채가 증가함에 따라 자본이 감소하게 된다. 셋째, 비용은 기업의 계속적이고 중심적인 영업활동 과정에서 발생한다. 그러나 광의의 비용은 주요 경영활동 이외의 부수적인 거래나 사건의 결과로부터 발생하는 차손(losses)을 포함한다.

3. 기타 재무제표

1) 자본변동표

자본변동표는 기업실체에 대한 자본의 크기와 그 변동에 관한 정보를 제공하는 재무보고서이다. 자본변동표에는 소유주의 투자와 소유주에 대한 분배, 포괄이익(소유주와의 자본거래를 제외한 모든 원천에서 인식된 자본의 변동)에 대한 정보가 포함된다. 소유주의 투자는 현금, 재화 및 용역의 유입, 또는 부채의 전환에 의해 이루어지며, 그에 따라 기업실체의 자본이 증가하게 된다. 소유주에 대한 분배는 현금배당 또는 자기주식 취득의 방법으로 이루어질 수 있으며, 그에 따라 기업실체의 자본이 감소하게 된다. 이러한 거래들에 대한 정보는 다른 재무제표 정보와 더불어 당해 기업실체의 재무적 탄력성, 수익성 및 위험 등을 평가하는 데 유용하다.

2) 현금흐름표

현금흐름표는 기업이 현금을 어떻게 창출하고 사용하였는지를 보여주는 역할을 한다. 어떤 사업을 하든 기업은 영업활동, 채무상환, 투자자에게 수익을 분배하기 위해 현금이 필요하며, 이러한 현금의 변동내역은 기업은 물론 채권자나 투자자 모두에게 중요한 정보이다. 즉, 현금흐름표는 기업의 현금창출 능력에 관한 정보를 제공함으로써 재무제표의 이용자로 하여금 미래 현금흐름의 추정이 가능하게 하는 것은 물론, 기업의 부채 상환 및 배당금 지급 능력과 자금의 유동성을 평가하는 데 유용한 정보를 제공한다.

손익계산서

제 (당)기 년 월 일부터 년 월 일 까지
제 (전)기 년 월 일부터 년 월 일 까지

회사명: (단위: 원)

계정과목	제 (당)기	제 (전)기
	금액	금액
Ⅰ. 매출액		
Ⅱ. 매출원가		
기초제품(또는 상품) 재고액		
당기제품제조원가(또는 당기상품매입액)		
기말제품(또는 상품)재고액		
Ⅲ. 매출총이익(또는 매출총손실)		
Ⅳ. 판매비와 관리비		
급여		
퇴직급여		
복리후생비		
임차료		
접대비		
감가상각비		
무형자산상각비		
세금과공과		
광고선전비		
연구비		
(중략)		
Ⅴ. 영업 이익(또는 영업 손실)		
Ⅵ. 영업 외 수익		
이자수익		
배당금수익		
임대료		
단기투자자산처분이익		
단기투자자산평가이익		
(중략)		
Ⅶ. 영업 외 비용		
이자비용		
기타의대손상각비		
(중략)		
Ⅷ. 법인세 차감 전 순이익(순손실)		
Ⅸ. 법인세 비용		
Ⅹ. 당기순이익		
Ⅺ. 주당이익		

3) 주기와 주석

재무제표만으로 질적 정보와 의사결정에 중요한 정보를 제공하는 데 한계가 있어 추가적으로 주기와 주석을 사용한다. 주기는 재무제표의 항목 중에 추가적인 정보를 제공하기 위하여 해당 항목 아래에 추가적인 정보를 기재하는 것을 의미한다. 주석은 재무제표에 표시할 수 없는 많은 양의 정보를 별도의 항목으로 제공하는 것이다. 주석은 중요한 회계처리 방침에 대한 설명을 하는 부분으로 재무제표 항목에 대한 세부내용을 표시하는 유형에 따라 기업회계기준에서 정한 필수적 주석사항과 보충적 주석사항으로 구분할 수 있다.

재미있는 세금이야기[2)]

1. 범인을 잡아라! 영국의 살인세

영국 법률제도의 근간을 마련한 헨리 2세 때, 재무상 리처드 엘리는 살인세라는 세금을 시행하였다. 살인사건이 일어나고 6개월이 지나도록 범인을 잡지 못하면, 관할 태수가 영주에게 일정량의 공물을 바치도록 하였다. 공물로 바친 이 살인세는 미해결 살인사건을 태수의 직무 태만의 증거로 보고 물린 일종의 벌금이었다. 지방 관리가 관할 주민들의 안전을 주의깊게 살피도록 유도하는 도구로 세금이 활용된 것이다. 살인세가 시행되자 태수는 흉악범으로부터 주민들을 잘 보살피는 것은 물론, 사건이 발생하면 철저하게 진상을 규명해 자기의 본분을 다해 세금을 아꼈다고 한다.

2. 인구감소를 막기 위한 로마의 독신세

로마제국의 황제인 아우구스투스는 국가재정과 인구증가를 통해 국력을 키우고자 각종 세수를 늘리고 출산을 적극적으로 장려하였다. 이에 반해, 강대국 로마의 청년들이 기혼자들에게 부과되는 의무, 육아 등을 회피하고 결혼을 미루는 등 독신자가 늘어나자 아우구스투스 황제는 인구감소의 방지책으로 강력한 인구정책을 실시하면서 독신세를 신설했다. 독신세는 결혼하지 않은 25~60세의 남성과 20~50세의 여성을 대상으로 부과되었으며 한해 수입 중 1%를 세금으로 내야했다. 독신으로 30세를 넘으면 선거권을 박탈했으며 자녀 없이 50세를 넘기면 재산상속권을 박탈했다. 그 외 로마 원로원의 의석을 얻거나 선거를 통해 공직에 진출할 때도 독신자는 기혼자에게 우선 순위에서 밀리는 불이익을 감수해야 했다. 18세기 말 프랑스에서도 인구 증가를 위해 남자는 20세, 여자는 16세까지 결혼하지 않으면 부모에게 벌금을 물리는 독신세를 일정기간 도입했었다. 저출산 고령화는 현대사회에서도 해결하기 위해 다양한 방법을 모색하고 있는 문제이다. 고대 로마에서도 이 문제를 고민했다고 하니 신기한 일이 아닐 수 없다.

〈출처: 국세청 블로그〉

2) 국세청 블로그. https://blog.naver.com/ntscafe/221299503578

제3절 조세

1. 조세의 개념

1) 조세의 정의

조세(租稅)의 한자를 살펴보면, 조(租)는 곡식을 의미하는 '벼 화(和)를 관청에 바치다의 뜻을 가진 조'로 이루어져 있다. 세는 곡식을 나타내는 '벼 화(和)'와 '바꿀 태(兌)'가 합쳐져서 만들어졌는데, 여기서 '兌'는 '빼내다'의 뜻을 지닌다. 즉, 사람들이 수확한 곡식 중에서 자유롭게 쓸 수 있는 몫을 떼고 나서 나머지를 관청에 바치는 것이 조였다. 세금(稅金)의 한자를 살펴보면, 조세의 세는 동일하며 금은 쇠를 비롯해 금속같은 광물을 뜻한다. 세금의 한자를 풀이하면 조세로 내는 돈을 의미한다. 요즘은 세금이 일반적인 용어로 사용되지만 동양에서는 세금이란 용어로는 조(租)란 말이 세(稅)보다 먼저 사용되었다. 우리나라에서도 세금을 뜻하는 세(稅)란 말은 조선시대에 와서 많이 사용되었다. 조(租)는 토지의 경작자가 수확의 일부를 토지 소유자에게, 세(稅)는 토지의 소유자가 토지 경작자로부터 받은 조(租) 중에서 국가에 내는 것을 뜻했다. 국민의 노동력을 국가에 무상으로 제공하는 것을 역(役)이라 했고, 특산물을 국가에 내는 것을 공물(貢物)이라 하였다. 농지에서 대부분의 소득이 발생했기 때문에 농지와 관련된 세금이 주류를 이룰 수 밖에 없었다. 1466년 세조 12년에 토지의 부족으로 토지에 대한 세금제도가 바뀌고, 국가에서 모든 세금을 징수하면서 조와 세의 구분이 모호해졌고, 오늘날 세금을 구분 없이 조세라고 하게 되었다.[3)]

세금은 '국가 또는 지방자치단체가 재정수입을 얻기 위하여 법률의 규정에 의해 직접적인 반대급부를 제공함이 없이 자연인이나 법인에게 강제로 부과하는 경제적 부담'으로 정의된다.

- 세금 부과하는 주체는 국가 또는 지방자치단체이다.
- 세금은 수입을 목적으로 한다.
- 세금은 법률규정에 의해서 확정된다.
- 세금의 부담자는 자연인과 법인이다.
- 세금은 금전의 형태로 부과되는 경제적 부담이다.

3) 국세청 블로그. https://blog.naver.com/ntscafe/221299503578)

2) 조세의 기능

세금은 국민 혼자 힘으로 해결할 수 없는 국방, 치안질서, 교육시설, 경제개발 등과 같은 나라의 큰 공공사업을 위해 다양하게 쓰이고 있으며 현대사회에서는 나라에서 하는 일이 점차 많아지고 있다.[4)]

세금의 기능은 다음과 같다. 첫째, 경제를 활성화한다. 경제상황에 따라 정부는 세율을 올리거나 내리는 조정을 통해 세금을 거둬들인다. 세금으로 학교를 세우고, 병원을 짓는 등 국민에게 도움이 되도록 사용한다. 또한 경기침체로 실업률이 높아지면 정부는 댐을 짓거나, 도로나 항만 건설 등 여러 가지 경제 사업을 벌여 기업에 사업할 기회를 제공하고 일자리를 창출하는 등 실업자를 줄이는 데 노력한다. 둘째, 부동산과 사치품의 가격 조정 역할을 한다. 아파트 등의 부동산 가격이 갑자기 많이 오르게 되면 부동산 투기로 인해 무주택 서민들이 피해를 입을 수 있다. 국가는 부동산 구입 및 양도차액에 대한 세율을 높여 부동산 거래의 과열현상을 줄여준다. 그 외 외제차 등 사치품도 지나치게 과소비가 되면 해당 품목에 대한 세율을 조정하여 과소비를 억제한다. 셋째, 부의 재분배 기능을 한다. 소득이 많은 사람에게 높은 세율을 부과하여 세금을 많이 거두고, 소득이 낮은 사람에게 세금을 감면해준다. 생활필수품에는 낮은 세율을 적용하여 부유층과 서민층의 생활 간격을 좁히는 역할도 한다.

3) 조세의 분류

조세는 과세의 독립성, 부과하는 주체에 따라서 분류할 수 있다. 독립성에 의한 분류는 크게 국세와 지방세로 나뉠 수 있다. 국세는 우리나라의 국토 안에서 사람이나 물품에 대하여 국세청(세무서)에서 부과하는 조세이다. 지방세는 지방자치단체가 국가로부터 부여받은 과세권에 기하여 지방재정수입에 충당하기 위하여 관할구역 내의 주민, 재산 또는 수익, 기타 특정행위에 대하여 아무런 대가적 보상 없이 강제적으로 과징하는 조세이다. 그 외 내국세, 관세, 보통세, 목적세, 직접세, 간접세 등이 있다.

(1) 국가가 부과하는 세금

소득세, 법인세, 상속세, 증여세, 부당이득세, 교육세, 교통세, 농어촌특별세, 부가가치세, 개별소비세, 주세, 인지세, 증권거래세 등

4) 어린이국세청. https://www.nts.go.kr/kids/study/meaning_purpose.asp

(2) 지방자치단체에서 부과하는 세금

취득세, 등록세, 레저세, 면허세, 주민세, 재산세, 자동차세, 주행세, 농업소득세, 담배소비세, 도축세, 종합토지세, 도시계획세, 공동시설세, 사업소세, 지방교육세, 지역개발세 등

2. 간이과세와 소득세

1) 간이과세

주로 소액으로 거래하는 영세사업자에게 세금계산서의 발행, 발급의무를 강제하기에는 현실적으로 무리가 있다. 영세사업자들이 주로 최종소비자를 공급상대방으로 하기 때문에 전단계세액공제법에 의한 신고납부 대상에서 제외하여도 부가가치세의 본질을 훼손하지 아니한다고 보아 영수증을 발급하도록 하는 특례제도로서 매출액에 업종별 부가가치율을 적용하여 납부세액을 계산하는 방법이다.

간이과세 배제 업종인 광업, 제조업, 도매업, 부동산매매업, 개별소비세 과세유흥장소영위사업(특별시 · 광역시 및 시지역과 국세청장고시지역 소재사업자), 부동산임대업(특별시 · 광역시지역에 소재하는 국세청장이 정하는 규모 이상 임대), 변호사업, 공인회계사업, 세무사업 등 특정 사업서비스업을 제외한 사업을 영위하는 자로서 직전 1역년의 부가가치세를 포함한 공급대가가 4천 800만 원 미만인 개인사업자를 간이과세자라 한다.

일부 개인사업자들이 간이과세를 포기하는 이유는 세금계산서를 교부할 수 없기 때문에 간이과세자와 거래하는 상대방은 재화 또는 용역을 구입할 때 부가가치세를 징수 당했지만 일부분 매입세액을 공제받을 수 없기 때문에 간이과세자와 거래를 피하기 때문이다. 간이과세를 포기하고 일반과세자로 전환하고자 할 경우 간이과세 포기신고서를 사업장관할세무서장에게 제출하면 된다.

2) 소득세

소득에 대하여 과세하는 세금으로 이때의 소득이란 일정기간 동안 재화 또는 용역을 제공하여 얻은 수입에서 이에 대응하는 필요경비를 공제한 금액을 말한다. 소득세는 개인소득세와 법인소득세로 구분되는데, 일반적으로 개인소득세를 소득세라 하고, 법인소득세를 법인세라고 한다. 현재 우리나라의 소득세는 개인을 중심으로 모든 소득을 종합하고 여기에 개인의 인적사정, 즉 배우자 · 부양가족 또는 가족 중에 장애인의 유무 등에 따라 같은 금액의 소득자라고 하더라도 세부담을 달리하게 하는 인적공제제도(기본공제 · 추가공제)와 특별 공제제도(항목별 공제 또는 표준공제)를 채택한 종합소득세제도를 채택하고 있다. 다만, 퇴직 · 양도소득은 별도로 분류과세하고 있다.

참 | 고 | 문 | 헌

에듀팩토리 쉽게 설명한 병원재무회계(이규희, 조경원 저)

국세청 홈텍스 https://hometax.go.kr/websquare/websquare.html?w2xPath=/ui/pp/index_pp.xml&menuCd=index3

국세청 블로그 https://blog.naver.com/ntscafe

CHAPTER 10

재무관리

학습목표:

1. 재무관리의 개념을 설명할 수 있다.
2. 시장과 투자자의 행태에 따른 자금조달을 분류할 수 있다.
3. 손익분기점을 계산할 수 있다.

들어가면서:

'장사는 잘 됐는데, 왜 통장에 돈이 하나도 없을까?'

많은 창업자들이 마주하는 공통된 현실이다. 매출이 늘고 손님이 줄지 않는 데도 현금이 부족해 임대료를 못 내거나 직원 월급이 밀리는 상황은 대부분 재무관리 부실에서 시작된다.

실제 사례 하나. 서울 마포구에서 로컬 브런치 카페를 창업한 D 대표는 SNS 입소문을 타며 월 매출 2,500만 원을 넘기는 데 성공했다. 하지만 문제는 내부 자금 운용이었다. 초기에 인테리어와 장비 구입, 초기 원사재 확보에 내부분의 자금을 투입하고 재무 계획 없이 무작정 운영한 결과, 매출은 있어도 현금 흐름이 극단적으로 나빠졌다. 특히 고정비 부담이 큰 상황에서 시즌 비수기가 겹치자 단기 부채가 늘어나, 결국 1년 2개월 만에 폐업하고 말았다.

반면, 철저한 재무계획으로 매장을 확장한 사례도 있다. 부산에서 수제 디저트 브랜드를 창업한 E 대표는 초기 자금 계획부터 꼼꼼히 세워 운영자금, 비상금, 마케팅 예산을 별도 분리해 관리했다. 매월 손익계산서를 작성하고, 예상 매출 변동에 따른 시나리오별 자금 흐름표(캐시플로우 시트)를 준비했으며, 초기부터 금융기관과 신뢰를 구축해 필요한 시점에 소액 대출을 유연하게 활용했다. 그 결과, 코로나19 기간 동안에도 유동성 위기를 넘기고 2호점까지 오픈하는 데 성공했다.

(계속)

이 두 사례가 보여주는 것은 분명하다. 창업에서는 단지 '얼마를 버는가'보다도 '어떻게 자금을 계획하고 운용하느냐'가 사업의 생존을 좌우한다는 사실이다. 재무관리는 회계처럼 '기록'에 머무르지 않고, 미래를 예측하고 의사결정을 지원하는 '전략적 사고 도구로 작동한다.

이제 재무관리를 배우려는 학생들에게 이것은 단지 숫자를 다루는 기술이 아니다.

재무관리를 공부한다는 것은 곧 사업의 흐름을 읽는 눈을 기르고, 위기 상황을 미리 시뮬레이션하며, 투자와 자금 운영의 방향을 스스로 설계할 수 있는 힘을 기르는 것이다.

실제로 많은 스타트업과 창업자들이 투자 유치, 정부지원금, 대출, 손익분석, 비용 절감 등의 과정에서 재무지식의 필요성을 절감하고 있다. 수치에 기반한 사고는 비즈니스 언어이자, 성장과 생존을 위한 가장 강력한 무기다.

기업들은 제품의 생산원가를 줄이기 위해 중국, 베트남 등 인건비가 낮은 지역으로 공장을 이동을 해왔다. 기업의 목표는 이윤추구이다. 목표를 달성하기 위해서 판매량을 증대시키는 것뿐 아니라, 생산원가를 줄여 이익을 최대한 높이는 것이 필요하다. 이러한 활동들이 재무관리에 포함된다.

제1절 재무관리의 개념

1. 재무관리의 정의

기업을 경영할 때 마케팅, 인사 및 조직관리 등과 같은 분야는 매우 중요한 역할을 한다. 하지만 기업이 미래의 현금흐름을 창출하기 위한 직접적인 투자의사결정을 하는 시점에서 투자에 필요한 자본을 조달하는 방법 등과 같은 재무의사결정은 그 중요도가 더해지고 있다.

재무관리는 기업이 필요로 하는 자금을 효율적으로 조달 및 운용하는 것과 관련되어 있다. 현대의 재무관리는 금융자산의 투자 및 가격결정문제를 다루는 투자론과 금융시장이론 및 금융기관의 경영활동을 다루는 금융론까지 포함하고 있다.

2. 재무관리의 기능

재무관리의 기능은 다음의 네 가지로 요약할 수 있다. 첫째, 기업이 보유해야 할 자산의 종류와 규모에 대한 의사결정을 하는 투자결정기능은 기업의 미래수익성과 성장성, 영업위험에 영향을 준다. 둘째, 기업의 투자에 필요한 자본을 어떤 원천에서 얼마를 조달해 올 것인가에 대한 의사결정을 하는 기업자본의 최적배합은 기업의 자본구조, 재무위험, 자본비용에 영향을 준다. 셋째, 투자의 결과로 실현된 순이익을 배당금과 유보이익으로 나누는 배당결정은 자본조달결정의 잔여의사결정에 영향을 준다. 넷째, 기업의 회계 및 재무자료를 수집·분석해서 정보이용자에게 필요한 정보를 제공하는 재무자료 분석이 있다. 이 중에서 핵심적 연구분야는 투자결정과 자본조달결정 영역이다.

3. 재무관리의 목표

재무관리의 목표로 이윤극대화, 매출의 증가, 파산방지, 이익의 성장유지 등으로 생각될 수 있으나 재무관리자의 최종 목표로는 한계가 있다. 이윤의 개념이 명확하지 않으며, 화폐의 시간가치와 미래의 불확실성이 반영되지 않기 때문이다. 주식회사에서 재무관리자는 주주들의 갖고 있는 자사의 주식의 가치를 증가시키는 의사결정을 하게 된다. 즉, 현재 시장에서 주식 또는 자기자본의 시장가치를 극대화하는 것이라 할 수 있다.

4. 재무관리의 환경

기업의 재무활동은 크게 '투자'와 '자본조달'로 볼 수 있다. 성공적인 경영자라면 최소한 이 두 가지 환경 요소에 대해서 이해해야 한다. 최소한의 비용으로 자금을 조달하여 최대한의 이익을 보장하는 투자를 택하기 위해서 재무환경에 대한 이해가 반드시 필요하다. 기업이 외부로부터 자본조달을 할 때 보통 채권과 주식을 통해 직접 조달을 하거나, 금융기관을 통해 간접조달을 하게 된다. 자금조달 방법을 이해하기 위해서는 채권이나 주식의 발행, 유통, 상환 등의 지식이 필요하다. 또한 금융기관으로부터 차입을 통해 자본을 조달하려고 할 때도 금융기관의 형태나 종류, 그 운영방법에 대한 내용을 숙지하고 있어야 한다. 이런 모든 재무활동과 관련된 환경을 '재무관리환경'이라 한다.

1) 증권

기업은 내부나 외부로부터 자금을 조달하여 이를 토지, 건물, 기계 등 실물자산에 투자함으로써 경영을 하게 된다. 자금조달을 주주로부터 내부에서 자금을 조달하는 것이 주식이고, 외부에서 빌리는 형태로 조달하면 채권이라 한다. 주식과 채권을 통틀어 '증권'이라 하고 재무관리환경의 제1구성요소가 된다. 증권으로 조달한 자본으로 기업이 투자한 실물자산과 미래 수익에 대해 '청구권'을 행사하게 된다. 예를 들어, A기업의 주식 10%를 가지고 있다면 회사의 순이익 중 10%를 청구할 권리를 갖게 된다. A기업의 채권을 갖고 있다면 명시한 이자와 원금에 대한 권리를 갖게 된다. 증권은 기업의 금융자산이 되고, 기업은 증권을 발행해서 자금을 조달하고, 그 자금을 또 실물자산에 투자하게 된다.

2) 금융시장

금융시장은 증권이 거래되는 시장을 의미한다. 금융시장은 증권의 만기에 따라 크게 단기(1년 이하)증권이 거래되는 화폐시장과 장기(1년이상) 증권이 거래되는 자본시장으로 분류된다. 기업어음(Commercial Paper, CP)이나 양도성 예금증서(Certificate of Deposit, CD) 등이 단기증권이고, 장기증권은 주로 기업의 사채나 주식 등을 의미한다. 주식은 기업이 망하지 않는 한 만기가 없기 때문에 자본시장을 주식시장과 채권시장으로 나누기도 한다.

3) 금융기관

기업이 자금을 조달하기 위해서 자금의 공급자인 투자자를 찾아 이들로부터 자금을 공급받아야 한다. 특히 투자자로부터 단기자금을 직접 공급받기가 힘들다. 그래서 금융기관이 자금의 수요자와 공급자 사이에 서서 이를 중개해주는 역할을 한다. 은행이나 증권회사와 같은 금융기관을 통해 하는 금융방식을 '간접금융'이라 한다.[1)]

제2절 자본조달

하나의 기업을 운영하기 위해서는 적절한 설비자산과 운전자산을 확보해야 한다. 설비자산은 토지, 건물, 기계 및 설비 등의 비유동자산을 의미하며, 운전자산은 현금, 현금성자산, 원재료, 상품 등의 유동자산을 뜻한다. 자산에 대한 예산이 정해지면 그 자산을 취득하기 위한 자금을 조달하여야 한다. 자금을 내부적으로 마련하거나, 부족할 경우는 외부자본시장을 통해 조달할 수 있다. 기업의 재무담당자는 외부자본시장은 금융기관으로부터의 차입, 주식발행, 정부 및 단체의 기금 지원, 어음발행, 리스 등에서 선택해야 한다.

1. 기업의 자본조달 원천

자금은 상환만기에 따라 장기자금과 단기자금으로 구분한다. 장기자금은 만기가 1년 이상인 장기차입금, 회사채 등의 고정부채와 만기가 없는 자기자본(주식발행자금 또는 내부 조성자금 등)으로 구성되며, 단기자금은 만기가 1년 미만인 단기차입금 또는 어음차입금 등으로 구성된다.

가계(household)가 보유하고 있는 푼돈들은 큰 힘을 발휘하지 못하나, 가계자금들이 은행이나 증권시장을 통하여 대규모 자금으로 형성되어 산업자금에 투입되면 큰 힘이 된다. 증권시장에서의 자금조달(주식 및 회사채발행)이 직접금융이라면, 은행으로부터의 자금조달은 간접금융이다. 여기서 '간접'이라는 말은 은행이라는 중간기관(intermediary)이 예금자와 차입자를 간접적으로 연결시켜준다는 뜻이며, '금융'은 '자금조달'을 의미한다. 직접금융은 기업이 시장에서 투자자들로부터 자금을 직접 조달한다는 의미이다. 그리고 은행과 증권시장 등을 합쳐 자본시장이라고 부른다. 자본시장은 자금공급 기능 이외에 자본주의 경제체제를 받쳐주는 역할을 담당한다. 예를 들어, 은행은 신용평가 결과

1) 채준(2007). 세상에서 가장 쉬운 재무관리이야기. 아코바에듀. p. 40~50.

에 따라 이자율을 차등적으로 적용하기 때문에, 기업들은 높은 신용등급을 받기 위하여 노력하며 이것이 결국 기업들의 건전한 경영을 유도한다.

타인자본은 자금공급자인 투자자가 기업 내에서는 채권자로서의 지위를 갖는 자본을 말하며, 따라서 기업의 재무상태표의 부채로 기록된다. 타인자본은 상환 만기가 정해져 있으며, 만기가 1년 이내인 단기차입과 1년 이상인 장기차입으로 구분한다. 또한 자금의 사용 대가로서 만기까지의 기간 중에 이자를 지급하여야 한다. 타인자본의 원천에는 은행에서의 장·단기차입, 회사채발행에 의한 차입, 어음발행에 의한 차입 등이 있다. 장기리스인 경우에도 회계에서는 장기차입으로 간주하여 재무상태표에 부채로 기록하는 것이 일반적이다. 자기자본은 유보이익, 충당금, 주식발행 등이 있다.

자기자본과 타인자본		
	자기자본	유보이익, 충당금, 주식발행 등
	타인자본	단기 – 매입채무, 단기차입금, 기업어음 등 장기 – 장기차입금, 리스금융, 회사채발행

은행에서의 자금차입은 역사가 가장 오래되고 손쉬운 자금조달방법이다. 은행에서의 장기차입은 대체로 시설투자를 목적으로 차입하며, 단기차입은 운영자금용으로 차입한다. 일반적으로, 은행은 두 가지 형태의 대출금리 결정방식을 제시하고 있다. 첫째는 대출시점에서 만기까지 고정이자율(고정금리)을 적용하는 방식이고, 둘째는 시장상황에 연동된 변동이자율(변동금리)을 적용하는 방식이다. 변동이자율은 시장금리(국고채 등 금융채권의 금리) 연동(수시 연동 또는 3개월 평균 시장금리 연동)방식, 또는 담보예금 금리 변경 시에 조정하는 방법 등이 있다. 과거에는 고정금리부 대출이 많았으나, 최근 들어 변동금리부 대출의 비중이 높아지고 있는 추세이다. 단기자본은 만기가 1년 미만인 자본으로 유동부채가 있다.

채권(bond)은 발행 주체에 따라 회사채와 국공채(= 국고채 + 공공단체 발행채권)로 나뉘어진다. 은행에서의 대규모의 장기차입은 한계가 있기 때문에, 기업들은 대안으로서 사채발행을 통한 대규모의 장기자금을 조달하고 있으며, 최근 그 비중이 점차 높아지고 있다. 사채권자(사채보유자)는 은행과 같은 채권자의 지위를 갖지만, 은행차입이 간접금융에 의한 자본 조달수단이라면 사채발행은 직접금융에 의한 자본 조달수단이다.

단기자본과 장기자본		
	단기자본	유동부채
	장기자본	비유동부채, 자기자본

외부금융은 기업의 외부에서 조달하는 것으로 주식발행, 회사채발행, 리스금융, 차입금 등이 있다. 내부금융은 기업 내부의 적립 및 유보로 조달하는 것을 의미하며 유보이익, 충당금 등이 있다. 기업은 회계연도마다 이익금에서 배당금이나 세금을 제외한 나머지를 유보하는 것 외에 해마다 고정자산의 감모에 상당하는 금액을 감가상각금으로 적립하게 된다. 이렇게 기업 내 유보 또는 적립된 자금은 기업의 투자자금이나 운전자금으로 사용된다.

내부금융과 외부금융	내부금융	유보이익, 충당금 등
	외부금융	주식발행, 회사채발행, 리스금융, 차입금 등

기업의 자본조달방법을 결정하는 요인으로 소유권과 경영권 통제, 자본비용과 재무위험, 기업의 성장단계이다. 기업이 자본조달의 방법을 결정할 때 소유권과 경영권에 대한 방침에 따라 달라질 수 있다. 소유권을 유지하면서 경영을 맡기거나, 경영권을 유지하면서 소유권을 일부 넘겨줄 수 있다. 자본비용은 기업이 자본을 조달하여 사용하는 것과 관련해 부담해야 하는 비용이다. 기업이 차입금이나 사채 등 외부로부터 자본을 조달받거나, 유상증자를 통해 주주로부터 자본을 조달받을 경우 대가를 지불하는 비용이 자본비용이다. 시장이자율, 기대수익률, 수수료, 거래비용이 해당된다. 기업이 부채를 일정 수준 이상 사용하게 되면 파산위험도 증가하게 된다. 현재 기업의 재무위험 정도에 따라 자본조달을 결정하게 된다. 기업 또는 제품의 라이프사이클이 개발, 성장, 확장, 성숙, 포화, 쇠퇴 단계에 따라 위험부담과 자금조달 방법이 달라질 수 있다.

직접금융과 간접금융	직접금융	주식발행, 회사채발행 등
	간접금융	은행차입금

2. 금융시장과 자본시장의 구분

경제주체 간의 자금유통을 금융이라 하고, 이러한 자금유통이 이루어지는 시장을 금융시장이라 한다. 금융시장은 여유자금을 가지고 있는 가계로부터 자금을 모아 자금을 필요로 하는 기업에게 공급해 주는 역할을 수행한다. 금융시장은 간접금융시장과 직접금융시장으로 분류하며, 직접금융시장은 화폐시장과 자본시장으로 나눌 수 있다.

직접금융시장에서 기업이 주식과 채권을 발행하여 필요한 자금을 조달하고 소비자는 여유자금을 주식과 채권에 투자하여 배당과 이자소득을 얻는다. 중개기관을 거치지 않고

자금의 최종수요자(기업)와 공급자간에 자금의 수급이 이루어지며 주식시장과 채권시장이 있다. 간접금융시장에서 기업은 금융기관으로부터 자금을 차입하여 필요한 자금을 조달하고 소비자는 여유자금을 저축하여 이자소득을 얻는다. 자금의 최종수요자와 공급자간에 금융중개기관이 개입하여 자금의 수급이 이루어지는 시장으로 은행이나 보험회사를 통한 차입과 대출이 있다.

직접금융시장은 거래되는 증권의 만기에 따라 다시 화폐시장과 자본시장으로 구분할 수 있다. 화폐시장은 만기가 1년 이하인 금융상품들이 거래되는 시장이다. 단기국공채, 기업어음(CP), 양도성예금증서(CD), 은행인수어음, 콜자금, 화폐시장상호기금(MMF)이

관중이 늘자 수익이 보인다 - 프로야구 흥행과 재무관리의 상관관계

2024년 한국프로야구(KBO)는 정규시즌 관중 1,000만 명 돌파라는 이정표를 세우며 다시 한 번 대중의 큰 관심을 받았다. 이는 코로나19 팬데믹 이전 수준을 회복했을 뿐만 아니라, 리그 전체의 흥행 가능성과 산업적 성장성을 다시 확인시켜주는 계기가 되었다.

특히 2024년 한 해 동안 LG 트윈스, SSG 랜더스, 롯데 자이언츠, 두산 베어스 등 주요 인기 구단들은 홈경기 평균 관중 수에서 눈에 띄는 증가세를 기록했다.

LG는 잠실 홈경기에서 평균 22,000명 이상을 기록하며 흥행 선두에 섰고, 롯데는 사직야구장을 꽉 채우며 굿즈 매출, 티켓 수익, 지역 스폰서십에서 큰 폭의 실적 상승을 기록했다.

이러한 관중 증가와 흥행 요소는 단순한 '인기'에 그치지 않는다. 실제로 각 구단은 ① 티켓 판매 증가, ② 중계권료 인상, ③ 굿즈 및 식음료 수익, ④ 지역 기업과의 마케팅 제휴 확대, ⑤ 선수단 운영 자금 확보 용이 등 다양한 재무적 이익을 동시에 누릴 수 있었다.

SSG 랜더스의 경우, 홈경기장인 인천 SSG랜더스필드를 '야구장형 복합문화공간'으로 리브랜딩하면서, 팬 체류시간을 늘리고 매장당 객단가를 상승시킨 것이 주요 전략이었다. 이로 인해 부대수익은 물론, 자산 회전율이 높아져 전사적 수익 구조의 다변화에 성공했다.

프로야구 흥행에 긍정적 영향을 미친 요인도 다양하다. 스타 선수의 활약과 팬 서비스 강화, SNS와 유튜브 등 미디어 접점 확대, 야구장 리모델링 및 가족 단위 관중 유입을 고려한 시설 개선, 그리고 무엇보다 구단 운영의 전략적 재무관리 강화가 눈에 띈다.

이러한 변화 속에서 각 구단의 경영진은 이제 단순히 경기력만이 아니라 재무적 지속가능성(financial sustainability)을 관리해야 하는 책임을 지게 되었다. 관중이 많아져도, 자금이 어디서 들어오고 어디에 쓰이는지를 체계적으로 관리하지 않으면 구단 운영은 쉽게 흔들릴 수 있다.

구단별로 연간 수입구조를 살펴보면, 단순 티켓 수익을 넘어 직접투자 유치, 신규 광고 매출,

브랜드 IP(지적재산권) 활용 수익 등 다층적 수익모델 관리가 필수적인 과제가 되고 있다. 이때 정확한 예산계획, 지출통제, 현금흐름 예측, 수익 다변화 전략을 세우는 능력이 곧 '재무관리'다. 이처럼 프로야구의 흥행은 단순한 스포츠 열기를 넘어, 구단의 전략적 재무관리 역량이 결합될 때 진정한 성공이 완성된다.

재무관리란 단순히 숫자를 관리하는 일이 아니다. 그것은 구단이 가진 잠재력을 수익으로 전환하고, 지속가능한 경쟁력을 유지하는 핵심 운영 전략이다.

있다. 유동성과 신용도가 높고, 가격변동위험이 상대적으로 낮은 금융상품이다. 유동성 확보가 발행목적이다. 자본시장은 만기가 1년 이상인 장기성 유가증권이 거래되는 시장이다. 주식, 회사채, 장기국공채, 시장성 저당증권이 있다. 신용위험과 가격변동위험이 상대적으로 높은 금융상품으로 장기자금의 조달이 발행목적이다.

제3절 손익분기점 분석

손익분기점(Break-Even Point, BEP)은 1910년 미국의 뇌펠(C.E. Knoeppel)에 의해 창안되었으며 자본, 시간, 원자재 등 수많은 투자 및 재무활동에 적용할 수 있는 유용한 경영분석 도구이다. 투자가를 비롯해 기업 경영자와 실무진, 자영업자와 같은 개인사업자 역시 손익분기점 분석을 주기적으로 실시하여 투자와 사업, 경영환경의 변화를 점검하고 대응 전략을 마련해야 한다. 손익분기점은 손실도 이익도 발생하지 않는 매출액 또는 조업도를 의미하며, 이 지점에서는 매출액과 총비용이 일치하게 되어 손익은 0(ZERO)이 된다. 기업에서 손익분기점은 매출과 비용이 같아지는 시점으로 이익도 손실도 나타나지 않는다.

1. 손익분기점 분석의 정의

손익분기점의 손익은 손실과 이익을 의미하며 손실과 이익의 전환이 일어나는 지점이다. 손익분기점 이전은 비용(지출)이 과다해짐으로써 손실이 발생하고, 손익분기점 이후에는 비용 대비 이익이 커지게 됨에 따라 이익이 증가하게 된다. 즉, 손익분기점은 손실과 이익이 전환되는 지점이다.

기업경영에서 손익분기점은 기업의 생산능력 범위 내에서 매출원가를 회수하는 데 필요한 최소한의 생산능력을 의미한다. 손익분기점의 계산 공식은 비용이 이만큼 들어간다면 매출은 얼마나 발생되어야 하는가에 대한 답을 제공한다.

> 손익분기점 조업도 = 고정비 ÷ (단위당 수익 - 단위당 변동비)

조업도는 조업률, 가동률이라 한다. 경영관리의 목적에서 실시되는 조업도의 측정은 부문단위, 기계단위, 작업단위로 이루어지는데 경영정책적으로는 총원가와 관련시켜 경영 전체의 관점에서 측정되는 조업도가 필요하게 된다.

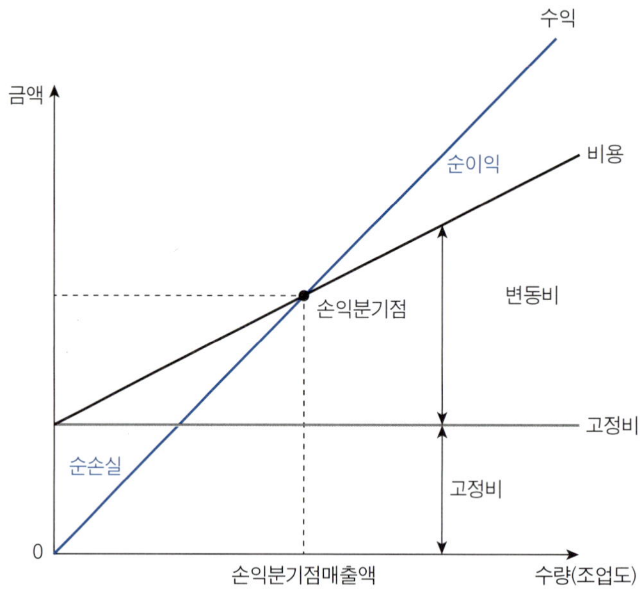

그림 10-1 손익분기점 의의

손익분기점의 분모인 '단위당 수익－단위당 변동비'는 단위당 공헌이익을 나타낸다. 단위당 공헌이익은 고정비를 회수한 후 조업도 단위의 이익을 창출하는 데 얼마나 공헌하는가를 나타낸다. 손익분기점에서 총공헌이익은 손익분기점의 조업도를 단위당 공헌이익으로 곱한 값이다. 총공헌이익과 고정비가 같아지는 점이 바로 손익분기점이다. 손익분기점에서부터 조업도가 늘어나면 늘어나는 대로 기업이 가져가게 된다. 따라서 공헌이익에 대한 정확한 정보는 기업의 의사결정에 있어서 중요한 요소가 된다.

다음의 그림은 손익분기점 분석이다.

2. 손익분기점의 결정요인

단위당 수익, 단위당 변동비, 고정비가 손익분기점을 결정하는 요인이다. 단위당 수익과 손익분기점 조업도는 반비례 관계에 있다. 단위당 변동비와 고정비의 변화가 없을 경우, 단위당 수익이 높아지면 손익분기점 조업도는 감소하고, 단위당 수익이 낮아지면 손익분기점 조업도는 증가한다.

경영자들은 의사결정 목적에 따라 다양하게 분류된 비용이 조업도의 변화에 따라 어떻게 변동되는지, 즉 원가행태에 관심을 둔다. 원가행태의 분석은 다음과 같은 의의를 갖는다. 첫째, 계획수립 및 내부의사결정에 유용한 개념이다. 둘째, 기업의 조업도 변화에 따른 특정 원가의 반응(변동 양상)을 일컫는다. 셋째, 변동비와 고정비로 구분하며 단기

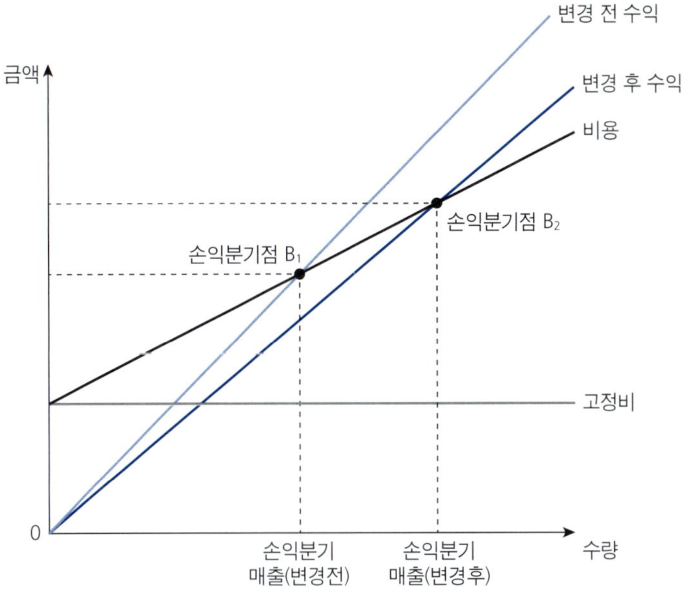

그림 10-2 손익분기점 결정요인

의사결정에 유용한 자료가 된다.

기업이 비유동자산(예: 건물, 설비 등)에 투자할수록 비유동자산을 유지 및 관리하기 위한 비용, 감가상각비 같은 고정된 비용이 증가된다. 비용의 이런 구조변화는 이익에 영향을 준다. 시설 및 장비에 대한 경영자의 투자가 확대될수록 조업도를 증가시켜 더 많은 생산량을 제공할 수 있다. 하지만 시설 및 장비에 대한 투자의 증가는 고정비의 비중을 높여 수익이 감소할 경우 이익이 더 크게 줄어들 가능성이 있다. 이익의 질이 감소된다는 것은 영업위험이 증가한다는 것을 의미한다.

손익분기점의 비용은 고정비와 변동비의 합으로 구성된다.

> 비용 = 고정비 + 변동비
> 변동비 = 단위당 변동비 × 조업도

변동비는 관련범위 내에서 조업도의 증감에 따라 총원가가 비례적으로 변화하는 비용을 의미한다. 재료비와 조립작업비, 판매원의 수수료 등이 변동비이다. 변동비는 조업도가 0이면 발생된 비용도 0을 유지한다. 또한 변동비 발생총액이 조업도에 비례하여 변동하며, 단위당 변동원가는 관련범위 내에서 일정하다. 그러므로 변동비는 단위당 변동비에 제공된 조업도를 곱하여 구한다.

고정비는 관련범위내에서 조업도 수준에 관계없이 항상 일정하게 발생하는 비용을 의미한다. 고정비는 감가상각비, 경영자의 급료, 보험료, 제세공과 등이다. 고정비는 지출액이 일정기간 동안 고정되어 일정수준을 유지하는 것이다. 고정비는 전체원가가 고정되어 일정함으로 단위당 고정원가는 조업도가 늘어나면 반비례적으로 감소한다. 변동비와 달리 조업도가 0인 경우에도 일정금액만큼 발생하는 원가행태를 보인다.

> 변동비율 = 비용증가분/수익증가분
> 변동비 = 변동비율 × 수익
> 고정비 = 총비용 – 변동비

이 외에도 변동비의 요소와 고정비의 요소를 동시에 지니고 있는 혼합원가도 있다. 계단식 변동원가와 준변동원가가 대표적이다.

계단식변동원가는 특정범위의 조업도에서 일정한 금액이 발생하지만 관련범위를 벗어나면 일정액만큼 증가하는 원가이다. 준변동원가는 조업도의 변화와 관계없이 발생하는 일정액의 고정비와 조업도에 따라 일정비율로 증가하는 원가로 변동비와 고정비의 요소를 모두 포함하고 있다. 자동차 임차료, 설비 수선료, 광열비, 전기세 등이 대표적이다.

손익분기점 분석 시 비용을 고정비와 변동비로 구분할 수 있다고 가정한다. 그러나 앞서 다양한 원가행태를 통해 비용의 성격이 변동비와 고정비로 구분하기 어려운 항목들이 있다. 이런 비용을 분류하는 데 이용되는 방법으로 회계적 방법, 기간비교법, 통계적 방법 등이 있다.

회계적 방법은 계정분류법 또는 개별법이라고도 불리며, 회계담당자의 주관적 판단에 따라 각 계정과목의 특성을 분석하여 고정비와 변동비 분류하는 방법이다. 예를 들어 임차료, 감가상각비, 보험료 등은 조업도와 관계없이 지출되므로 고정비로 분류한다. 약품비, 진료재료비 등 재료비는 조업도에 따라 변화되기 때문에 변동비로 분류한다. 회계적 방법은 이해가 쉽고 기업의 사정에 맞춰 활용할 수 있는 장점이 있어 보편적으로 이용되고 있으나 고정비와 변동비의 성격을 동시에 가지고 있는 준변동비 등에 대한 분류가 자의적일 수 있기 때문에 분류기준에 대한 명확한 설정이 필요하다.

기간비교법은 비교하는 기간 동안 고정비가 같다는 가정하에 두 기간의 수익과 비용을 비교하여 고정비와 변동비를 분류하는 것이다. 먼저, 두 기간의 비용증가분과 수익증가분을 계산한다. 그리고 비용증가분을 수익증가분으로 나누어 변동비율을 계산한다. 기간비교법은 실제 측정치를 이용하므로 객관적이라 할 수 있지만 비교 기간 중 특별한

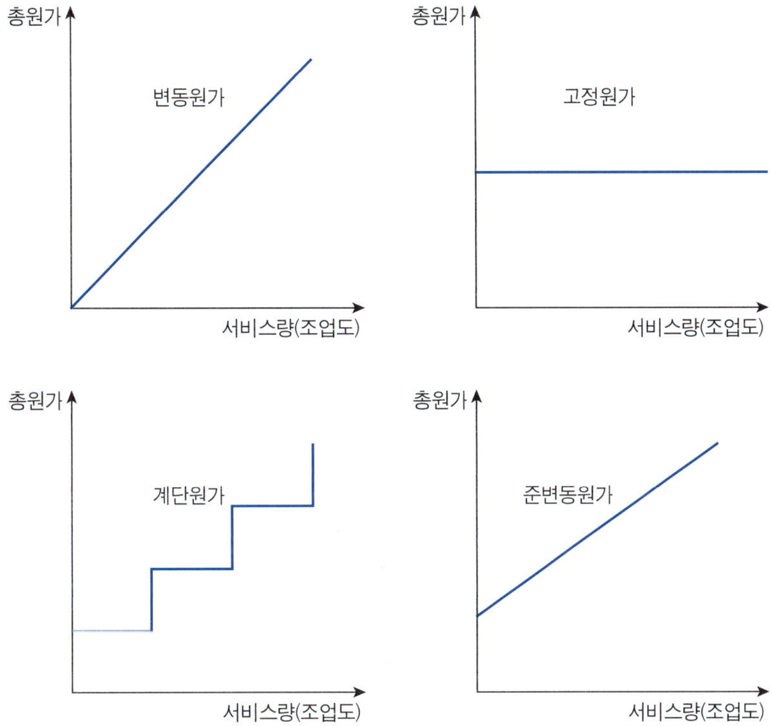

그림 10-3 다양한 원가형태

사건이 발생하면 변동비율 계산에 오류가 생긴다.

3. 손익분기점분석의 계산

앞서 학습한 것을 토대로 손익분기점을 계산해 보면 다음과 같다.

【사례 1】 과일 중간도매상을 하는 이 사장은 11월에 과일 500박스를 판매했지만 100만원이 넘는 적자를 보게 되었다. 최근 몇 달 동안 계속 손실을 보고 있어 사업을 그만두어야 할지 고민하고 있다. 이 사장 과일가게의 자료는 다음과 같다.

- 과일판매가격: 10,000원/1상자
- 현지에서 과일 구매가격: 5,000원/1상자
- 포장비: 1,500원/1상자
- 건물 임차료: 1,000,000원/월
- 직원 인건비: 1,500,000원/월
- 전기료: 150,000원/월
- 기타 비용: 200,000원/월

- 1단계 변동비 계산: (5,000원 + 1,500원) × 500상자 = 3,250,000원
- 2단계 단위당 변동비 계산: 3,250,000/5,000,000원 = 0.65
- 3단계 단위당 수익–단위당 변동비: 1–0.65 = 0.35
- 3단계 고정비 계산: 1,000,000원 + 1,500,000원 + 150,000원 + 200,000원 = 2,850,000원
- 4단계 손익분기점 계산 = 2,850,000원/0.35 = 8,142,857원

이 사장의 손익분기점 매출액은 8,142,857원이다. 현 상태의 비용 구조에서 815상자(8,142,857원/10,000원)을 팔아야 손익분기점에 도달할 수 있다. 만약 판매량을 증가시키지 못한다면 고정비, 변동비의 절감을 통해 원가를 낮춰 손익분기점을 낮출 수 있다.

4. 손익분기점 분석의 활용 분야

손익분기점 분석은 다양한 방법으로 활용할 수 있다. 첫째, 손실을 피하기 위해 기업의 최저조업도 및 적정조업도를 결정할 수 있다. 둘째, 목표한 이익을 달성하기 위해 필요한 조업도 및 해당 조업도에서 허용할 수 있는 비용을 결정할 수 있다. 셋째, 특정 조업도를 달성하였을 경우 기대되는 수익과 발생될 비용을 예측할 수 있다. 넷째, 고정비와 변동비의 증감에 따른 이익의 변화방향을 예상할 수 있다. 다섯째, 설비투자와 같은 비유동자산에 대한 투자 및 고정비용이 이익에 미치는 영향을 계산할 수 있다.

손익분기점 계산은 사업 도중 계산을 한다고 생각할 수 있다. 하지만, 사업계획서를 작성하는 단계에서 추정매출액을 산출하여 손익분기점을 미리 알게 되면 고정비의 책정 등 사업계획에 도움이 된다.

참|고|문|헌

김용준, 김상훈(2020). 『창업과 기업가정신』. 박영사.

신한은행 소상공인 보고서(2023). 『2023 자영업 재무 및 상권 데이터 분석』.

정연우(2020). 「스타트업 재무전략과 생존율 간의 관계」. 벤처창업연구, 15(4), 55–73.

한양대학교 창업지원단(2022). 『예비창업자를 위한 사업계획서 가이드북』.

황정빈, 박종효(2021). 「재무관리와 창업 성공의 상관성 분석: 소상공인 창업 사례 중심으로」. 중소기업연구, 43(2), 77–98.

Ross, S. A., Westerfield, R. W., & Jordan, B. D. (2022). Fundamentals of Corporate Finance (14th ed.). McGraw-Hill Education.

CHAPTER 11

전략경영

학습목표:

1. 전략경영에 대한 기본적인 개념을 안다.
2. 외부환경과 내부환경요인을 설명할 수 있다.
3. 전략 대안을 설명할 수 있다.

들어가면서:

창업 전략경영의 명암, 성공과 실패가 갈리는 분기점

'좋은 아이디어만으로는 충분하지 않다'

이는 수많은 창업자들이 경험을 통해 얻은 진리다. 창업의 성패를 좌우하는 핵심 요인 중 하나는 바로 '전략경영'이다. 제품, 서비스, 마케팅 어느 하나 잘한다고 성공할 수 있는 시대는 지났다. 시장의 흐름을 읽고, 자원을 효과적으로 배치하며, 경쟁에서 차별화된 입지를 점하는 전략이 없다면 아무리 좋은 아이디어도 빛을 잃는다.

국내 대표 창업 성공 사례 중 하나로 꼽히는 무신사(MUSINSA)는 전략경영의 모범 답안이다. 스트리트 패션이라는 틈새시장을 공략한 무신사는, 단순한 의류 판매가 아니라 브랜드 큐레이션, 커뮤니티 기반 마케팅, 고객 데이터 분석 등 세부 전략을 치밀하게 설계해 나갔다. 특히 20대 남성이라는 명확한 타깃층에 집중한 전략은 이후 브랜드 확장의 핵심 동력이 됐다. 무신사는 이제 글로벌 진출까지 시도하며 전략적 성장을 이어가고 있다.

반면, 전략부재의 실패 사례로는 카페베네가 자주 언급된다. 한때 전국에 800개가 넘는 매장을 확장하며 커피 프랜차이즈 시장을 장악했던 카페베네는, 점포 수 확대에만 집중하고 브랜드 정체성 및 품질 관리를 소홀히 했다. 또한 해외 진출 역시 현

(계속)

지 시장 조사와 수익성 분석이 부족한 채 급하게 이루어져 잇단 실패로 이어졌다. 전략적 판단 없이 공격적인 확장을 선택한 결과는 결국 매장 폐점과 브랜드 이미지 하락으로 나타났다.

해외 사례도 마찬가지다. 넷플릭스(Netflix)는 DVD 대여에서 스트리밍으로 전환한 전략적 결단을 통해 글로벌 콘텐츠 시장을 선도하게 되었다. 반면, 코닥(Kodak)은 디지털 시대의 흐름을 예측하고도 기존 필름 사업에 집착해 파산 위기를 맞았다. 혁신을 두려워한 결과, 한 시대를 풍미한 기업이 시장에서 사라지게 된 것이다.

이러한 사례들은 전략경영이 단순한 경영 지식이 아니라 창업의 생존 전략임을 보여준다. 특히 불확실성과 급변하는 시장 환경 속에서는 예측, 분석, 차별화, 실행까지 아우르는 전략적 사고가 필수다.

이제 막 전략경영을 공부하려는 학생이라면, 이론과 사례를 함께 보며 생각해보자. '어떤 전략이 어떤 결과를 낳았는가?', '내가 창업한다면 어떤 전략을 세울 것인가?' 전략은 그저 책 속의 지식이 아니다. 바로 여러분의 미래 창업 현장에서 살아 움직일 도구이다.

지금 배우는 한 문장, 하나의 모델이 여러분의 브랜드를 지키는 방패이자 기회를 여는 열쇠가 될 수 있다.

전략은 선택이 아니라 생존을 위한 준비다. 지금이 바로 그 첫걸음을 내디딜 때다.

제1절 전략경영의 이해

1. 전략경영의 정의

전략(strategy)이란 본래 군사학에서 유래된 용어로서, 그리스어 strategia에서 비롯되었다. 이는 전쟁에서 승리하기 위해 다양한 전투 상황을 예측하고, 목표 달성을 위한 계획과 전술을 체계적으로 수립 · 조직 · 실행하는 포괄적인 계획 및 행동지침을 뜻한다. 20세기 중반 이후 기업의 규모 확대와 글로벌화로 경쟁 환경이 치열해지면서 이 개념이 경영학 분야로 확대 적용되었고, 기존의 단순한 경영정책(Business Policy)을 넘어 전략경영(Strategic Management)이라는 독립된 학문 영역으로 발전하게 되었다.

경영학에서 전략경영이란 기업이 조직의 장기적인 목표를 효율적으로 달성하기 위해 내 · 외부 환경의 철저한 분석을 바탕으로 수립된 계획 및 의사결정 과정이다. 기업은 전략경영을 통해 환경 변화에 능동적으로 대응하고 경쟁우위를 확보하여 지속 가능한 성장을 추구한다. 전략경영은 단순히 목표 설정과 계획 수립에서 그치지 않고, 이를 실행하고 평가하며, 지속적인 피드백을 통해 개선을 이루어 나가는 총체적 경영활동이라고 할 수 있다.

2. 전략경영의 목적

전략경영이 근본적인 목적은 조직의 장기적 생존과 경쟁우위 확보를 통한 가치창출에 있다. 즉, 조직은 전략경영을 통해 변화하는 외부환경에 적극적으로 대응하며 내부 자원의 최적화를 실현하여, 최소한의 자원 투입으로 최대의 성과를 얻고자 한다. 이를 통해 조직은 단순한 생존 이상의 장기적인 지속 가능성을 확보하며, 이해관계자들에게 안정적이고 지속적인 가치를 제공할 수 있다.

3. 전략경영의 특성

전략경영은 일반적인 경영 활동과는 다른 독특한 특성을 가지고 있으며, 다음과 같이 정리할 수 있다.

첫째, 전략경영은 환경 중심적이다. 즉, 기업의 전략은 외부 환경의 분석과 평가를 통해 수립되며, 외부의 위협과 기회를 적극적으로 반영하여 기업의 방향성을 설정한다.

둘째, 전략경영은 장기적이고 포괄적이다. 조직의 목표 달성을 위한 장기적 관점에서의 의사결정을 포괄적으로 관리하고 조정하는 활동으로, 조직 전반의 통합적 관리를 요구한다.

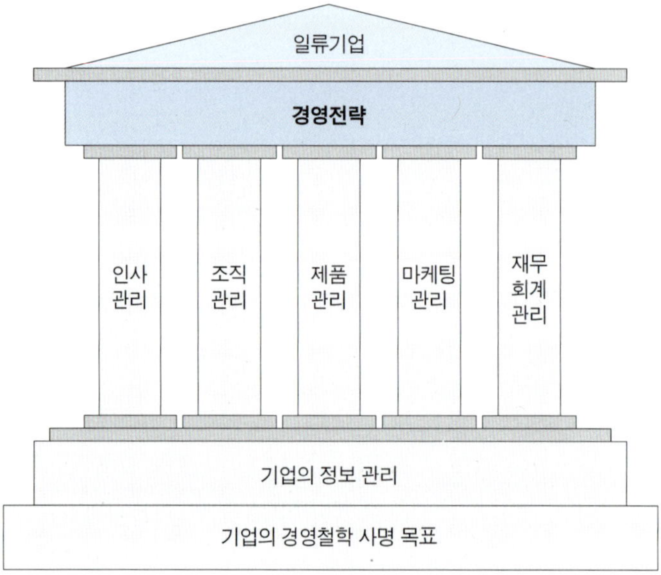

그림 11-1 기업의 전략경영의 목적

셋째, 전략경영은 목표 지향적이다. 조직이 설정한 장기적 목적을 달성하기 위한 최적의 방법을 탐색하고 이를 실행하며 그 결과를 평가하여 지속적으로 개선하는 과정을 포함한다.

넷째, 전략경영은 내·외부 환경에 대한 균형적 접근을 요구한다. 외부 환경뿐 아니라 조직 내부의 자원과 역량(예: 인적자원, 재무적 역량, 마케팅 역량 등)의 철저한 분석을 바탕으로 전략적 선택이 이루어지며, 내부의 강점과 약점은 전략 수립과 실행에 직접적인 영향을 미친다.

4. 전략경영의 과정

첫째, 기업의 사명과 비전 및 전략적 목표를 명확히 설정한다. 이는 조직의 존재 이유와 장기적인 방향성을 정립하는 단계이다.

둘째, 내·외부 환경 분석을 실시한다. 외부환경 분석을 통해 시장 동향, 경쟁사 동향, 기술 변화 등을 파악하며, 내부환경 분석을 통해 조직의 자원과 역량을 평가하여 강점과 약점을 도출한다.

셋째, 환경분석 결과를 바탕으로 사업전략과 기능별 전략을 수립한다. 이 단계에서는 목표 달성을 위한 구체적이고 실행 가능한 전략적 대안을 개발하고 평가하여 최적의 전략을 선택한다.

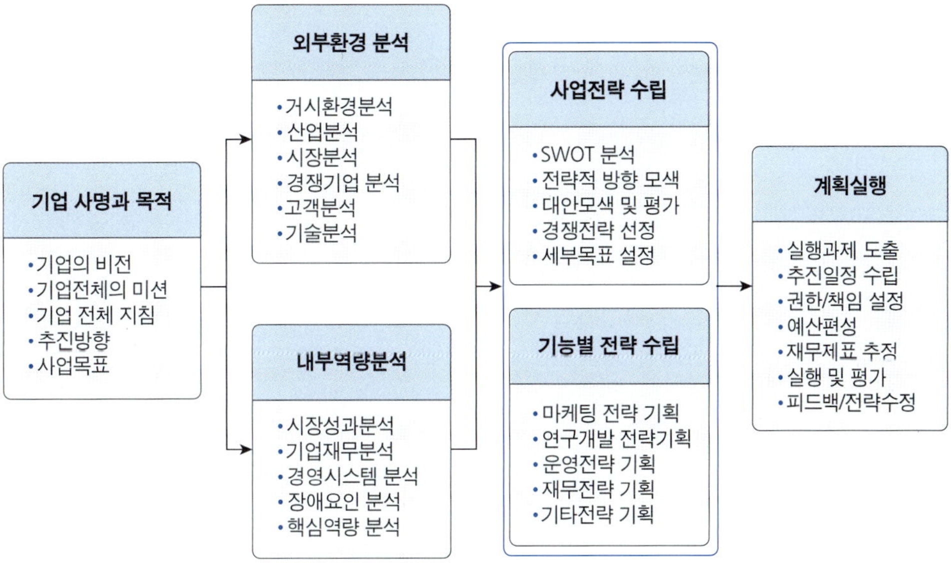

그림 11-2 전략경영의 과정

넷째, 선정된 전략을 실제 경영활동으로 실행한다. 조직 구성원에게 전략을 명확히 전달하고 실행을 위한 자원과 지원 체계를 구축하는 과정이다.

마지막으로, 전략 실행의 성과를 평가하고 지속적으로 피드백하여 전략을 수정 · 보완하는 단계로 구성된다. 이 과정은 전략경영의 지속성을 유지하고 변화에 효과적으로 대응하기 위해 필수적이다.

이러한 일련의 전략경영 과정은 조직이 변화하는 경영 환경 속에서 지속 가능한 경쟁우위를 유지하고 장기적 목표를 성공적으로 달성하기 위한 핵심적 관리 체계이다.[1)]

제2절 전략경영의 주요 내용

1. 기업의 사명과 목적

전략경영을 효과적으로 수행하기 위해 가장 먼저 명확히 해야 할 요소는 기업의 사명과 목적이다. 이는 조직의 모든 구성원이 공유해야 할 근본적인 존재 이유와 지향점이며,

1) Jay B.B, William S. H. 저, 신형덕 역(2013). 전략경영과 경영우위. Pearson. p. 4~18.

기업의 장기적인 경영활동을 계획하고 수행하는 데 있어 핵심적인 역할을 한다. 전략경영의 초기 단계에서는 다음과 같은 사항을 명확하게 정의하고 확인해야 한다.

1) 경영철학

경영철학은 조직의 최고경영자(CEO)가 조직 운영 시 기본적으로 추구하는 가치와 신념, 태도를 의미한다. 최고경영자의 경영철학은 기업의 의사결정 프로세스, 조직문화 형성, 직원들의 행동과 태도에 직접적인 영향을 미치며, 결과적으로 기업 전체의 성과와 전략적 방향에 결정적인 영향을 끼친다. 예를 들어, 윤리경영을 중시하는 최고경영자는 기업의 사회적 책임을 강조하며, 이는 장기적으로 조직의 명성과 지속가능성을 높이는 데 기여할 수 있다.

2) 비전

기업의 비전(vision)은 조직이 장기적으로 달성하고자 하는 바람직한 미래상을 간결하고 명확하게 나타낸 것이다. 비전은 기업의 존재 목적과 방향을 제시하며, 내부 구성원과 외부 이해관계자에게 기업의 지향점을 전달하여 지속적인 동기를 부여하는 역할을 한다. 비전은 일반적으로 도전적이며 영감을 주는 표현으로 구성되어 있으며, 조직 내의 결속력을 강화하고 전략적 의사결정의 근거를 제공한다. 예컨대, 구글의 '전 세계의 정보를 조직화하여 누구나 편리하게 이용할 수 있도록 한다'는 비전은 구체적이고 도전적인 지향점을 제시함으로써 구성원들에게 명확한 방향성과 열정을 심어주고 있다.

3) 목표

목표(objectives)는 기업의 비전을 구체적으로 실현하기 위해 설정된 명확한 성과지표이며, 조직이 수행하는 다양한 활동의 성과를 측정 가능한 형태로 나타낸 것이다. 효과적인 목표는 구체적이고 측정 가능하며, 달성 가능하고, 현실적이면서도 명확한 기간 내에 이루어져야 한다(SMART 원칙). 예를 들어, '2030년까지 시장점유율 15% 달성'과 같이 구체적인 수치와 기간을 포함한 목표 설정이 필요하다. 이는 조직의 성과 평가와 관리 효율성을 높이고 구성원들에게 명확한 목표의식을 심어줄 수 있다.

4) 기업의 사회적 책임

현대의 기업 경영환경에서는 경제적 성과뿐 아니라 사회적, 환경적 책임을 다하는 것이 중요하게 인식되고 있다. 기업의 사회적 책임이란 기업이 사회의 일원으로서 사회적,

환경적 문제 해결에 적극적으로 참여하고 기여하는 것을 말한다. 이는 장기적으로 기업의 지속가능성을 보장하며, 소비자와 투자자 등 이해관계자의 신뢰를 높여 기업의 명성과 경쟁력을 강화하는 데 기여한다. 전략경영 과정에서 사회적 책임을 고려하는 것은 더 이상 선택적 요소가 아니라 필수적인 사항으로 자리 잡고 있으며, ESG(환경, 사회, 지배구조) 경영과 같은 개념을 통해 보다 체계적이고 전략적으로 접근되고 있다. 예를 들어, 환경 친화적인 제품 생산과 사회적 공헌 활동을 적극적으로 수행하는 기업은 장기적으로 브랜드 가치를 제고하고 고객 충성도를 높일 수 있다.

제3절 기업환경분석[2)]

1. 외부환경분석

기업은 조직 외부에서 일어나는 환경적 변화에 민감하게 반응해야 하며, 특히 기업전략은 외부환경 변화에 대한 대응력을 높이는 핵심 역할을 수행한다. 외부환경은 거시적 환경과 산업 환경으로 나누어 분석할 수 있다.

1) 거시환경요인

거거시환경이란 기업이 지접 통제하기 어려운 외부적 요소들로, 정치 · 경제 · 사회 · 문화 · 기술 등의 영역에서 기업 경영에 직간접적으로 영향을 미치는 요인을 말한다.

(1) 기술

현대 기업의 경쟁력 확보는 첨단 기술의 활용 여부에 크게 좌우된다. 기술 환경은 새로운 장비와 기술적 혁신을 포함하며, 이러한 혁신은 소비자에게 매력적인 요소가 될 수 있다. 하지만 새로운 기술의 도입은 초기 투자비용이 높아 기업의 재무적 부담을 가중할 수 있으며, 기술의 수명주기에 따라 전략적 우위가 달라지므로 기업은 기술의 도입 시점을 면밀히 고려해야 한다.

(2) 경제

기업의 전략 수립 및 수행은 국가 경제 상황에 상당한 영향을 받는다. 특히 자본 투자

2) 안광호, 하영원, 박흥수(2014). 마케팅원론. 학연사. p. 83~106.

가 큰 기업의 경우, 이자율, 인플레이션, 경기 변동과 같은 경제적 요인을 충분히 고려하여 전략적 투자의 시기와 규모를 결정하는 것이 중요하다.

(3) 정부의 개입 정도

정부 정책과 규제는 기업의 전략 수립에 중대한 영향을 미친다. 특히 창업 지원정책, 세제 혜택, 산업 규제 등 정부의 개입 정도는 기업 운영에 있어서 위협이나 기회로 작용할 수 있다. 따라서 정부 정책의 변화를 예측하고 적절히 대응할 수 있는 전략적 민첩성이 요구된다.

(4) 인구 특성의 변화

기업의 제품과 서비스에 대한 수요는 인구구조의 변화와 밀접한 관계를 가지고 있다. 출생률 감소와 노령 인구 증가와 같은 인구구조의 변화는 새로운 시장 수요를 창출하거나 기존 수요의 변화를 초래하여 기업 경영에 직접적인 영향을 미친다. 특히 노령 인구의 증가로 인해 의료, 헬스케어, 실버산업 등 특정 산업의 성장이 예상된다.

(5) 문화

라이프스타일과 가치관의 변화는 기업 경영에 광범위한 영향을 미친다. 특히 건강 중시, 개인주의 성향의 증가, 독신자 및 이혼율 증가 등 사회 문화적 트렌드는 새로운 소비 패턴과 시장 수요를 형성한다. 기업은 이러한 문화적 변화를 전략적 기회로 활용하거나 위협 요소로 관리할 수 있어야 한다.

2) 산업환경 요인[3)]

기업이 속해 있는 산업환경이란, 해당 산업 내에서 기업의 경영성과에 직접적으로 영향을 미치는 경쟁기업, 구매자, 공급자 등 산업 내 관계자들과의 상호작용과 그 특성을 의미한다. 기업은 이러한 산업환경의 분석을 통해 경쟁우위를 확보하기 위한 전략적 의사결정을 수립하고, 궁극적으로 시장 내에서 보다 유리한 위치를 점유하고자 노력하게 된다.

산업환경의 분석을 위한 대표적인 이론적 틀로 마이클 포터(Michael E. Porter)의 '5가지 경쟁요소 모델(Five Forces Model)'이 널리 활용된다. 이 모델은 산업 내부의 경쟁 강도와 산업 매력도를 평가하는 데 활용되며, 산업 내 기존 기업 간의 경쟁 정도, 신규 진입

3) Jay B.B, William S. H. 저, 신형덕 역(2013). 전략경영과 경영우위. Pearson. p. 41~60.

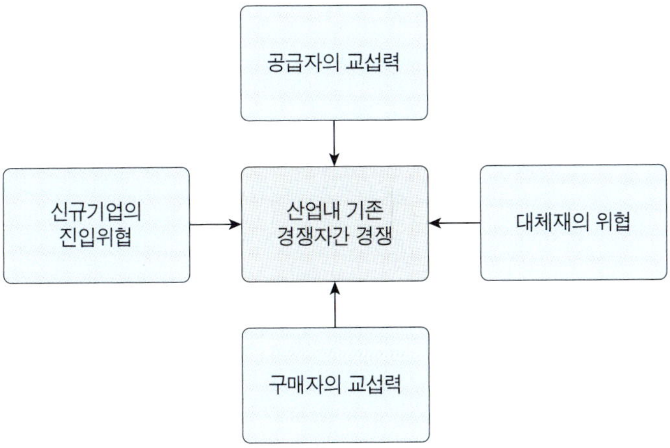

그림 11-3 **마이클 포터의 산업구조 분석**

자의 위협, 대체재의 위협, 구매자의 교섭력, 공급자의 교섭력 등 다섯 가지 요인을 중심으로 분석된다. 이를 통해 기업은 산업환경을 체계적으로 이해하고, 전략적 대응 방안을 마련할 수 있게 된다.

(1) 기존 기업 간의 경쟁 정도

산업 내 기존 경쟁자 간의 경쟁 강도는 산업의 수익성을 결정하는 핵심 요소로, 경쟁자의 수, 산입 집중도, 제품 차별화 수준, 초과 설비의 존재 여부 등에 의해 결정된다. 경쟁 강도가 높을수록 이익률이 감소하며, 기업은 시장점유율 유지를 위한 비용 증가로 인해 압박을 받는다.

(2) 신규기업의 진입 위협

신규 기업의 진입 위협은 진입장벽의 높낮이에 따라 결정된다. 높은 수익성을 가진 산업은 신규 진입자의 목표가 될 수 있으며, 진입장벽이 낮을수록 경쟁이 격화된다. 기업은 진입장벽을 높이기 위해 브랜드 이미지 강화, 높은 투자 비용 유발, 강력한 유통 채널 확보 등 다양한 전략적 대응책을 마련해야 한다.

(3) 대체재의 위협

대체재가 많을수록 산업 내 기업은 가격 인하 압박을 받으며 이로 인해 이익률이 하락한다. 따라서 기업은 대체재가 가진 경쟁력을 분석하여, 소비자 전환 비용을 높이거나 제품 차별화를 통해 경쟁 우위를 확보해야 한다.

(4) 구매자의 교섭력

구매자의 교섭력이 높을 경우 기업은 가격 및 서비스 조건에서 압력을 받을 수 있다. 구매자의 교섭력은 구매자의 수, 구매자의 전환 비용, 제품 정보에 대한 접근성 등에 의해 결정된다. 기업은 교섭력을 완화하기 위해 장기 계약 체결, 충성도 프로그램 도입 등의 전략을 사용할 수 있다.

(5) 공급자의 교섭력

공급자의 교섭력이 높으면 기업의 원자재 및 부품 가격이 상승하고 이익률이 낮아진다. 공급자의 교섭력을 낮추기 위해서는 공급처 다변화, 대체 공급원 개발, 전략적 제휴 등을 고려할 필요가 있다.

2. 내부환경분석

내부환경분석(internal environmental analysis)은 기업이 외부 환경에서 포착한 기회를 전략적으로 활용하고 외부 위협에 효율적으로 대응하기 위한 내부적 역량을 평가하고 관리하는 과정이다. 다시 말해, 기업이 보유하고 있는 자원(resource), 역량(capability), 조직의 문화 및 경영진의 철학을 철저하게 평가하여 강점을 극대화하고 약점을 최소화함으로써 지속 가능한 경쟁 우위를 확보하는 전략적 관리 활동을 의미한다. 이를 통해 기업은 경쟁 환경에서 차별화된 지위를 유지하며 장기적인 성장과 성공을 이끌어낼 수 있다.

1) 내부자원의 종류

내부자원에 대한 분석과 평가의 중요성은 1990년대에 접어들며 더욱 강조되었다. 외부 환경 변화만이 기업의 성과를 결정짓는 것이 아니라, 조직 내부에서 보유하고 있는 독특한 자원과 역량이 경쟁 우위를 결정하는 핵심 요인이라는 자원기반관점(Resource-Based View; RBV)의 중요성이 부각되었기 때문이다(Barney, 1991). 이러한 내부자원은 크게 핵심역량, 조직능력, 관리유산으로 나누어 살펴볼 수 있다(Collis, 1994; 조동성, 2006).

(1) 핵심역량

핵심역량(core competency)은 기업이 경쟁 기업에 비해 탁월하게 보유한 특정 자원이나 능력을 의미하며, 이는 기업이 시장에서 장기적인 경쟁우위를 유지할 수 있는 필수적인 역량이다. Prahalad와 Hamel(1990)은 핵심역량을 경쟁 기업이 쉽게 모방하거나 따라

올 수 없는 독창적이고 독자적인 능력으로 정의하였다. 핵심역량은 다음과 같은 특성을 지닌다.

- 경쟁사에는 없는 독자적이고 차별적인 우위 제공
- 경쟁기업이 모방하기 어렵거나 모방에 장시간이 요구됨
- 고객에게 명확한 차별적 가치를 제공하며 경쟁사가 제공할 수 없는 편익 제공
- 하나의 핵심역량을 다양한 제품이나 서비스 분야에 확장 및 적용 가능
- 시간이 지날수록 감퇴되지 않고 오히려 지속적 발전이 가능함

이러한 핵심역량은 단지 타 기업에 비해 특정 활동을 효율적으로 수행하는 능력으로 설명되지 않는다. 예를 들어, 특정 의료기관이 단순히 많은 수술을 수행하는 것 자체는 핵심역량이라 볼 수 없으며, 해당 기관만의 독특하고 타 기관에서 모방하기 어려운 고유한 기술이나 프로세스가 있을 때 비로소 핵심역량으로 인정받을 수 있다.

(2) 조직능력

조직능력(organizational capability)은 기업이 보유한 무형의 역량으로, 조직 구성원들이 효율적이고 효과적으로 업무를 수행할 수 있도록 동기 부여하고 관리하는 능력이다. 조직능력은 경쟁 기업과 차별화되는 고유한 조직 관리 역량으로 표현될 수 있으며, 특히 동일한 자원과 규모를 가진 기업들 사이에서 성과 차이를 만들어 내는 중요한 요인이 된다.

조직능력은 예를 들어 동기부여 전략, 효과적 리더십, 조직 내 협력 문화, 지식관리 능력 등을 포함한다. 이는 유형의 물리적 자원보다 훨씬 가치가 높은 역량으로 간주되며, 경쟁사의 모방이 어려운 지속 가능한 경쟁우위의 근본적 원천이 된다.

(3) 관리유산

관리유산(administrative heritage)은 기업이 보유하고 있는 다양한 유형 및 무형의 자산을 포함하며, 조직의 역사적 축적과정에서 형성된 자원을 뜻한다. 관리유산은 크게 다음의 두 가지 유형으로 구분된다.

① 유형 관리유산: 명확하게 파악 가능한 물리적 자원으로, 시설의 입지 조건, 의료 장비, 기업 건물 등이다. 이는 계량화와 객관적인 평가가 용이하다는 특성이 있다.

② 무형 관리유산: 눈에 보이지 않는 자산으로 조직 문화, 브랜드 이미지, 조직의 비전과 가치관, 구성원 간 신뢰와 협력관계 등이 포함된다. 무형 관리유산은 경쟁기업이 쉽게

모방할 수 없는 강력한 경쟁 우위 요소로 작용할 수 있으며, 장기적 성과에 큰 영향을 미친다.

2) 내부자원 분석모형

기업 내부 자원의 분석을 수행하는 데 사용되는 대표적인 도구로는 마이클 포터(Michael Porter)의 가치사슬 모형(Value Chain Model)이 있다. 가치사슬 모형은 기업이 고객에게 가치를 전달하는 과정에서 수행되는 주요 활동과 보조 활동을 구분하여 제시하고, 각 활동이 어떻게 가치를 창출하고 기여하는지 명확히 분석할 수 있도록 돕는다(Porter, 1985).

가치사슬은 다음과 같이 크게 두 가지로 구분된다.

① 주활동(Primary Activities): 제품 및 서비스의 생산 및 유통 과정과 직접적으로 관련된 활동이다. 구체적으로 ▲투입물류(Inbound Logistics), ▲생산(Operations), ▲산출물류(Outbound Logistics), ▲마케팅과 판매(Marketing & Sales), ▲서비스(Service) 등의 활동을 포함한다.

② 보조활동(Support Activities): 주활동을 원활하게 지원하고 보완하는 활동으로, ▲기업 인프라(Infrastructure), ▲인적자원관리(Human Resource Management), ▲기술개발(Technology Development), ▲구매활동(Procurement) 등이 있다.

가치사슬 모형을 통해 각 활동별로 기업 내부에서 어떠한 강점과 약점이 존재하는지 평가할 수 있다. 이를 바탕으로 기업은 어느 활동이 가장 큰 부가가치를 창출하는지 파악하고, 해당 영역을 전략적으로 강화하거나 취약한 활동을 개선하는 전략적 의사결정을 내릴 수 있다.

결론적으로 내부환경 분석은 기업이 내부 자원을 객관적으로 평가하고 관리함으로써 시장에서의 지속 가능한 경쟁력을 유지하고, 급변하는 외부환경에 효과적으로 대응할 수 있는 전략적 토대를 마련하는 핵심적인 경영 활동이다.

3. SWOT 분석

SWOT 분석은 기업이 처한 내·외부 환경을 종합적으로 평가하여 기업의 강점(Strengths)과 약점(Weaknesses), 그리고 기업 외부의 기회(Opportunities)와 위협(Threats)을 체계적으로 분석하여 기업의 전략적 방향을 수립하는 데 도움을 주는 대표적인 경영분석 기법이다. SWOT 분석은 원래 앨버트 험프리(Albert Humphrey)에 의해

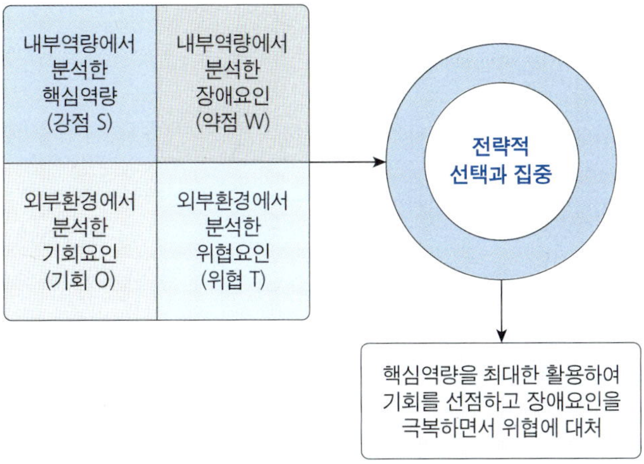

그림 11-4 SWOT 분석의 목표와 결과

표 11-1 SWOT 분석을 바탕으로 하는 전략 수립 내용

구분	기회(Opportunities)	위협(Threats)
강점(Strengths)	SO 전략(공격적 전략): 사업구조 개편, 시장점유율 확대, 공격적 투자 등	ST 전략(다각화 전략): 신사업 진출, 신제품 개발, 신기술 활용, 신규 고객 확보
약점(Weaknesses)	WO 전략(국면전환 전략): 구조조정, 혁신활동, 전략적 제휴 및 파트너십 활용	WT 전략(방어적 전략): 사업 축소, 철수, 비용 절감, 위험 관리 강화

스탠퍼드 연구소(Stanford Research Institute)에서 개발되었으며, 기업의 전략적 의사결정과정에서 널리 활용되고 있다(조동성, 1997).

이 분석의 목적은 기업 내부의 자원과 역량이 환경 변화에 어떻게 대응할 수 있는지 파악하여, 기업의 강점과 외부 환경의 기회를 극대화하거나, 약점과 위협을 최소화할 수 있는 전략적 방향을 설정하는 데 있다. SWOT 분석은 이러한 평가를 통해 전략 대안을 네 가지 주요 방향으로 제시할 수 있다.

1) SO 전략

SO 전략은 기업 내부에 보유하고 있는 강점을 활용하여 외부 환경에서의 기회를 최대한 살리는 방향으로 추진되는 전략이다. 이러한 전략은 기업이 현재 보유한 우월한 자원을 적극적으로 시장 확대나 신규 사업 진출에 활용하여 시장 지배력을 강화하고, 경쟁자와의 격차를 확대하는 데 그 목적이 있다. 일반적으로 기업이 가장 선호하는 전략이며, 성공을 위해서는 기업의 강점이 외부 환경의 기회와 명확하게 결합되어야 한다. 이를 통해 시장 선점 효과(first mover advantage) 및 지속적인 경쟁우위를 확보할 수 있다. 예를 들어, 강력한 브랜드 인지도나 우수한 기술력을 보유한 기업이 시장 성장기에 신제품을 출시하거나 시장 점유율을 확대하는 전략이 이에 해당한다.

2) ST 전략

ST 전략은 기업이 가진 내부적 강점을 활용하여 외부의 위협을 최소화하거나 극복하기 위해 다각화 또는 차별화를 추진하는 전략이다. 기업이 직면한 외부 위협을 피하기 어렵거나 경쟁 환경이 악화될 가능성이 클 경우, 기업은 기존에 보유한 핵심 역량을 활용하여 새로운 제품이나 서비스 시장으로 진입하거나, 차별화된 고객층을 확보하여 위험을 분산시키는 전략을 고려하게 된다. 예를 들어, 강력한 R&D 역량이나 기술력을 보유한 기업이 산업 내 신규 진입자의 증가로 인한 경쟁 심화 위협을 직면할 경우, 혁신적 기술을 기반으로 신사업 진출을 추진하거나, 다양한 제품 라인을 구축하여 위협을 관리하는 전략이 이에 해당한다.

3) WO 전략

WO 전략은 기업 내부적으로 약점이 존재하지만 외부 환경에서의 기회가 명확히 존재할 때 선택되는 전략적 방향이다. 기업은 이러한 상황에서 내부의 약점을 극복하기 위해 조직 내부의 역량을 강화하거나 외부와 전략적 제휴(partnership)를 추진하여 외부의 기회를 적극적으로 활용할 필요가 있다. 국면전환 전략의 핵심은 내부 약점을 보완하여 조직의 경쟁력을 회복하는 데 있다. 예를 들어, 내부 기술력이 부족한 기업이 성장하는 기술 시장의 기회를 놓치지 않기 위해 외부 기업과 전략적 제휴를 체결하거나 우수 인력을 외부에서 영입하는 전략적 행동이 이에 해당한다.

4) WT 전략

WT 전략은 기업이 내부적으로 약점을 갖고 있을 뿐 아니라 외부 환경에서도 위협이 큰 상황에서 실행하는 방어적 전략이다. 이러한 전략적 상황에서 기업은 기존 사업의 축소, 철수, 비용 절감, 조직구조의 간소화 및 사업 영역의 구조조정 등을 통해 손실을 최소화하는 방향으로 나아가야 한다. 방어적 전략은 생존을 위한 최후의 수단으로 간주되며, 이 단계에서는 신중하고 신속한 의사결정이 요구된다. 예를 들어, 내부적으로 수익성이나 재무구조가 약한 기업이 시장에서 경쟁 심화 및 규제 강화 등으로 인해 생존 위기에 처했을 경우, 전략적으로 부실 사업부를 정리하고 핵심 사업에만 집중하거나, 자산 매각 등을 통해 구조조정을 수행하는 것이 대표적인 WT 전략이다.

하지만 SWOT 분석은 내·외부 환경요인에 대한 명확한 분석과 객관적 평가가 이루어질 때만 효과적으로 작동할 수 있다는 점을 고려해야 한다. 따라서 기업은 SWOT 분석을 수행할 때 관련 자료와 정보의 정확성 및 신뢰성을 확보하고, 분석 과정에서 기업 내부 구성원들의 활발한 참여와 소통을 통해 현실적이고 실행 가능한 전략적 방향을 도출해야 한다.

또한 SWOT 분석 결과는 한 번의 분석으로 완료되는 것이 아니라, 기업 환경이 변화함에 따라 지속적으로 업데이트되고 수정되어야 한다. 특히 불확실성이 높은 현대 경영환경에서는 SWOT 분석의 결과가 경영전략과 운영계획 수립의 핵심 자료로 지속적으로 활용되어야 할 필요가 있다.

제4절 사업전략 수립

1. 사업전략 대안의 수립

사업전략의 수립은 조직의 생존과 지속가능한 경쟁우위 확보를 위한 핵심적 경영활동으로, 전략의 수립 수준에 따라 기업 수준의 전략(Corporate Strategy), 사업부 수준의 전략(Business Strategy), 그리고 기능 수준의 전략(Functional Strategy) 으로 구분된다.

기업 수준의 전략은 전체 조직 차원에서의 포트폴리오 구성, 사업 영역의 확장 및 축소, 전략적 제휴, 인수합병(M&A) 등 전사적 방향성을 설정하는 전략을 포함한다. 사업부 수준의 전략은 각 사업 단위에서 시장에서의 경쟁 우위 확보를 위한 전략을 의미하며, 특정 제품이나 시장에 대한 경쟁 전략이 중심이다. 기능 수준의 전략은 마케팅, 재무, 인사, 운영 등 각 기능 부서에서의 실행 전략을 포함한다. 이 중 본 절에서는 특히 기업 수준과 사업부 수준 전략을 중심으로 설명한다.

2. 기업수준의 전략

기업수준 전략(corporate strategy)은 조직 전체의 방향성을 설정하고, 자원의 배분 및 사업 포트폴리오를 관리하는 상위 전략이다. 급변하는 글로벌 환경, 기술 진보, 디지털 전환 등의 외부 요인에 효과적으로 대응하고 기업의 장기적 성장과 지속가능성을 확보하기 위해 다음과 같은 전략들이 중요하게 고려된다.

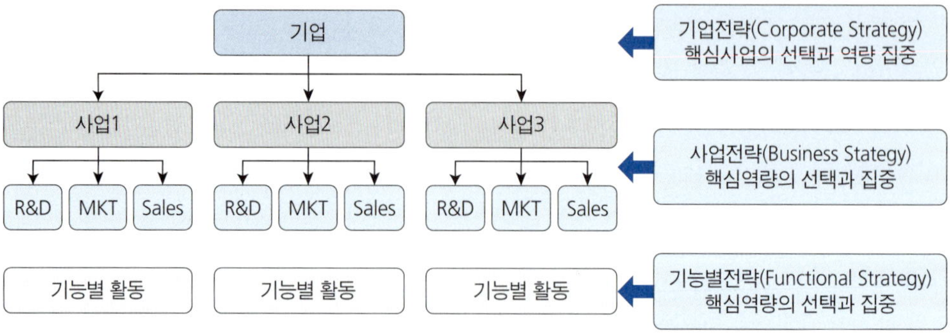

그림 11-5 전략대안의 수준별 수립 내용

1) 전략적 제휴

현재와 같이 기업의 외부환경이 급변하는 상황에서 기업이 홀로 생존해 나가기는 점점 어려워지고 있다. 따라서 외부환경의 불확실성을 이겨내고자 제시된 협력 전략으로서 전략적 제휴가 있다. 전략적 제휴(strategic alliance)란 한 기업이 다른 조직과의 제휴를 통하여 시장경쟁에서 경쟁우위를 확보하고자 하는 전략이다. 즉, 2개 이상의 조직이 자신의 인력, 기술, 제품, 서비스 등을 상호 교환하여 자사의 경쟁력을 높이고자 하는 전략경영인 것이다. 이때 제휴를 맺게 되는 기관은 경쟁 관계에 있는 기업이 될 수도 있으며, 또는 현재 전략적 제휴를 구상하고 있는 기업이 속한 산업이 아닌 다른 산업에 속하는 기업이 될 수도 있다.

전략적 제휴에는 다양한 형태가 존재하고 있다. 전략적 제휴는 그 형태가 어떠냐에 따라 특성이 달라지며, 합작투자의 형태에 가까울수록 긴밀한 관계를 맺는 것을 알 수 있다. 예를 들어, 베트남의 유통망을 확보한 패션기업과 한국의 ICT 기업이 공동으로 베트남 시장에 진출하여 합작법인을 설립하는 방식은 전략적 제휴의 대표적 사례이다. 이는 신시장 개척과 동시에 상호 보완적 역량을 활용한 성공적 협력 모델이다.

2) 다각화 전략

특정 지역에서 운영 중인 기업이 다른 지역에 기업을 설립할 수도 있고, 또는 기존 사업분야가 아닌 별도의 분야에 사업을 진출할 수 있다. 이처럼 한 기업이 여러 종류의 사업 분야에 진출하여 활동하는 것을 사업다각화 전략라고 한다. 다각화 전략(diversification)을 통하여 기업은 자신의 사업분야 이외의 분야에 진출하여 경쟁우위를 향상시키는데 의미가 있다.

예를 들어, 1980년대 초만 하더라도 (주)SK는 주로 석유화학 산업을 중심으로 사업을 추진하였는데, 이후 반도체 부문인 SK 하이닉스나 정보통신분야인 SK 텔레콤 등의 산업 영역을 그 사업의 범위를 다각화하여 확장해 오면서 우리나라 전체 재계의 판도를 변화시킨 것을 사례로 들 수 있다.

3. 사업부 수준의 전략

사업부 수준의 전략은 예를 들어 삼성과 같이 한 그룹 내의 특정 사업부문을 대상으로 수립, 운영되는 전략 대안으로 설명할 수 있다. 각 사업부문에는 경쟁 상대가 존재하기 때문에 경쟁에서 이기려면 어떠한 전략을 수립하고 시행하여야 하는지 고민하고 결정하게 된다. 사업부 수준의 전략 형성 시에 고려해야 할 특성은 다음과 같다.

- 주어진 시장 내에서 경쟁을 어떻게 할 것인가?
- 어떠한 제품이나 서비스를 제공할 것인가?
- 어떠한 고객집단을 대상으로 할 것인가?

사업부 수준의 전략 형성을 위해 제시된 방법 중에서 널리 사용되고 있는 두 가지 기법인 본원적 경쟁전략(generic strategies model)과 제품 포트폴리오 관리(product portfolio management)에 대한 내용은 다음과 같다.

1) 본원적 경쟁전략

미국 하버드대학교의 Porter(1980)가 제시한 본원적 경쟁전략은 모든 산업에 적용 가능한 사업부 전략으로, 경쟁우위의 원천과 표적 시장의 범위라는 두 축을 기준으로 세 가지 전략 유형을 제시한다.

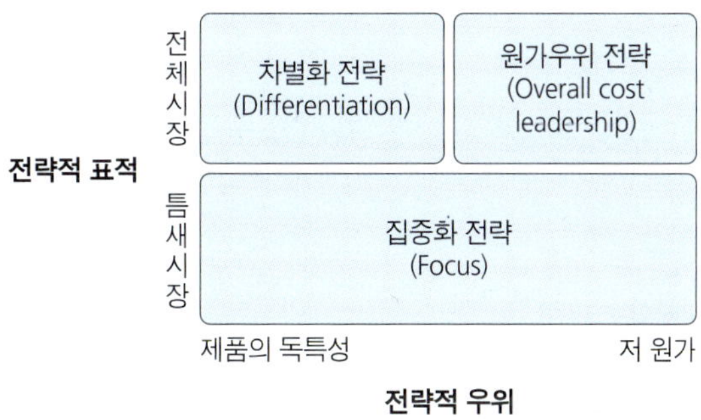

그림 11-6 본원적 경쟁전략

(1) 차별화 전략

차별화 전략은 기업이 제품 또는 서비스의 독창적이고 차별화된 속성을 통해 고객에게 독특한 가치를 제공함으로써 경쟁우위를 확보하는 전략이다. 이는 가격 경쟁에서 벗어나 품질, 기술, 디자인, 브랜드, 고객 서비스 등 다양한 차별 요소를 통해 프리미엄 가격을 정당화할 수 있다.

- 사례: 강남의 프리미엄 산후조리원은 고급화된 서비스와 시설을 기반으로 고가의 가격에도 불구하고 고객을 성공적으로 유치한 바 있으며, 이는 감성적·심리적 만족을 중시하는 소비자에게 높은 브랜드 충성도를 확보할 수 있는 전략으로 평가된다.
- 또 다른 예시: 김치냉장고라는 세부시장(Niche)을 최초로 개척한 '딤채'는 기존 냉장고와는 차별화된 기능성을 통해 독자적 시장을 형성하였다.

(2) 원가우위 전략

원가우위 전략은 경쟁 기업에 비교하여 제품이나 서비스를 제공하는 데 있어서 원가상의 우위를 바탕으로 하여 경쟁하는 전략이다. 즉, 저비용 구조를 기반으로 동일한 상품이나 서비스를 경쟁기업에 비해 낮은 가격으로 경쟁하는 전략을 말한다. 이러한 원가우위 전략은 규모의 경제를 통한 원가 절감, 단위당 원가에 대한 엄격한 통제, 원가를 낮출 수 있는 새로운 기술개발 등을 통하여 이루어질 수 있다.

(3) 집중화 전략[4)]

차별화 전략 또는 원가우위 전략은 시장 전체를 대상으로 하지만, 집중화 전략은 시장을 구성하는 전체 제품이나 서비스 중에서 일부 특정 제품이나 서비스, 또는 지리적으로 한정된 지역만을 대상으로 하여 타 기업과 경쟁하는 것이다. 집중화 전략의 예로서는 요즘 크게 성장하는 세탁, 세차, 택배, 청소 등의 특정분야 전문 서비스 기업을 들 수 있다. 틈새시장을 대상으로 하는 집중화 전략은 자원이 한정된 중소 규모의 서비스 기업에서 사용 가능한 전략이다.

2) 제품 포트폴리오 관리의 개념[5)]

제품 포트폴리오 관리 기법은 사업단위별 자원배분 및 전략적 우선순위 설정을 목적

4) 조철선(2013). 기획실무노트. 전략시티. p. 299~301

5) Richard A.B. & William K.H(1983). "The Business Portfolio Approach－Where It Falls Down in Practice". Long Range Planning. Vol.16:41~44.

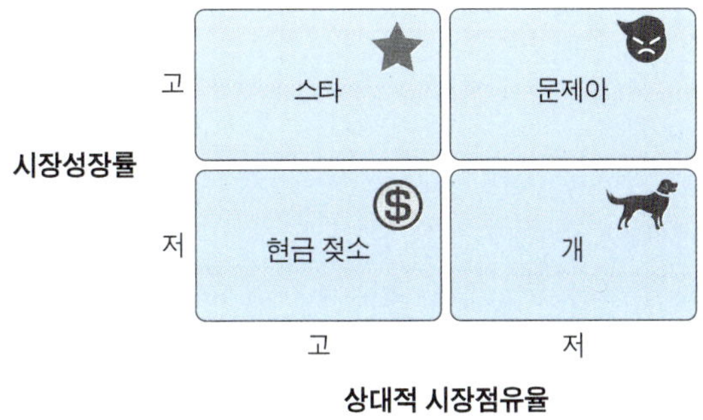

그림 11-7 제품 포토폴리오의 이해

으로 사용되며, 보스턴컨설팅그룹(BCG)의 매트릭스가 대표적이다. 이 모델은 제품 또는 사업 단위를 시장 성장률과 상대적 시장점유율이라는 두 가지 기준으로 구분하며, 다음 네 가지 유형으로 나뉜다.

(1) 문제아

문제아(problem children)에 속하는 제품 또는 서비스의 특징은 성장률이 높으면서 상대적 시장점유율이 낮다는 것이다. 이 범주에 속하는 제품이나 서비스는 시장점유율이 낮아서 이익을 많이 내지 못하지만, 시장성장률이 높아서 이익을 창출할 가능성이 있는 그룹에 속한다. 시장성장률이 높아서 이 그룹은 투자를 위한 자금이 많이 소요되지만, 반면 시장점유율은 낮아서 현금 창출력은 낮은 문제가 있다.

예를 들어, 1970년대 말 삼성전자가 반도체 부문에 투자를 시작하였을 때, 삼성전자에 있어서 반도체 생산을 문제아였다고 할 수 있다. 그러나, 2000년 이후 삼성전자 반도체는 우리나라 산업의 기둥이 되고 있는 그야말로 스타 부문이라 할 수 있다. 이처럼 기업의 최고경영자는 문제아에 속하는 사업이나 서비스의 종류, 규모를 시대흐름을 예측하며 신속하게 결정하여야 할 것이다. 어떤 것을 문제아로 판단하여 투자할지 결정하는 것이 필요로 하며, 필요하다면 자원의 집중투자가 가능한 최소한의 수로 문제아의 수를 줄여서 스타로 키우는 집중화가 필요할 수 있다.

(2) 스타

스타(star) 분면에 속하는 제품이나 서비스는 시장점유율이 높아서 창출되는 현금의 규모가 크지만, 시장성장률이 높아서 시장 성장속도에 맞춰 투자에 필요한 자금의 수요 역시 크다. 따라서 창출되는 수익의 규모는 유동적이다. 그러나 시장성장률이 낮아진다면 현금을 창출할 수 있는 현금 젖소가 될 수 있다.

(3) 현금 젖소

현금 젖소(cash cow)는 기업에 현금을 제공하는 주요 제품이나 서비스 영역을 의미한다. 시장성장률이 낮아서 투자의 규모는 현재의 시장점유율을 유지하는 정도까지 투입하고 현금을 창출하는 것이 필요한 사업부문이다. 구체적인 예를 들어, 현대자동차와 같은 경우 2000년대 소나타나 아반테와 같은 자동차 부문은 시장점유율이 높았던 반면 중형차 시장이 급격하게 성장하지 않는 현실에서 본다면 현금 젖소와 비슷한 역할을 하고 있다고 할 수 있다.

(4) 개

개(dog)에 속하는 제품이나 서비스는 시장성장률과 시장점유율도 낮다. 이 경우 현금유입은 낮고, 앞으로도 수익에 대한 전망이 낮아서 재투자에 필요한 자금의 수요도 낮다. 그러므로, 개에 속하는 사업에 대해서는 기업 입장에서는 투자하지 않는 것이 유리할 것이고, 현 상태를 유지하는 데 초점을 맞추어야 할 것이다.

제품 포트폴리오 관리는 상대적 시장점유율과 시장성장률이라는 내부와 외부요인을 이용하여 사업의 현금 창출력과 현금의 투자 여부에 대한 결정을 내릴 수 있게 하는 데 그 의의를 찾을 수 있다. 기업은 다수의 제품 또는 서비스로 구성된 포트폴리오를 구성할 수 있으며, PPM은 이 포트폴리오를 재무적 관점에서 평가할 수 있게 한다. 제품 포트폴리오를 비교, 평가함으로써 기업은 앞으로 어떠한 사업 또는 서비스에 대해서 투자를 하여야 할지, 어떠한 것을 성장 산업으로 선택할지를 예측할 수 있게 되며, 자원배분의 효율성을 증가시킬 수 있게 된다.

참 | 고 | 문 | 헌

『경영학연구』, 제51권 제3호.

김영찬 외(2022). 「기업의 핵심역량과 가치사슬 분석을 통한 경영성과 제고방안」.

상헌, 이학종, 장세진(2023). 『전략경영』. 박영사.

안광호, 하영원, 박흥수(2014). 『마케팅원론』. 학현사.

장세진(2021). 『글로벌 경쟁시대의 경영전략(제9판)』. 박영사.

조동성(2006). 『21세기를 위한 전략경영』. 서울: 아이비에스.

최종학 외(2020). 「SWOT 분석을 활용한 전략 수립의 정형화 접근」. 『경영전략연구』, 제27권 제2호.

Barney, J. B., & Hesterly, W. S. (2019). Strategic Management and Competitive Advantage (6th ed.). Pearson.

Hill, C. W. L., Jones, G. R., & Schilling, M. A. (2014). Strategic Management: Theory: An Integrated Approach. Cengage Learning.

Porter, M. E. (1980). Competitive Strategy: Techniques for Analyzing Industries and Competitors. The Free Press.

Richard A. B., & William K. H. (1983). "The Business Portfolio Approach – Where It Falls Down in Practice", Long Range Planning, 16(2), 41 – 44.

부 록

창업유망팀 300 참가팀 사업계획서

창업아이템명: 대학생을 위한 프로필카드 기반의 메신저 앱

요약

창업아이템의 소개	• **첫 만남은 HOPS !** -전화번호 대신 나의 프로필카드를 교환 -프로필카드에 부여된 QR코드를 이용한 카드의 상호교환 -카드를 교환한 사람들과 1:1 및 단체소통 기능 제공(현재 프로필카드, 1:1레터, 보드 기능 3종 UI/UX 기술 가출원)
창업아이템의 차별성	• **우리의 또래, 대학생 타깃** -팀플/동아리/대외활동을 통한 관계맺음, 번호수집이 폭발적 -번호저장이 야기하는 과도한 연결, 개인정보노출에 공감 존재 • **번거로운 번호입력은 이제 그만** -번호, 소속 입력하는 대신 QR만 스캔하면 연락수단 교환완료 • **이슈중심의 UI/UX를 적용한 소통방식** -기존 메신저의 실시간 채팅 전개가 초래하는 불편함 해소
창업아이템의 사업성	• **대학생들의 새로운 연락처 교환 문화 확산** -기존 메신저 앱의 불편함과 이에 대한 유저의 솔루션 요구가 명확 -대학생을 기반으로, 타깃확장을 통해 서비스영역 확대 가능 • 학내 전자학생증으로 확대 -대학단위로 계약, 프로필카드의 신뢰성을 함께 도모

이미지

첫 만남은 HOPS!
QR코드로 연락수단을 간편하게 교환하세요

1:1 대화는 레터기능으로!
인스턴트 챗의 가벼움을 대신하였습니다

메신저감옥은 안녕!
보드는 종료날짜에 맞춰 자동 폭파됩니다

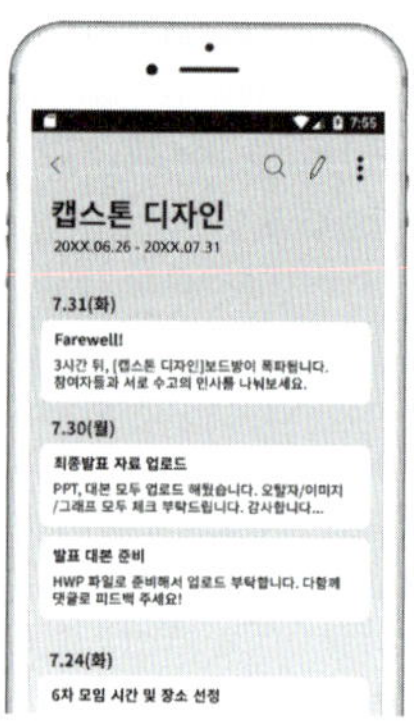

어색한 분위기, 시시콜콜한 대화 대신
해당 이슈에 집중하여 대화할 수 있습니다

1. 창업(팀 구성) 히스토리

[첫 발단] HOPS는 '16년 유엔기후변화회의(UNFCCC COP22)에서 현재 대표(천OO)가 겪었던 불편함으로 시작되었습니다. 회의에는 다양한 관계자가 참석하였고, 그들의 첫 만남을 이어주는 것은 종이명함이었습니다. 종이명함은 대부분의 부스에 항상 놓여있었고, 교환 후 대부분 버려졌습니다. 그 때 '교환 후 버려질 명함을 전자시스템으로 대체하여 제작 및 관리의 불편함도 해소하고, 명함제작에 소요되는 비용으로 기후변화를 막는 데 기여할 수 없을까?'라는 단순한 생각이 들었습니다.

[팀원 구하기] 이듬해 대학생 10명을 선발해 후쿠오카에서 열리는 해커톤에 보내주는 'Fukuoka Startup-weekend'에 선정되어 그 곳에서 현재 Back-end 개발자를 만나게 되었습니다. 초기엔 개발자 혼자서 모든 개발영역을 감당하기가 벅찼습니다. 지방에서 실력 있는 개발자를 찾는 것, 더욱이 자금이 없어 충분한 보수를 주기 힘들었기에 새로운 팀원을 구하는 것은 쉽지 않았습니다. 모든 마음을 내려놓고 기다리던 중 올해 2월, 개발자카페에 올린 공고를 통해 full-stack 개발자와 연락이 닿았고, 비전이 맞아 현재 기술총괄을 담당하고 있습니다.

[진행] 청년혁신가 및 스마트창작터 프로그램을 통해 아이디어만 가지고 있는 상황에서 초기의 Visual 프로토타입을 만들었습니다. 그리고 12월 핀란드에서 열리는 SLUSH2017에 참가하는 기회를 얻게 되어, 해외에서도 종이명함의 불편함을 공감하고 있다는 것을 알 수 있었습니다. 이후 개발에 착수하였으나, 마음처럼 진행되지 않았습니다. 명함교환이 많이 일어나는 곳이 컨벤션, 컨퍼런스와 같은 전시산업일 것이라 예상했지만 팀원 모두가 전시산업에 대한 이해가 부족했습니다. 결국 타깃과 니즈에 대한 디테일이 부족하여 창의적인 시장접근에 대해 큰 장벽을 느꼈습니다.

[피봇딩... 그리고 지금!] 현재 HOPS팀은 수많은 피봇팅을 거쳐 첫 만남에서 교환하는 연락수단을 만들고 있습니다. 기존의 명함서비스보다는 연락처 교환이라는 행위에 집중하여 타깃을 저희가 잘 아는 **대학생**으로 변경하였습니다. 특히 저희 또래의 경우 번호 교환에서 오는 관계, 인맥스트레스에 크게 공감하고 있었습니다. 이런 불편함을 직접 해소해보고자 「**대학생을 위한 메신저**」 서비스를 만들기로 결심하고, '***첫 만남은 HOPS***'라는 서비스 목표를 향해 현재 개발에 집중하고 있습니다.

끝으로 작년에 참가한 글로벌 전시회(Slush)에서, 제 3세계의 대학교에서 신뢰성을 가진 학생증이 필요한 상황을 알게 되었습니다. 이러한 인사이트를 통해 HOPS가 전자학생증으로서 신뢰성을 확보하고, 서비스로서 배포되어 한 대학의 모든 학생들이 첫 만남엔 HOPS를 이용하는 새로운 문화를 주도하고자 합니다.

2. 구성원 소개

천OO

- 교내 코딩동아리 Goggle 장('17. 6), 다루는 기술들: React, Protopie
- 특허청, 한국발명진흥회 주관-IP 창조존 8기창업교육 · 특허연구실 수료(16.05~06)
- 기술보증기금 벤처기업협회 주관-제 2차 청년, 기술창업교실 수료(16.06.17)
- UNFCCC 제 22차 당사국총회 대학생 대표 참관단 활동('16.11.07.~11.18.)
- 과학기술정보통신부, 제 1기 청년혁신가 인큐베이팅 수료 및 사회적기업장상 수상(17.5.12~7.8)
- Startup weekend in Fukuoka 부산대학생 파견 활동('17.6) with 임근석
- Finland 스타트업 컨퍼런스 SLUSH 참가 및 부스운영('17.12) with 임근석
- '18년 Finland Espoo Innovation Garden 교육 수료('18.2)

이OO

- 기술총괄(CTO), Front-end(Android, iOS, Window) & Back-end 개발
- 다루는 기술들: Xamarin.Froms(C#), React, React Native, Android, Node.js, .NET
- 해외 스타트업 개발외주 실무경력 1년('17)

임OO

- Back-end 개발 및 보안담당
- 다루는 기술들: C, JAVA, React, Node.js, 리눅스 마스터 2급

3. 아이디어/아이템 특징

아이디어: 문제제기 및 현황

- **연락처 교환**

① 첫 만남 시 이름, 전화번호, 학과 등 기본적인 정보를 물어보고 휴대폰 전화번호부에 직접 입력하는 번거로움, 연락정보가 자동 업데이트되지 않아 낡은 정보가 쌓임

② 전화번호 교환으로 인한 과도한 SNS 연결 → 현실관계와 상관없이 지속적인 연결, 관계 · 인맥스트레스, 사생활 노출 문제 야기

- **소통방법**

③ 연락처 교환수단(전화번호)과 연락수단(메신저)의 이원화, 대학생의 경우 번호 교환 후 대부분은 통화보단 메신저를 통한 Text 중심의 소통을 더 선호하기 때문

- **기존의 메신저**

④ 메신저(instant messaging app)는 첫 만남 시 소통하기에 가벼움, 채팅형식이라 대화를 이어나가야 하는 부담감 존재

⑤ 단체소통에도 채팅으로 진행 → 핵심을 한 번에 파악하기 어려움

(계속)

HOPS 한 줄 요약

HOPS

"나만의 프로필카드를 만들고, 첫 만남 시 QR code를 통하여 카드를 교환하고 소통하세요!"

HOPS 기능 상세설명

① 보드

- 단체 메신저방의 개념(예: 단체카톡방: 거의 대부분 이 방식을 선택함)
- 대학생들은 일회성관계에서 오는 불편함을 호소하며 팀플/동아리/대외활동에서 일회성 관계맺음이 증폭, 이때 단체 메신저방을 통한 소통이 필수적인 상황
- 소통 위해 번호교환을 하여 각종 문제가 수반되는 상황에서 대안 제시

카톡의 단톡방과 HOPS의 보드의 UI 차이

기존 단체 메신저 방	HOPS의 보드
채팅형식: 실시간 대화에 참여하지 못하면 중요내용을 놓치기 쉬움	**공지**형식: 핵심파악에 용이, 소통의 효율화 및 생산성 제고
프로젝트가 끝난 이후, 방에 남아있을지 나갈지 고민되는 부담감 존재(예: 카톡감옥이라는 신조어 등장)	**종료날짜**를 설정하여 보드를 **폭파**, 개인의 고민이 아닌 프로젝트의 종료라는 자연스러운 의미로 서비스 이용
단체방 참여의사와 상관없이 강제 초대	초대 시 **동의**를 통해 입장

(계속)

좌: 생성된 프로필카드
우: 1:1 소통을 위한 레터뷰

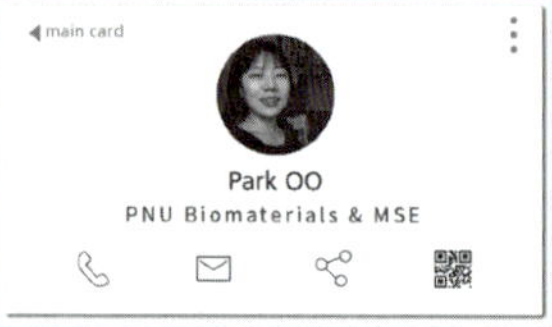

② QR코드를 통한 프로필카드 교환: 새로운 연락방식 제공
⇒ 연락처교환의 불편함 해소
－Profile(이름, 학교, 학과)등을 담은 나만의 카드 생성
－카드에 부여된 QR코드를 통해 교환
－상대방 카드 정보변경 시 자동 업데이트

③ 1대1 레터 ⇒ 기존 메신저의 가벼움 해소
－1대1 레터는 이메일의과 메시지의 장점을 살린 독창적인 UI/UX

HOPS 실제 적용사례 예시(서비스 홍보영상에서 발췌)

보드기능 스케치
팀플상황 예시

대학생활에서 잦은 팀 모임과
새로운 친구와의 만남

그 때마다 일일이 서로의 정보를 묻고
직접 폰에 입력해야하는 번거로움

HOPS를 통해 연락처가 담긴
자신만의 hops card를 만들고

(계속)

	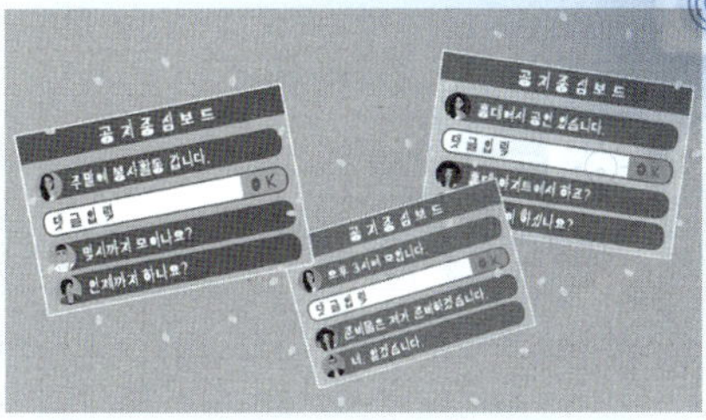
QR 코드를 찍기만 하면 연락처 저장 끝	더 이상 채팅중심의 방이 아닌 공지중심의 보드로 생산성 제고

4. 보유기술(지식재산권 등)

지식재산권

- 프로필카드를 공유하는 시스템 및 방법에 대한 비즈니스모델 및 HOPS 앱 구동화면과 GUI 디자인 특허 준비 중, 특허사무소를 통해 가특허출원 진행 중

보유기술

- Mobile
  - C#기반 Xamarin.forms를 통한 개발로 Android, iOS, Window APP 동시 개발
  - Beta 버전 Android, iOS 앱 코드공유 비율 92%
  - 비즈니스 logic에 맞게 각각 Native(Android, iOS) 코드를 수정 할 필요 없이, Xamarin.forms로 동시에 기민하게 유지보수 가능
  - Azure recognition을 이용한 안면인식 A.I.(홉스카드 형성 시 적용 중)

5. 사업계획

5-1. 시장성

1. SOM/SEM/TEM 접근을 통한 시장 분석

- SOM(serviceable obtainable market): 부산소재 대학교 재학생
  - –대학생 필수앱 에브리타임의 경우 18년도 1~3월, 신학기 2달간 앱스토어 기준 사용자가 30만 명 증가, 대학생 타깃 서비스로 신학기가 중요한 기점으로 작용
  - –HOPS 또한 대학생들의 연락처 교환, 소통에 기반한 서비스로서 신학기가 시작되기 전 서비스를 전파하는 것이 중요하고, 그 기점으로 설치사용자가 늘어날 것으로 예상
- SAM(service available market): 전국소대 대학교 재학생
  - ① 우리나라 일반 대학 재학생 수(교육대 포함): 약 147만 명(17년도 기준)
    - –전국 대학생 필수 앱의 경우 현재 에브리타임이 220만(18년 상반기 기준, 2011년 출시), 애드투페이터 77만(18년 상반기 기준, 2013년 출시) 달성
- TAM(total addressable market): 연락처 교환 후 메신저를 사용하는 스마트 폰 사용자
  - ① 국내 스마트 폰 사용자: 약 4천만 명
  - ② 메신저 서비스와 연관된 시장 규모
    - –카카오톡 유저 수: 약 4,320만 명(2017년 4분기 기준), 최근 증가추이는 분기당 2~30만 명으로 더딘 편

2. 경쟁제품 현황

- HOPS와 같이 대학생을 목표로 하는 유사서비스는 현재 없음
- 메신저로 분류하면 카카오톡, 라인, 왓츠앱, 스냅챗, 위챗, 페이스북 메신저 등이 있음
- 첫 만남 시 교환하는 연락수단을 '명함', 즉 비즈니스 범주로 분류하면 리멤버(명함 스캔저장 관리 서비스), 링크드인(비즈니스를 위한 인맥관리 서비스) 등이 존재

5-2. 사업화 계획 및 실행

1. 소프트런칭 진행중

8월 27일~(Android, iOS App 및 Desktop App)

2. 홍보전략

OO대학교 거점 홍보, 대학생 초정밀 타겟 마케팅

	9월	10월	11월	12월	1월	2월	3월
디지털 마케팅(검색엔진 최적화, 페이스북)							
OO대학교 팀플수업 대상으로 오프라인 홍보							
신입생 OT 타깃 오프라인 마케팅							
부산지역 대학교 홍보							

(계속)

① OO대학교 소프트런칭: 팀플, 대외활동, 동아리, 봉사활동에 참여하는 재학생
대학생이 어떤 서비스를 원하는지, 소통함에 있어 어떤 불편함이 있고 해결점을 원하는지 유저 인터뷰를 통하여 많은 시장조사 계획
② 12월 말~2월 말: 부산지역에서 진행되는 대외활동, 네트워킹, 수련회(캠프)
③ 3년 후 전반기: 부산 지역 대학교 확대
−해당지역의 타깃 대학교 재학생 수에 따라 SOM의 크기가 결정될 예정
④ 3년 후 하반기: 전국 대학교 확대

3. 성과

- SLUSH2017 진출, University Namivia에서 학생증으로써의 hops 도입 관심
- 스마트창작터 1차 선발, 비쥬얼 프로토타입 제작
- 제2회 부산 ICT 융합 일반부 우수상, EWP 글로벌 스타트업 선정
- CENTAP IBL(창업아이디어 경진대회) 3등 수상

5-3. 자금조달 및 손익분석

과거: EWP 글로벌 스타트업 선정 지원금
현재: 바우처 지원금액
미래: 비즈니스모델로 수익 창출, 프리미어 신청

6. 비즈니스모델

1. C to C(초기전략-서비스 확장 및 검증단계)

- 서비스를 이용하는 기본적인 기능은 무료 제공
- 고급기능 활성화 시 유료 구매로 제공

예시
−회수기능: 삭제기능과 달리 공유한 hops card를 회수함으로써 내 정보를 주도적으로 관리
−기억메모: 상대방의 대한 기억을 histroy로 기록하며 남길 수 있음
−보드history: 폭파되고 없어진 보드의 내용에 대한 복구와 접근 등
→ 광고가 없는 메신저로서의 순수성을 유지하고자 함(초기 왓츠앱)

2. B to B

전자학생증이 없는 학교를 대상으로 시스템 구축 협약
전자학생증이 있지만, 활성화가 되지 않는 학교의 시스템 개선

- 학교DB에 학생인증요청, 학생 HOPS의 프로필카드정보 신뢰도 향상
- 인증된 학생의 HOPS는 전자학생증으로써 사용이 가능

(계속)

- HOPS QR를 통하여 교내시설 이용 예) 도서관이용, 책대여, 결제, 출결시스템 등
- 학생 이력 및 비교과 프로그램 이력 관리 예) OO대학교 학생역량마일리지 모니터링
- 1:1레터로 학교 공지사항을 타 SNS와 달리 전교생에게 알림 및 문자 대체 가능
- 학생, 교수와의 소통 채널로 HOPS가 이용가능 예) 수업 후 질문사항
- 제 3세계의 대학교(해외진출 가능성)에 체계적인 학생증시스템에 대한 수요가 존재

∴ HOPS를 통한 전자학생증 도입으로 대학교 내에서 학우들이 모든 첫 만남엔 HOPS를 사용할 수 있도록 하여 새로운 문화형성에 기여

모식도　　　　일반적인 HOPS와 학교 인증이 된 HOPS

7. 파급효과

1. HOPS는 명함처럼 쉽게 자신을 어필할 수 있는 연락처로, 기존의 대학생들이 연락처를 교환했던 방법과 다른 새로운 문화형성. 대학 생활 동안 편리한 커뮤니케이션 도구로 자리 잡힐 수 있음
2. 연락처 교환수단과 연락수단의 일원화, 그리고 기존 카카오톡과 같은 메신저가 가지고 있는 단점을 보완한 새로운 메신저보급으로 카톡감옥, 인맥스트레스, 관태기 등 사회이슈 노이즈 최소화
3. 한 대학교에 HOPS 사용자 수에 따라 전자학생증(없는 대학교 대상) 도입으로 대학교 행정업무 및 대학생의 편리 증진

   스마트폰 보급으로 전화번호만 교환하더라도, 메신저 및 다양한 SNS에 노출되고 있는 시대입니다. 하지만 온라인상에서 쉽게 맺어지는 연결은 점점 이를 이용하는 사람들에게 피로감과 스트레스를 주게 되었습니다. 하지만 HOPS는 초 연결시대에 개인이 주도적으로 타인과의 연결 및 자신의 정보를 관리하여, **연결을 디자인**하려고합니다.

   HOPS 회사 모토: HOPS designs connectivity

8. 자금수혜 및 수상 이력 사항

1) 자금수혜

수혜자	사업명	아이템명	지원기관	지원기간	지원금액(천원)
대표자	스마트창작터	전자명함을 기반한 HOPS (연락처) 교환 서비스	OO대학교 산학협력단	'XX.08.23~ 'XX.09.05	2,000
대표자	EWP 글로벌 스타트업 프로그램	전자명함을 기반한 미래 연락수단	동서발전	'XX.09.29~ 'XX.07.31.	50,000

2) 대회수상

수상일	수상자	대회명	아이템명	주최기관	훈격	상금(천원)
'XX.9.28	대표자	부산 제 2회 ICT 융합 해커톤	명함을 기반한 연락수단 어플리케이션 개발	부산광역시, 과학기술 정보통신부	우수상	1,000
'XX.9.12	대표자	IBL	대학생을 위한 프루필 카드 기반의 메신저	중소기업청, CENTAP	3등	250

9. 자금소요 및 조달계획

ㅇ 소프트 런칭 동안 마케팅 비용과 인건비

 –'XX년 8월 27일부터 공식 서비스 런칭 시작

ㅇ 서버 운용 비용

 –Microsoft Azure cloud server 월 단위 plan

ㅇ 가특허 출원을 정식 등록하기 위한 지재권취득비('XX년 상반기)

찾아보기

한 글

ㄱ

가상팀 / 107
가치지향 인적자원관리 / 94
간이과세 / 145
개 / 180
개발관리 / 89
개인중심 창업 / 9
경영자 / 133
경영철학 / 166
경영환경 / 15
공식화 / 102
과업환경 / 17
관리유산 / 171
관리회계 / 135
광고 / 126
교차기능팀 / 107
교환 / 115
권력 / 101
권한위임 / 100
금융시장 / 150, 153
기능조직 / 103
기록 / 133
기술 / 167
기술성 / 48
기업가 정신 / 35
기업수준 전략 / 175

ㄴ

나쁜 입지 / 73
나침반 / 50
내부이용자 / 133
내부환경분석 / 170
네트워크 조직 / 109
노동시장 / 82

ㄷ

디각화 전략 / 176
단식부기 / 132
독립 창업 / 8
동태성 / 18

ㄹ

라이프사이클 / 86
리서치 / 46

ㅁ

마케팅 / 55, 114
마케팅믹스 / 121
매트릭스조직 / 105
목표 / 166
무점포 창업 / 9
문제아 / 179
문제해결팀 / 106

물리적 증거 / 128

ㅂ

번화가 상권 / 65
보상관리 / 93
복식부기 / 132
복잡성 / 18, 102
부문화 / 100
부채 / 137
분권화 / 101
분업 / 99
비공식조직 / 108
비용 / 140
비전 / 166

ㅅ

사업개발형 창업 / 10
사업계획서 / 31
사업부제조직 / 104
사업실행 / 34
사업전략 / 175
사업타당성 분석 / 45
사회적 책임 / 26
상권 / 61
생활보장형 창업 / 10
소득세 / 145
손익계산서 / 139
손익분기점 / 155
수요 / 115
수익 / 139
수익성 / 49
스타 / 179
시장 / 116
시장성 / 46
시장세분화 / 120
시장조사 / 120
식별 / 133
신제품 개발 / 123

ㅇ

아파트단지 상권 / 63
외부이용자 / 134
욕구 / 115
원가우위 전략 / 178
유지관리 / 88
유통 / 125
인적자원 / 79
인적자원관리 / 79
인적판매 / 126
일반환경 / 15
입지선정 / 33

ㅈ

자기관리팀 / 106
자본 / 137
자본변동표 / 140
자본시장 / 153
자본조달 / 151
자산 / 137
재무관리 / 149
재무력 / 48
재무상태표 / 136
재무제표 / 135
재무회계 / 134
전달 / 133
전략 / 163
전략경영 / 163
전략적 사고 / 27
전략적 제휴 / 176
점포중심형 창업 / 9

정부 / 134
제품 / 115, 122
제품 계획 / 122
제품시장 / 82
조세 / 143
조직 / 99
조직능력 / 171
조직화 / 99
좋은 입지 / 73
주기 / 142
주석 / 142
주택가 상권 / 62
증권 / 150
지하철 상가 / 64
직원 / 133
집권화 / 102
집중성 / 19
집중화 전략 / 178

ㅊ

차별화 전략 / 178
참여형 인적자원관리 / 95
창업 / 2
창업가 / 23
창업 아이디어 / 5
창업아이템 / 35
창업자 / 4, 49
창업 자본 / 6
채권자 / 134
촉진 / 125

ㅌ

투자자 / 134
팀조직 / 106
팀중심 창업 / 9

ㅍ

판매촉진 / 126
평가관리 / 90
포지셔닝 / 121
표적시장 / 120
풍부성 / 18
프랜차이즈 / 8
필요 / 115

ㅎ

하이브리드 조직 / 110
학교주변 상권 / 63
핵심역량 / 170
현금 젖소 / 180
현금흐름표 / 140
현장경험 / 46
홍보 / 127
확보관리 / 88
환경적응 / 19
환경통제 / 20
회계 / 131

기 타

1차 상권 / 62
2차 상권 / 62
3차 상권 / 62
360도 피드백 / 91
SO 전략 / 173
ST 전략 / 174
SWOT 분석 / 172
WO 전략 / 174
WT 전략 / 174

영 문

A

Administrative heritage / 171
Assets / 137

B

Balance sheet / 136
BEP / 155
Break-Even Point / 155
Business environment / 15
Business idea / 5
Business plan / 31

C

Capital / 6
Cash cow / 180
Centralization / 102
Communication / 133
Complexity / 18, 102
Concentration / 19
Core competency / 170
Corporate strategy / 175

D

Decentralization / 101
Demands / 115
Diversification / 176
Dog / 180
Dynamism / 18

E

Entrepreneur / 4, 23
Entrepreneurial mindset / 35
Equity / 137

F

Formalization / 102

H

Human resources / 79
Hybrid organization / 110

I

Identification / 133
Internal environmental analysis / 170

L

Liabilities / 137

N

Needs / 115

O

Objectives / 166
Organization / 99
Organizational capability / 171

P

Physical evidence / 128
Positioning / 121
Power / 101
PR / 126
Problem children / 179
Product / 122
Promotion / 125
Public Relation / 126

R

Recording / 133
Richness / 18

S

Segmentation / 120
Social responsibility / 26
Star / 179
Strategic alliance / 176
Strategy / 163

T

Targeting / 120

V

Vision / 166

W

Wants / 115

〈저자소개〉

배성권	고신대학교 의료경영학부
성현무	고신대학교 미디어영상마케팅학과
이규희	고신대학교 의료경영학부
한나영	고신대학교 의료경영학부

제2판

창업과 경영

Startup & management

인 쇄 | 2025년 8월 20일
발 행 | 2025년 8월 27일

공 저 | 배성권 성현무 이규희 한나영
발행인 | 유 해 영
발행처 | **현문사**

주 소 | 서울시 송파구 송파대로 201 테라타워2차 A동 1401호(문정동)
우) 05854
전 화 | 02-511-5394~5 Fax | 02-517-4462
출판등록 | 1989년 3월 10일 제2017-000062호

E-mail | hyunmoon@hyunmoon.co.kr
http://www.hyunmoon.co.kr

정가 23,000원

ISBN 979-11-7368-203-2